KB069476

2020년 어린이집 평가지표와
2019년 개정 누리과정 반영

놀이중심

반응성 상호작용

교수법 2 _ 실제편

| 김정미 저 |

학지사

머리말

우리는 앞서 출판된 『놀이중심 반응성 상호작용 교수법 1_이해편(2판)』을 통하여 최근 개정된 2020년 어린이집 평가지표와 표준보육과정, 2019년 개정 누리과정에서 강조하고 있는 '놀이' 그리고 '상호작용'에 대해 구성주의 학습 관점에서 Mahoney 교수의 영유아 교육 철학과 적용 방법을 설명하였다.

Piaget는 '놀이는 아동의 일(child's work)'이라 하였다. 놀이는 아동의 일과이다. 일과(daily routine)란 밥 먹고, 씻고, 이동하는 자연스러운 일상 상황 중에서 일어나는 활동을 포함한다. 그러나 우리 어른들은 때로 '놀이'를 어떤 도구나 장난감을 가지고 적어도 20~30분 이상의 계획된 시간 동안 구조적인 상황에서 이루어진 활동으로 생각하고 있지 않나 싶다. 그러다 보니 어른들은 놀 것을 계획하고 지침을 주게 된다. 이것은 구성주의 영유아 교육의 기본 철학인 능동적 학습과정과는 위배되는 과정이다. 어른이 주도하는 상황에서는 당연히 아동의 기회가 줄어들고 아동의 실행이 적으니 숙련하여 성취에 이를 기회가 적어진다.

한편, '상호작용'에 대한 정의를 생각해 보자. 상호작용은 서로 상호적으로 주고받는 활동을 말한다. 여기에는 양방적이고 순환적이며 반복의 의미가 내포되어 있다. 과거 계획된 교안 수행에서는 주로 일방적으로 교사가 계획한 대로 하지 않으면 아동이 학습 성취에 실패한 것으로 인식되기도 하였다. 그러나 실제는 아동의 흥미와 관심을 관찰하고 아동의 수준에 맞게 반응해 줄 때 아동은 얼마든지 능동성을 발

휘하여 스스로 실행하고 경험함으로써 정보를 쌓아 가고 잠재력을 극대로 발현한
다.

OECD(2005)의 'Teachers Matter 보고서'에서는 교사교육의 중요성을 밝힌 바 있
다. 어떤 좋은 프로그램이나 프로젝트를 적용하더라도 결국 그것을 운영하는 자 그
리고 아이를 만나는 자인 교사의 역량, 태도, 안정이 무엇보다 중요한 요소라는 것
이다. 그리고 교사의 자질로 상호작용의 중요성을 강조하였다. 우리나라에서는 이
번 2020년 적용 표준보육과정과 누리과정에서 특히 놀이중심 상호작용 교수 운영
과 교사의 상호작용 역량을 중요시하고 있다고 생각된다.

이에 『놀이중심 반응성 상호작용 교수법_이해편(2판)/실제편』에서는 반응성 상
호작용 교수 운영을 위해 영유아 교육의 궁극적 목표로서 '중심축 행동' 발달을 계
획하고, 이를 성취하기 위한 방법으로서 '반응성 상호작용 전략'을 표준보육과정과
누리과정에 적용하여 교사들이 현장에서 아동중심 놀이활동을 운영하는 데 이해와
실현을 돕고자 하였다.

앞서 출판된 『놀이중심 반응성 상호작용 교수법 1_이해편(2판)』은 크게 'I. 영유
아 발달의 이해' 'II. 놀이중심 반응성 상호작용 교육과정' 'III. 일과에서 반응성 상호
작용 적용'의 세 부분으로 구성하였다. 구체적으로 'I. 영유아 발달의 이해'에서는 제
1장 영유아 발달이론, 제2장 영유아기의 영역별 발달특성, 제3장 영유아 발달의 중
심축 행동을, 'II. 놀이중심 반응성 상호작용 교육과정'에서는 제4장 영유아 교육과
상호작용, 제5장 놀이중심 반응성 상호작용 교수 이해, 제6장 놀이중심 반응성 상호
작용 교수 운영, 제7장 놀이중심 반응성 상호작용 교수 실행을 그리고 'III. 일과에서
반응성 상호작용 적용'에서는 제8장 연령별 반응성 상호작용, 제9장 부적응 행동 지
도와 반응적 훈육에 대해 기술하였다.

이번 『놀이중심 반응성 상호작용 교수법 2_실제편』에서는 크게 'I. 놀이중심 반
응성 상호작용 교수 운영'과 'II. 놀이중심 반응성 상호작용 교수활동 실제'의 두 부
분으로 구성하여 실제 적용을 돕고자 하였다. 구체적으로 'I. 놀이중심 반응성 상호
작용 교수 운영'은 제1장 개요, 제2장 평가지표를 반영한 놀이중심 반응성 상호작용
교수활동, 제3장 놀이중심 반응성 상호작용 놀이활동일지 작성, 제4장 놀이중심 반
응성 상호작용 교수 지원으로 구성하여 놀이중심 반응성 상호작용 놀이활동 운영
을 위한 교수 운영 목표를 설정하며, 놀이중심 반응성 상호작용 놀이활동 운영을 계

획하고 기록하기 위한 일지 작성 지침을 설명하였다. 그리고 'II. 놀이중심 반응성 상호작용 교수활동 실제'는 제5장 만 0~2세 영아 놀이활동 관찰 및 기록, 제6장 만 3~5세 유아 놀이활동 관찰 및 기록으로 구성하여 표준보육과정과 누리과정 운영을 위한 놀이활동으로서 영아반은 15개, 유아반은 18개의 활동을 예시하였다. 특히 제5장과 제6장에서는 반응성 상호작용 교수를 적용하여 보육과정을 운영하는 어린이집의 실제 놀이활동 사례를 제시하였다.

본 저자는 교사 또는 부모의 반응성 상호작용 유형이 영유아 발달에 미치는 영향을 주된 연구 주제로 검증해 왔다. 또한 2016년 어린이집 위탁기관에서 예비연구를 진행하고, 3년째 어린이집을 대상으로 반응성 상호작용 교수를 컨설팅하며 변화하는 교사와 자신의 적용으로 순환적으로 변화하는 영유아의 경험을 나누는 교사들의 모습을 보면서 정말 많은 영유아 교사 그리고 영유아 교육에 반응성 상호작용 교수를 적용해 보고 싶었다. 아무쪼록 이 책이 영유아 교사가 보육현장에서 주체자로서 영유아를 보며 진정한 아동중심 교육을 실현하는 데 보탬이 되기를 바란다. 또한 교사 개인에게는 영유아와 함께하는 일과가 행복한 에피소드가 되고 영유아에게는 이후 삶의 중요한 기초 역량을 키우는 반응적 교수 환경을 마련하는 데 보탬이 되기를 바라며, 한편으로는 『놀이중심 반응성 상호작용 교수법_이해편(2판)/실제편』을 통해 이러한 경험을 나눌 수 있을 것이라는 기대를 가진다.

이 책을 펴내기까지 반응성 상호작용 교수 실현을 위해 함께 고민하고 반응성 상호작용을 이야기하는 것을 늘 즐거워하는 집필진 임미선 원장과 김선미 연구원, 반응성 상호작용 교수를 현장에서 실현하며 풍부한 경험으로 많은 제언을 주는 조운숙 원장, 늘 새로운 도전과 시도에 긍정적으로 반응하며 새로운 지평을 만들어 가는 김유미 원장 그리고 늘 열심과 성실한 모습으로 낮은 자세를 몸소 보여 주는 윤광미 원장께 감사의 말을 전한다. 이 책을 완성하는 데는 보육현장에서 놀이활동을 적용하고 관찰 및 기록 일지를 작성해 준 많은 영유아 교사의 참여가 있었다. 범박주공어린이집, 도토리소풍넥슨어린이집 제주원, 사랑의어린이집 교사들께도 감사의 말을 전한다.

2021년 1월
대표 저자 김정미 올림

II

놀이중심 반응성 상호작용 교수활동 실제

제6장 **만 3~5세 유아 놀이활동 관찰 및 기록 • 217**

I

놀이중심 반응성 상호작용 교수 운영

제1장

개요

1. 놀이중심 반응성 상호작용 교수 운영 목표

2. 반응적인 교사의 태도

영유아는 스스로 주도하는 활동에 참여하는 동안 친숙한 주위 상황에서 스스로 조작하고 탐색하고 실행하는 경험을 통하여 자신의 세계에 대한 보편적인 이해를 발전시키며 사회적으로 요구되는 적합한 기술을 획득해 나간다. 새로운 정보를 배우고 상위 수준의 발달 기능을 획득하기 위해서는 영유아의 동기부여가 중요한데, 영유아는 동기화되었을 때 현재 자신이 할 수 있는 정도에 만족하지 않고 상위 수준의 기능을 익힐 수 있는 능력을 발휘하게 된다. 영유아의 발달적 의미에 대해 Piaget(1963)와 구성주의자들은 교육 상황이 '자연적 환경(natural environment)'에서 이루어지며, 인지, 사회성, 언어 그리고 신체 기술 등을 비롯한 모든 차원의 발달은 신경적 성숙뿐 아니라 이를 기반으로 한 영유아 자신의 능동적 학습과정에 좌우된다고 보았다.

2020년 표준보육과정(보건복지부, 한국보육진흥원, 2020)과 2019년 개정 누리과정(보건복지부, 교육과학기술부, 2019)에서는 영유아기 발달특성을 반영한 궁극적 교육 성취를 위해 영유아의 흥미와 요구를 반영하는 보육 계획을 수립하고 영유아의 자발적 선택에 의해 주도적으로 이루어지는 놀이중심 활동을 강조하고 있다.

놀이중심 반응성 상호작용 교수법은 이와 같은 영유아 보육과 교육 목적에 매우 부합하는 것으로서 Mahoney 박사가 개발한 반응성 교수 교육과정(Responsive Teaching Curriculum, 이하 RTC; Mahoney & MacDonald, 2021; Mahoney & Perales, 2021, 출판 중) 이론에 기반한 것이다. RTC는 학습과 발달에 대한 구성주의 이론(Piaget, 1963; Vygotsky, 1978), 언어 발달에 대한 의사소통이론(Bruner, 1974), 애착이론(Bowlby, 1969), 성취동기이론(Weiner, 1980)에 기초하여 개발되었다. RTC는 영유아가 다른 사람과 놀이하고, 의사소통하고, 상호작용하면서 보내는 매일매일의 일과활동에 참여하고 즐거움을 느끼도록 지지해 주고 촉진하는 데 초점을 둔다. 또한 RTC의 교수−학습 목표는 영유아가 발달적 학습에 기초가 되는 사회적 놀이, 주도성, 문제해결, 실행, 공동주의, 대화, 신뢰, 협력, 자신감 등으로 발달에 근본이 되는 '중심축 행동(pivotal behavior)'을 배워 나가고 사용하는 것이다. RTC의 교수−학습 활동은 어른과 영유아 간 매일 이루어지는 일상적인 활동에 쉽게 접목할 수 있도록 구성되었으며, 선행연구 결과로부터 도출된 5개 범주의 반응성 상호작용 유형(상호성, 수반성, 통제공유, 애정, 조화)의 실행적 제안을 제시하고 있다.

1. 놀이중심 반응성 상호작용 교수 운영 목표

1) 교육 목적

영유아 교육에서 놀이중심 반응성 상호작용 교수의 운영 목표는 구체적으로 다음과 같다. 첫째, 영유아의 주도성과 문제해결력 증진을 위해 영유아 주도적인 상호작용을 도모한다. 둘째, 공동주의와 원활한 의사소통을 증진하기 위해 영유아의 흥미에 민감한 상호작용을 도모한다. 셋째, 자기조절, 자신감을 증진하기 위해 영유아의 관심과 발달에 적합한 상호작용을 도모한다. 넷째, 감정이입과 즐거운 공동체 생활 속에서 시민의식을 배양하도록 주고받는 상호성을 도모한다.

교육 목적
- 영유아의 흥미와 관심에 공감하고 민감하게 반응하는 자신감 있는 교사
- 영유아의 주도적인 역량과 사람에 대한 깊은 이해를 지닌 민주시민의식 고양

교육목표
- 유아의 주도성과 문제해결력 증진을 위해 영유아 주도적인 상호작용 도모
- 공동주의와 원활한 의사소통을 증진하기 위해 영유아의 흥미에 민감한 상호작용 도모
- 자기조절, 자신감을 증진하기 위해 영유아의 관심과 발달에 적합한 상호작용 도모
- 감정이입과 즐거운 공동체 생활 속에서 시민의식을 배양하도록 주고받는 상호성 도모

교수활동
- 주고받는 상호작용 전략
- 민감한 상호작용 전략
- 영유아 주도적 상호작용 전략
- 수용적인 상호작용 전략
- 조화로운 상호작용 전략

평가

영유아 중심축 행동 평가, 교사 상호작용 및 효능감 평가,
영유아 상호작용 평가, 교사-영유아 놀이관찰 평가,

[그림 1-1] 놀이중심 반응성 상호작용 교수 운영 목표

2) 교수활동

놀이중심 반응성 상호작용 교수는 영유아 발달을 위하여 중심축 행동 발달을 목표로 두고 영유아가 주도하여 자신의 잠재력을 발휘하도록 촉진한다. 이를 위해 다음과 같은 접근으로 수행한다. 첫째, 영유아의 경험을 바탕으로 영유아가 일상생활 속에서 접할 수 있는 주제를 중심으로 통합적인 방법으로 접근한다. 둘째, 어떤 종류의 내용과 활동을 제공할 것인가는 중심축 행동 목표와 관련하여 영유아의 현재 수준과 흥미 영역을 바탕으로 결정한다. 셋째, 영유아의 발달수준과 발달특성이 상호 연결성이 있도록 조직하고, 연령별로 갖추어야 할 지식, 태도, 행동을 유기적으로 연계하여 활동할 수 있도록 한다.

놀이중심 반응성 상호작용 교수활동은 반응성 상호작용 전략(Responsive Interaction Strategies)을 통하여 교사-영유아 간 반응성을 증진시켜 영유아의 중심축 행동 발달을 촉진하도록 돕는다. Mahoney 등(Mahoney & MacDonald, 2021; Mahoney & Perales, 2021, 출판중)은 선행연구 고찰을 통해 영유아 발달을 촉진하는 반응성 상호작용을 5개 범주로 구분하고, 그에 따른 구체적인 교수 방법으로서 66개 전략을 제안한 바 있다. 이를 김정미(2020)는 주요 12개 전략을 선정하여 영유아 교육 계획안에 따른 교수활동으로 제안하였다. 12개 전략과 구체적인 반응성 상호작용 교수활동은 〈표 1-1〉과 같다.

표 1-1 반응성 상호작용 교수 실행 전략 및 교수활동

반응성 범주	번호	반응성 상호작용 전략	반응성 상호작용 교수활동
주고받는 상호작용	1	아동의 세계로 들어가기	• 영유아의 흥미와 관심을 알기 위해서는 영유아가 세상을 보는 것과 같은 방식으로 본다. -영유아와 얼굴을 마주 볼 수 있는 자세로 놀이하기 -영유아와 함께 놀이하거나 상호작용할 때 영유아와 눈을 맞추기
	2	소리 주고받으며 놀이하기	
	3	아동이 더 많이 의사소통하도록 기다려 주기	

민감한 상호작용	4	아동의 행동 관찰하기	• 영유아는 자신이 직접 영향을 미치는 경험에 대해 더욱 호기심을 갖고 오래 탐색한다. –영유아의 행동 가운데 몇 개를 모방하기 –영유아가 하는 것에 즉각적으로 반응해 주기
	5	비의도적 발성, 몸짓, 표정에 의미 있는 것처럼 반응하기	
영유아 주도적인 상호작용	6	아동의 행동과 의사소통 모방하기	• 영유아가 자신이 하는 것과 자신과 상호작용하는 상대와 오래 주의를 집중한다. –영유아가 가지고 노는 장난감이나 사물들을 가지고 영유아와 같은 방식으로 놀이하기 –영유아의 행동에 적절하게 반응하기 위해서 영유아에게 적합한 단어들을 함께 말해 주기
	7	아동이 선택할 기회를 자주 주기	
	8	아동의 의도를 확장하기	
수용적인 상호작용	9	아동이 즐거워하는 행동 반복하기	• 영유아는 상호작용하는 상대가 특정 상황에서 어떻게 반응하는지를 봄으로써 상호 호혜적으로 반응하는 방법을 배운다. –상호작용 중에 영유아의 행동에 대해 과장된 표정, 소리 또는 행동으로 반응하기 –상호작용을 할 때 교사가 교사처럼 대하기보다 놀이 상대자가 되어 주기
	10	두려움을 의미 있게 대하기	
발달에 적합한 상호작용	11	발달에 적합한 규칙과 기대 가지기	• 영유아는 그 순간에 경험하는 것과 관련된 것을 어른이 적합한 단어로 반응해 줄 때 언어를 가장 잘 배운다. –영유아가 일상에서 하는 부정확한 표현을 영유아가 의도한 대로 표현하기 –많은 발성을 영유아가 자발적으로 할 수 있도록 지지하기
	12	아동의 방식대로 행동하기	

3) 평가

놀이중심 반응성 상호작용 교육계획 운영 평가를 위해 영유아기 발달성취 목표인 중심축 행동 평가를 주기적으로 실시한다. '영유아 중심축 행동 평가'는 15개 중심축 행동을 목록화하여 교사 자기평가로 구성되었다(제4장 참조). 또한 교육계획안의 운영이 효율적인 변화를 가져왔는지 평가하기 위해 '교사 상호작용 행동검사'(김정미, 이현숙, 2016), '교사 효능감 검사'(김정미, 2015a)와 '아동 상호작용 검사'(김정미, 2019)를 적용할 수 있다. 그리고 교사와 영유아의 자유놀이 상황을 비디오로 촬영하여 교사-영유아 간 놀이 상호작용 관찰 평가를 실시한다(김정미, 제럴드 마호니, 2020). 이와 같은 평가는 각 기관의 특성에 따라 선택적으로 적용할 수 있다.

2. 반응적인 교사의 태도

교사의 질은 곧 아이가 받는 교육의 질과 직결되며, 학습 상황에서 이루어지는 아동의 경험은 주로 교사와 아동 간의 상호작용을 통해 이루어지기 때문에 교사 상호작용의 질은 아동의 학습과 발달에 직접적으로 영향을 미친다(송영선, 2014; De Kruif, McWilliam, Ridley, & Wakely, 2000). 특히 교사가 아동에게 반응적으로 상호작용하는 것은 아동의 사회적 유능감, 언어적 의사소통에 긍정적 영향을 미친다(길현주, 김수영, 2014; 김정미, 이현숙, 2016; Hamre, Hatfield, Pianta, & Jamil, 2014). 다음은 RTC에 근거하여 반응적인 교사의 태도를 요약하여 제시한 것이다.

1) 반응적인 교사는 영유아중심 상호작용을 지향한다

교사는 영유아가 먼저 주도적으로 실행할 수 있도록 반응적인 태도로 대해야 한다. 또한 영유아의 행동과 관심사에 연계된 말로 반응적으로 대해야 한다. 때로는 반응적인 말로 상호작용하는 것을 말을 적게 해야 하는 것으로 오해하기도 하는데, 중요한 것은 영유아가 현재 사용하는 말의 내용과 수준으로, 이를 유념하면 자연스럽게 영유아를 중심에 두고 말의 양도 조절하게 된다.

2) 반응적인 교사는 지시하기 전에 먼저 영유아가 무엇을 하는지 관찰하고 기다려 준다

때때로 교수 상황에서 반응적인 말보다는 지시적인 말이 좀 더 쉽고 편할지도 모른다. 반응적인 말은 현재 영유아가 관심 있어 하는 것, 생각하는 것 등을 유심히 관찰해야만 가능하기 때문이다. 지시적인 말이란 영유아가 무엇을 하기 전에 또는 무엇을 하도록 미리 제안하고 요구하는 말로서, 수업을 진행하다 보면 자신도 모르게 으레 영유아에게 지시적인 말을 하게 되는 경우가 있다. 예컨대, "이렇게 하자!" "이게 뭘까?" 등과 같이 먼저 제안하거나 질문하는 말은 영유아의 주도성을 저해한다. 따라서 가능한 한 지시하기보다는 자연스럽게 모델링을 통해 영유아 스스로 주도적으로 활동에 참여할 수 있는 기회를 주는 것이 바람직하다.

3) 반응적인 교사는 영유아 수준에 맞는 정도의 말을 하며 영유아가 더 많이 말하도록 한다

영유아의 언어 수준을 고려해야 한다. 한 단어를 이해하는 영유아에게 길고 장황하게 말하는 것은 소음에 지나지 않는다. 영유아의 수준에 맞는 말과 한 단계 촉진할 수 있는 말이면 충분하다. 예를 들어, "사자가 어흥!"이라고 두 단어로 말하는 영유아에게는 "사자가 어흥! 어흥! 하고 울었어!"라고 영유아의 발달수준을 고려해 반응해 주는 것이 좋다. 상대가 나와 비슷한 수준이라고 판단될 때 영유아는 자신감을 가지고 자신이 할 수 있는 것을 마음껏 표현할 수 있다.

4) 반응적인 교사는 영유아를 이해하고 공감을 표현해 준다

반응적인 말은 마음을 읽고 반응해 주는 것을 포함한다. "속상했구나." "잘 안되어서 화가 났구나." 등 영유아의 감정을 이해하고 반응해 주는 말은 영유아에게 교사에 대한 신뢰와 정서적 유대감을 갖게 한다. 그러나 때로는 영유아의 감정을 추측해 잘못 말하며 단정하는 경우도 있다. 곰곰이 생각하고 있는데 "한국이가 하기 싫구나."라고 말하면 영유아는 자신의 마음을 몰라 주는 교사에게 화가 나서 수업을 하기 싫을 수도 있다. 그러니 가능한 한 영유아의 마음이 정확하지 않을 때는 급하게 추측해 "화났어? 하기 싫어?"라고 하며 단언하기보다 영유아가 반응하도록 조금 기다려 주고, 영유아의 마음을 반영해 격려하는 행동과 말로 감정을 보듬어 주는 것이 바람직하다.

제2장
평가지표를 반영한 놀이중심 반응성 상호작용 교수활동

1. 놀이 및 활동 지원 영역
2. 영유아 간 상호작용 지원 영역

어린이집 일과활동 중 가장 중요한 부분은 상호작용이다. 영유아 간 상호작용, 교사와 영유아 간 상호작용, 영유아와 사물이나 환경과의 상호작용은 관계를 개선하고 영유아 발달을 균형 있게 성장시킨다. 특히 '교사가 영유아에게 어떻게 상호작용하는가?'는 영유아 교육기관에서 영유아의 인권을 존중하고 다양한 활동에 참여할 수 있는 기회를 제공하는 관건이 된다. 영유아는 교사의 상호작용과 올바른 역할을 통해 하루 일과에서 또래와 사물, 환경과 자연스럽게 상호작용하며 자존감이 향상되고 또래들과도 긍정적인 상호작용을 하게 된다(보건복지부, 한국보육진흥원, 2019). 2020년 어린이집 평가지표에서는 상호작용의 중요성을 반영하여 '보육과정 및 상호작용 영역' 내 12개 평가지표를 제시하고, '놀이 및 활동 지원'과 '영유아 간 상호작용 지원' 시 교사의 역할에 관한 내용을 포함하고 있다(보건복지부, 한국보육진흥원, 2020).

이 장에서는 영유아 교사의 상호작용에 대한 요구를 반영하여 영유아 교사의 상호작용 역량을 향상시키고, 교사와 영유아, 영유아와 영유아 간의 상호작용을 위한 구체적인 전략과 상호작용 예시를 소개할 것이다.

1. 놀이 및 활동 지원 영역

1) 평가지표 영역별 반응성 상호작용 전략

표 2-1   놀이 및 활동 지원에 적합한 반응성 상호작용 전략

평가지표	반응성 상호작용 실행 절차	적용 연령	전략 번호	반응성 상호작용 전략
1-3. 놀이 및 활동 지원	관찰하기	공통	113	아동의 세계로 들어가기
			211	아동의 행동 관찰하기
	반응하기	공통	312	아동의 행동과 의사소통 모방하기
		영아	123	소리 주고받으며 놀이하기
		유아	313	아동이 선택할 기회를 자주 주기
			514	아동의 방식대로 행동하기
	확장하기	공통	424	아동이 즐거워하는 행동 반복하기
		유아	321	아동의 의도를 확장하기

2) 평가지표

1-3. 놀이 및 활동 지원

1-3-1	교사는 놀이와 활동이 영유아의 자발적 선택에 의해 주도적으로 이루어지도록 격려한다.	관찰	□Y □N
1-3-1-(1)	교사는 놀이시간에 영유아가 자유롭게 탐색하며 놀이나 활동을 자발적으로 할 수 있도록 지원한다.	3개의 평가기준을 충족해야 'Y'로 평정	
1-3-1-(2)	교사는 개별 영유아가 좋아하는 놀이와 활동을 주도적으로 진행하도록 격려한다.		
1-3-1-(3)	놀이에 참여하지 못하고 배회하거나 방관하는 영유아가 있는 경우, 영유아가 놀이에 자발적인 흥미를 가질 수 있도록 지원한다.		
1-3-2	교사는 영유아의 놀이 상황을 관찰하면서 놀이와 관련된 상호작용을 한다.	관찰	□Y □N
1-3-2-(1)	교사는 놀이시간에 놀이와 활동이 이루어지는 장소 전체를 수시로 살펴 영유아의 놀이 진행 과정을 파악한다.	3개의 평가기준을 충족해야 'Y'로 평정	
1-3-2-(2)	교사는 영유아의 놀이 상황을 관찰하면서 놀이와 관련하여 적절한 수준의 지원을 한다.		
1-3-3-(3)	교사는 영유아의 놀이와 활동에 즐겁게 참여한다.		
1-3-3	교사는 영유아의 다양한 놀이와 활동에 필요한 자료를 제공한다.	관찰	□Y □N
1-3-3-(1)	교사는 영유아의 연령, 발달수준, 사전경험을 고려하여 놀이 및 활동 자료를 준비한다.	3개의 평가기준을 충족해야 'Y'로 평정	
1-3-3-(2)	현재 이루어지고 있는 놀이 및 활동에 필요한 자료를 제공한다.		
1-3-3-(3)	놀잇감과 활동 자료는 영유아가 수월하게 꺼내어 사용할 수 있도록 배치한다.		

지표 평정기준	우수	보통	개선필요
	3개의 평가항목 중 'Y' 개수가 3개	3개의 평가항목 중 'Y' 개수가 2개	3개의 평가항목 중 'Y' 개수가 1개 이하

3) 영유아 놀이 및 활동 지원을 위한 반응성 상호작용(RT) 전략 적용

(1) 1-3-1. 교사는 놀이와 활동이 영유아의 자발적 선택에 의해 주도적으로 이루어지도록 격려한다

• 교사는 놀이시간에 영유아가 자유롭게 탐색하며 놀이나 활동을 자발적으로 할

수 있도록 지원한다.

- 교사는 개별 영유아가 좋아하는 놀이와 활동을 주도적으로 진행하도록 격려한다.
- 놀이에 참여하지 못하고 배회하거나 방관하는 영유아가 있는 경우, 영유아가 놀이에 자발적인 흥미를 가질 수 있도록 지원한다.

반응성 상호작용 예시	반응성 상호작용 전략 적용
하늘: (개미를 보다가 교사를 바라보며 웃는다.) 교사: (하늘이와 마주 보며 함께 놀이한다.)	• 아동의 세계로 들어가기
하늘: (개미를 손가락으로 가리키며) 애기. 교사: (하늘이가 가리키는 것을 똑같이 가리키며) 응, 애기~ 하늘: (다른 개미를 가리키며) 왕깨미. 교사: (하늘이가 가리키는 것을 똑같이 가리키며) 왕깨미. 하늘: 애기깨미. 왕깨미. 교사: 애기깨미. 왕깨미야~	• 아동의 행동과 의사소통 모방하기
교사: (하늘이를 바라보며) 개미가족 이름 알아볼까? 하늘: (고개를 끄덕이며) 응. 교사: 개미가족 중에서 애기깨미. 왕깨미 말고 또 누가 있지? 하늘: 엄마깨미. 아빠깨미. 할미깨미. 교사: 엄마깨미, 아빠깨미, 할미깨미. 우와 개미가족이 많네.	• 아동의 의도를 확장하기

반응성 상호작용 예시	반응성 상호작용 전략 적용
교사: (아이들을 관찰한다.) 친구들: (공을 차는 아이, 던지는 아이, 친구들과 잡으러 다니는 아이 등 다양한 놀이를 하고 있다. 봄이는 친구들의 놀이를 지켜보고 있다.)	• 아동의 행동 관찰하기
가을: (뒤를 보며 웃으며 뛴다.) 나 잡아 봐요. 교사: (잡기놀이를 하는 친구들 옆으로 간다.) 가을이 잡자, 가을이 잡으러 간다. 소민: (교사의 뒤를 따라 뛰면서) 선생님 잡자, 선생님 잡으러 가자. 교사: (봄이 뒤로 붙으며) 봄이 잡자, 봄이. (어느덧 반 친구들이 가을이를 시작으로 길게 기차가 되어 뒤를 이어 가며 뛰고 있다.)	• 아동의 방식대로 행동하기
교사: (살짝 옆으로 빠져서 다시 봄이 뒤로 붙는다.) 봄이 잡자, 봄이 잡으러 가자. 가을: (교사를 보더니 교사 뒤로 빠지며) 선생님 잡자. 봄: (뒤로 빠져서 가을이 뒤로 붙으며) 가을이 잡자. (이렇게 아이들은 함께하는 놀이를 이어 간다.)	• 아동이 즐거워하는 행동 반복하기

(2) 1-3-2. 교사는 영유아의 놀이 상황을 관찰하면서 놀이와 관련된 상호작용을 한다

- 교사는 놀이시간에 놀이와 활동이 이루어지는 장소 전체를 수시로 살펴 영유아의 놀이 진행 과정을 파악한다.
- 교사는 영유아의 놀이 상황을 관찰하면서 놀이와 관련하여 적절한 수준의 지원을 한다.
- 교사는 영유아의 놀이와 활동에 즐겁게 참여한다.

반응성 상호작용 예시	반응성 상호작용 전략 적용
교사: (아이들을 관찰한다.) 친구들: (농구공, 배구공, 야구공, 테니스공, 축구공으로 다양한 놀이를 하고 있다.)	• 아동의 행동 관찰하기
가을: (축구공을 보여 주며) 저는 골대에 공을 넣는 걸 좋아해요. 계속하고 싶어요. 교사: 이 공이 마음에 들었구나~ 소민: (배구공을 튕기며) 저는 배구공으로 튕기는 것이 재미있어요. 교사: 가을이는 축구공이, 소민이는 배구공이 좋구나.	• 아동이 선택할 기회를 자주 주기
교사: (공을 종류별로 나란히 놓는다.) 이 공들을 가지고 어떻게 해 보고 싶니? 가을: (교사 옆으로 와서) 저는 누구 공이 더 높게 날아가는지 알고 싶어요. 교사: 아, 어떤 공이 높이 올라가는지 알아보고 싶구나. 소민, 가을: 네에. 교사: 그럼 어떻게 해 볼까? 소민: (배구공을 가리키며) 저는 배구공으로 해 볼래요. 가을: (농구공을 가리키며) 저는 농구공이요. 교사: (교사는 아이들을 관찰한다.) (아이들이 공을 하나씩 튕기며 공이 올라가는 것을 살펴본다.)	• 아동의 의도를 확장하기

반응성 상호작용 예시	반응성 상호작용 전략 적용
교사: (하늘이가 막대기로 길을 그려 가는 것을 본다.) 하늘: (개미가 가는 쪽으로 막대기로 길을 그려 간다.)	• 아동의 행동 관찰하기
하늘: (시소 아래로 가는 개미를 보며) 못 가. 교사: (개미가 시소 아래로 잘 지나가도록 시소가 올라가게끔 반대 　　　쪽을 눌러 주며) 자, 시소가 올라간다. 잠시 후에 문이 닫혀 　　　요. 안전하게 지나가세요. 하늘: (허리를 숙이며 막대기로 그려 가며 지나간다.) 교사: 우와~ 하늘이가 시소 아래로 지나가네~	• 아동의 방식대로 행동 하기
교사: (하늘이를 보며) 우리 길 따라 걷기 할까? 하늘: (교사를 바라보며) 네. 교사: 하늘이가 먼저 출발해요. 선생님이 뒤에 따라갈게요.	• 아동의 의도를 확장하기

반응성 상호작용 예시	반응성 상호작용 전략 적용
교사: (하늘이가 집중하고 있는 것을 바라본다.) 하늘: (개미를 보다가 교사를 바라본다.)	• 아동의 행동 관찰하기
하늘 : (교사를 보며) 떵땡님. 교사: (하늘이를 보며) 왜에? 하늘: (왕개미를 가리키며) 이거. 교사: (왕개미를 함께 보며) 이거~! 이건 왕개미네. 하늘: 왕깨미? 교사: 응, 왕깨미.	• 아동의 행동과 의사소통 모방하기
하늘: 내가 왕깨미 할래요. 교사: 그래, 하늘이가 왕깨미야. 나는 여왕개미 할게. 하늘: (발로 쿵쿵 소리 내며 걸으면서) 나는 왕깨미. 교사: 왕깨미는 발소리를 엄청 크게 내며 걷는구나. 　　　(교사도 쿵쿵 소리를 내며 걸으면서) 나는 여왕개미.	• 아동의 의도를 확장하기

(3) 1-3-3. 교사는 영유아의 다양한 놀이와 활동에 필요한 자료를 제공한다

- 교사는 영유아의 연령, 발달수준, 사전경험을 고려하여 놀이 및 활동 자료를 준비한다.
- 현재 이루어지고 있는 놀이 및 활동에 필요한 자료를 제공한다.
- 놀잇감과 활동 자료는 영유아가 수월하게 꺼내어 사용할 수 있도록 배치한다.

반응성 상호작용 예시	반응성 상호작용 전략 적용
교사: (아이들을 관찰한다.) 가을: (골대에 축구공을 차는 것을 반복하고 있다.) 교사: (가을이를 보며 눈맞출 때 미소 지어 준다.)	• 아동의 행동 관찰하기
가을: (교사를 보며) 와~ 신난다. 또 해 볼래요. 교사: (축구공을 가을이에게 주며) 그래, 또 해 보자. 가을: (축구공 뒤로 물러서서) 이번엔 달려오다가 차 볼래요. 교사: 그것도 좋은 생각이다. 이번엔 달려오다가 차 보자. (가을이는 반복해서 즐겁게 공차기를 한다.) 교사: (배회하는 소민이를 보며) 우리 소민이랑 같이 할까? 가을: (소민이를 보며) 소민아, 같이 하자.	• 아동이 선택할 기회를 자주 주기
교사: (볼링핀을 놓아 주며 가을이를 쳐다본다.) 가을: (교사 옆으로 와서) 축구공으로 맞춰 볼까요? 교사: 아, 가을이가 축구공을 발로 차서 볼링핀을 맞춰 볼까? 그래, 해 보자. 가을: 네. (축구공으로 볼링핀 맞추기 놀이를 한다.)	• 아동의 의도를 확장하기

반응성 상호작용 예시	반응성 상호작용 전략 적용
교사: (하늘이를 바라보며 옆에 앉는다.) 하늘: (교사를 바라본다.)	• 아동의 세계로 들어가기
하늘: (손가락으로 가리키며) 땅땡님, 이거. 교사: (하늘이가 가리키는 것을 똑같이 가리키며) 아~ 이거~ 하늘: 어어. (검지손가락을 까딱거리며) 움직여. 교사: (교사도 검지손가락을 까딱거리며) 움직여어~ 그렇구나. 잘 움직이네. 하늘: 깨미. 교사: 개미~ 개미네.	• 아동의 행동과 의사소통 모방하기
교사: (돋보기를 가지고 개미를 들여다본다.) 하늘: (돋보기로 개미를 보며) 아! 깨미, 커. 교사: 와, 개미 크다. 돋보기로 보니까 개미가 커졌네~	• 아동의 의도를 확장하기

2. 영유아 간 상호작용 지원 영역

1) 평가지표 영역별 반응성 상호작용 전략

표 2-2   영유아 간 상호작용 지원에 적합한 반응성 상호작용 전략

평가지표	반응성 상호작용 실행 절차	적용 연령	전략 번호	반응성 상호작용 전략
1-4. 영유아 간 상호작용 지원	반응하기	공통	125	아동이 더 많이 의사소통하도록 기다려 주기
		영아	231	비의도적 발성, 몸짓, 표정에 의미 있는 것처럼 반응하기
	확장하기	공통	516	발달에 적합한 규칙과 기대 가지기
		유아	442	두려움을 의미 있게 대하기

2) 평가지표

1-4. 영유아 간 상호작용 지원

1-4-1	교사는 영유아의 감정에 공감하고, 영유아가 스스로의 감정을 다룰 수 있도록 돕는다.	관찰	□Y □N
1-4-1-(1)	영유아가 불안정하고 부정적인 정서를 표현할 때 그대로 수용하고 안정감을 느끼도록 반응한다.	2개의 평가기준을 충족해야 'Y'로 평정	
1-4-1-(2)	영유아의 정서 상태나 기분을 파악하여 언어적·비언어적으로 반응하며 수용한다.		
1-4-2	교사는 영유아가 일상에서 자신의 의견, 생각 등을 또래와 나눌 수 있도록 격려한다.	관찰	□Y □N
1-4-2-(1)	교사는 영유아가 자신의 감정이나 생각을 또래에게 말로 표현하도록 격려한다.	2개의 평가기준을 충족해야 'Y'로 평정	
1-4-2-(2)	교사는 놀이와 활동 상황에서 또래 간 학습이 일어나도록 영유아 간의 상호작용을 격려한다.		
1-4-3	교사는 영유아가 적절한 약속과 규칙을 지키도록 격려한다.	관찰	□Y □N
1-4-3-(1)	반별로 영유아의 연령과 발달수준에 적합한 최소한의 약속과 규칙이 있다.	2개의 평가기준을 충족해야 'Y'로 평정	
1-4-3-(2)	교사는 영유아가 약속과 규칙을 자율적으로 지켜 가도록 일상에서 반복적이고 일관되게 격려한다.		

1-4-4	교사는 영유아 간 다툼이나 문제가 발생할 경우 다양한 해결 방식을 사용한다.	관찰	□Y □N
1-4-4-(1)	교사는 영유아 간 다툼이나 문제 상황이 발생하지 않도록 놀잇감과 공간을 충분히 확보한다.	3개의 평가기준을 충족해야 'Y'로 평정	
1-4-4-(2)	영유아 간 다툼이나 문제 상황이 발생했을 경우, 연령에 적합하게 개입한다.		
1-4-4-(3)	영유아가 다양한 긍정적 해결 방안을 사용하도록 격려한다(요청, 교환, 함께 쓰기, 번갈아 하기).		

지표 평정기준	우수	보통	개선필요
	4개의 평가항목 중 'Y' 개수가 4개	4개의 평가항목 중 'Y' 개수가 2~3개	4개의 평가항목 중 'Y' 개수가 1개 이하

3) 영유아 간 상호작용 지원을 위한 반응성 상호작용 전략 적용

(1) 1-4-1. 교사는 영유아의 감정에 공감하고, 영유아가 스스로의 감정을 다룰 수 있도록 돕는다

- 영유아가 불안정하고 부정적인 정서를 표현할 때 그대로 수용하고 안정감을 느끼도록 반응한다.
- 영유아의 정서 상태나 기분을 파악하여 언어적·비언어적으로 반응하며 수용한다.

반응성 상호작용 예시	반응성 상호작용 전략 적용
(하늘이가 개미를 보다가 교사를 바라본다.) 하늘: (개미가 가는 것을 손가락으로 가리키며) 개미 가. 교사: (하늘이를 바라보며) 개미 가~ 하늘: (하늘이가 돌멩이를 주워 개미가 가는 쪽을 막는다.) 교사: (하늘이를 바라보며) 하늘이는 개미가 가는 것이 싫구나. 그런데 개미가 가족도 친구도 못 만나면 마음이 어떨까? 하늘: 슬퍼. 교사: 그래, 개미가 친구도 가족도 못 만나면 슬프지.	• 비의도적 발성, 몸짓, 표정에 의미 있는 것처럼 반응하기
교사: 개미가 친구랑 가족이랑 다시 만나면 좋겠다. 어떻게 하지~ 하늘: 개미를 따라가며 길을 표시해요. 교사: 개미 길을 표시하면 좋겠다, 그치? 하늘: (막대기를 가리키며) 네, 저것으로 그려요. 교사: 그래, 하늘이가 개미 가는 길을 표시해 두면 개미를 다시 만날 수 있겠구나. 좋은 생각이네.	• 발달에 적합한 규칙과 기대 가지기

반응성 상호작용 예시	반응성 상호작용 전략 적용
(쌓기놀이 영역에서 바다가 울고 있다.) 교사: (울고 있는 바다를 안아 주며) 바다가 많이 속상하구나. 속상해서 울고 있었어~ 바다: 가온이가 악어 장난감을 던졌어요. 악어는 무서워요. 교사: 가온이가 악어 장난감을 던져서 바다가 많이 놀랐겠네. 가온: 나는 악어 안 무서운데. 교사: 그래. 가온이처럼 악어 장난감이 안 무서운 친구도 있고, 바다처럼 무서운 친구도 있어. 그런데 바다는 무섭대. 그럼 바다한테는 어떻게 해야 하지? 가온: 던지지 않고 보여 줘요. 교사: 그래, 가온이가 던지지 않고 보여 주면 되겠네. 그럼 깜짝 놀라지 않을 거야. 바다는 어때? 바다: 네, 그럼 안 놀랄 거예요.	• 두려움을 의미 있게 대하기

반응성 상호작용 예시	반응성 상호작용 전략 적용
(교사는 하늘이가 개미를 보고 있는 것을 함께 본다.) 하늘: (개미를 따라 손가락으로 걸어가며) 개미기차. 교사: (하늘이가 따라가는 개미기차 뒤를 교사도 함께 손가락으로 걸어가며) 개미기차~ 정말 개미가 기차처럼 한 줄로 가고 있네. 하늘: 뿌뿌, 뿌뿌뿌~ 교사: (교사도 같이 하며) 뿌뿌~ 개미기차가 신나게 달려요.	• 비의도적 발성, 몸짓, 표정에 의미 있는 것처럼 반응하기
하늘: (발 아래로 오는 개미를 보고 놀라 일어난다.) 교사: (하늘이를 안아 준다.) 하늘: 무서워. 교사: (꼭 안아 주며) 무서워~ 개미 무서워. 아, 개미가 저쪽으로 간다. 하늘: (고개를 들어 확인한다. 교사에게서 일어나며) 응.	• 두려움을 의미 있게 대하기

(2) 1-4-2. 교사는 영유아가 일상에서 자신의 의견, 생각 등을 또래와 나눌 수 있도록 격려한다

- 교사는 영유아가 자신의 감정이나 생각을 또래에게 말로 표현하도록 격려한다.
- 교사는 놀이와 활동 상황에서 또래 간 학습이 일어나도록 영유아 간의 상호작용을 격려한다.

반응성 상호작용 예시	반응성 상호작용 전략 적용
(교사와 친구들이 함께 모여 앉는다.) 교사: (아이들을 바라보며) 공으로 놀이하는 것 어땠나요? 친구들: 너무 신나요. 재미있었어요. 교사: 그래, 신나고 재미있었구나. 어떤 놀이가 재미있었어요? 가을: (교사를 보며) 저는 축구공으로 발차기요. 소민: (교사를 보며) 저는 배구공으로 튕기기요. 교사: 다음엔 어떻게 놀이를 해 볼까요? 가을: (손을 들며) 축구공을 차면서 빨리 돌아오기 게임을 하고 싶어요. 교사: 우와~ 그것도 너무 재미있겠다. 소민: (손을 들며) 저는 배구공을 옆 친구에게 빨리 전달하기 게임을 하고 싶어요. 교사: 그것도 재미있겠다. 소민이가 말한 게임도 빨리 하고 싶어지네.	• 아동이 더 많이 의사소통하도록 기다려 주기
교사: (가을이를 보며) 가을아, 빨리 돌아오는 게임을 할 때 장애물을 넣어 보면 어떨까? 가을: (교사를 보며) 아! 좋아요. 볼링핀 맞추고 돌아오는 게임을 해요! 교사: 가을이가 생각한 볼링핀을 맞추고 돌아오는 게임이 어떻게 될지 너무 궁금하다.	• 발달에 적합한 규칙과 기대 가지기

(3) 1-4-3. 교사는 영유아가 적절한 약속과 규칙을 지키도록 격려한다

- 반별로 영유아의 연령과 발달수준에 적합한 최소한의 약속과 규칙이 있다.
- 교사는 영유아가 약속과 규칙을 자율적으로 지켜 가도록 일상에서 반복적이고 일관되게 격려한다.

반응성 상호작용 예시	반응성 상호작용 전략 적용
(바깥놀이를 마치고 교실로 들어가려고 모인다.) 교사: (노랫말로 아이들 이름을 불러 주며) ○○는 어디 있나? 여기, ○○는 어디 있나? 여기. 그래, 다 모였구나. 자, 이제 점심시간이니 들어가서 손 씻자. 그런데 한꺼번에 들어가면 어떻게 될까? 친구들: 넘어져요. 신발을 정리하기 어려워요. 교사: 그럼 어떻게 들어가면 좋을까? 친구들: 짝꿍이랑 들어가요. 교사: 그럼 2명씩 손잡고 선수 퇴장하는 것처럼 들어가 볼까? 친구들: 네~~ (아이들은 2명씩 순서대로 교실로 들어간다.)	• 아동이 더 많이 의사소통하도록 기다려 주기

교사: 다음에도 2명씩 순서대로 멈출 수 있는 곳에 발자국 스티커를 붙여 줄게. 친구들: 노란색 스티커로 붙여 주세요. 교사: 그래, 노란색 스티커로 해 줄게.	• 발달에 적합한 규칙과 기대 가지기

(4) 1-4-4. 교사는 영유아 간 다툼이나 문제가 발생할 경우 다양한 해결방식을 사용한다

• 교사는 영유아 간 다툼이나 문제 상황이 발생하지 않도록 놀잇감과 공간을 충분히 확보한다.

• 영유아 간 다툼이나 문제 상황이 발생했을 경우, 연령에 적합하게 개입한다.

• 영유아가 다양한 긍정적 해결 방안을 사용하도록 격려한다(요청, 교환, 함께 쓰기, 번갈아 하기).

반응성 상호작용 예시	반응성 상호작용 전략 적용
(바다와 가온이가 쌓기놀이 영역에서 함께 놀이하고 있다.) 교사: (울고 있는 바다를 안아 주며) 바다야, 많이 속상하지. 가온아, 왜 자동차를 던진 거니? 가온: (화가 난 목소리로) 바다가 자동차를 자기 거라고 해서 화가 났어요. 교사: 그래, 가온이도 화가 났구나. 그런데 가온이가 자동차를 던지면 바다는 어떤 마음이 들 것 같니? 가온: 속상해요. 교사: 그래. 바다야, 가온이가 먼저 가지고 논 것을 내 거라고 하면 가온이는 어떤 마음이 들 것 같니? 바다: 화가 나요. 교사: 그럼 어떻게 하면 좋을까? 가온: 화내지 않고 말해요. 교사: (가온이의 말에 긍정의 눈짓을 해 준다.) 바다: 가온이가 먼저 가지고 놀았으니까 내 차례에 가지고 놀아요. 교사: (바다에게 긍정의 눈짓을 한다.) (둘을 번갈아 본다.)	• 아동이 더 많이 의사소통하도록 기다려 주기
교사: 오늘 가온이도 화가 나고, 바다도 화가 났었지. 그래서 그렇게 서로 화를 내니까 어땠어? 가온: 재미도 없고 잘 놀 수도 없었어요. 바다: 네, 그래요. 교사: 그래, (『소피가 화나면, 정말 정말 화나면』을 보여 주며) 오늘 바다가 화가 났었는데 또 화가 난 친구가 있네. 이름은 소피야. 소피는 왜 화가 났는지 같이 보자.	• 발달에 적합한 규칙과 기대 가지기

반응성 상호작용 예시	반응성 상호작용 전략 적용
(바다와 가온이가 쌓기놀이 영역에서 놀이를 하고 있다.) 교사: (바다와 가온이의 다툼을 보고 옆으로 간다. 둘과 번갈아 눈맞춤하며 쳐다본다.) 바다: (바다가 교사에게 다가와) 화장실에 다녀왔더니 가온이가 제 자동차를 가져다가 놀았어요. 가온: 아니에요. 바다가 다른 놀이를 하러 간 줄 알았어요. 교사: 그래, 가온이도 바다도 다 자동차를 가지고 놀고 싶구나~ 그럼 어떻게 하면 좋을까? (잠시 침묵이 흐른다.) 가온: 오늘은 바다가 놀고 내일은 제가 놀래요. 바다야, 여기 있어. 바다: 그래, 내일은 네가 이 자동차 가지고 놀아. 교사: 우와, 서로 양보하니 둘 다 자동차를 가지고 놀 수 있게 되었네. 가온이도 바다도 참 좋은 친구들이네.	• 아동이 더 많이 의사소통하도록 기다려 주기
교사: 앞으로도 서로 사이좋게 놀이하려면 어떻게 하면 좋을까? 바다: 오늘처럼 오늘은 나, 내일은 가온이 순서대로 놀아요. 가온: 좋아요. 교사: 바다가 생각한 규칙이 서로 한 번씩 번갈아 하는 거네요. 바다가 만든 규칙 참 좋네요.	• 발달에 적합한 규칙과 기대 가지기

　반응성 상호작용 실행 절차는 『놀이중심 반응성 상호작용 교수법 1_이해편』(김정미, 2021)의 '제7장 놀이중심 반응성 상호작용 교수 실행'에서 자세히 설명하였다.

표 2-3　평가지표에 따른 반응성 상호작용(RT) 실행 절차와 전략

평가지표	반응성 상호작용 실행 절차	적용 연령	전략 번호	반응성 상호작용 전략	평가항목
1-3. 놀이 및 활동 지원	관찰하기	공통	113	아동의 세계로 들어가기	1-3-2. 교사는 영유아의 놀이 상황을 관찰하면서 놀이와 관련된 상호작용을 한다.
		공통	211	아동의 행동 관찰하기	1-3-2. 교사는 영유아의 놀이 상황을 관찰하면서 놀이와 관련된 상호작용을 한다.
	반응하기	공통	312	아동의 행동과 의사소통 모방하기	1-3-1. 교사는 놀이와 활동이 영유아의 자발적 선택에 의해 주도적으로 이루어지도록 격려한다. 1-3-3. 교사는 영유아의 다양한 놀이와 활동에 필요한 자료를 제공한다.

		영아	123	소리 주고받으며 놀이하기	1-3-2. 교사는 영유아의 놀이 상황을 관찰하면서 놀이와 관련된 상호작용을 한다.
		유아	313	아동이 선택할 기회를 자주 주기	1-3-1. 교사는 놀이와 활동이 영유아의 자발적 선택에 의해 주도적으로 이루어지도록 격려한다. 1-3-3. 교사는 영유아의 다양한 놀이와 활동에 필요한 자료를 제공한다.
			514	아동의 방식대로 행동하기	1-3-1. 교사는 놀이와 활동이 영유아의 자발적 선택에 의해 주도적으로 이루어지도록 격려한다. 1-3-3. 교사는 영유아의 다양한 놀이와 활동에 필요한 자료를 제공한다.
	확장하기	공통	424	아동이 즐거워하는 행동 반복하기	1-3-2. 교사는 영유아의 놀이 상황을 관찰하면서 놀이와 관련된 상호작용을 한다. 1-3-3. 교사는 영유아의 다양한 놀이와 활동에 필요한 자료를 제공한다.
		유아	321	아동의 의도를 확장하기	1-3-3. 교사는 영유아의 다양한 놀이와 활동에 필요한 자료를 제공한다.
1-4. 영유아 간 상호작용 지원	반응하기	공통	125	아동이 더 많이 의사소통하도록 기다려 주기	1-3-1. 교사는 놀이와 활동이 영유아의 자발적 선택에 의해 주도적으로 이루어지도록 격려한다. 1-4-2. 교사는 영유아가 일상에서 자신의 의견, 생각 등을 또래와 나눌 수 있도록 격려한다.
		영아	231	비의도적 발성, 몸짓, 표정에 의미 있는 것처럼 반응하기	1-4-1. 교사는 영유아의 감정에 공감하고, 영유아가 스스로 감정을 다룰 수 있도록 돕는다. 1-4-2. 교사는 영유아가 일상에서 자신의 의견, 생각 등을 또래와 나눌 수 있도록 격려한다.
	확장하기	공통	516	발달에 적합한 규칙과 기대 가지기	1-4-3. 교사는 영유아가 적절한 약속과 규칙을 지키도록 격려한다. 1-4-4. 교사는 영유아 간 다툼이나 문제가 발생할 경우 다양한 해결 방식을 사용한다.
		유아	442	두려움을 의미 있게 대하기	1-4-1. 교사는 영유아의 감정에 공감하고, 영유아가 스스로 감정을 다룰 수 있도록 돕는다.

제3장

놀이중심 반응성 상호작용 놀이활동일지 작성

1. 놀이활동 계획
2. 놀이활동 관찰 및 기록
3. 놀이활동 평가
4. 놀이활동 흐름 도표
5. 놀이활동일지

2020년 표준보육과정과 2019년 개정 누리과정에서는 교사의 역할로서 '영유아가 중심이 되고 놀이가 살아나는 보육과정'을 운영하고 관리하도록 하고 있다. 그리고 일과와 놀이 중에서 놀이중심 보육과정이 어떻게 이루어졌는지를 되돌아보며 보다 나은 방향으로 개선하기 위해 영유아 놀이를 관찰·기록하여 영유아의 특성과 변화를 이해하고 표준보육과정과 누리과정이 적절하게 운영되고 있는지를 평가하도록 하고 있다(보건복지부, 교육과학기술부, 2019).

1. 놀이활동 계획

1) 놀이활동 계획 시 주지사항

보육과정 및 영유아 교육과정은 표준보육과정과 누리과정을 바탕으로 각 기관의 실정에 적합한 계획을 수립하여 운영하여야 한다. 그리고 표준보육과정과 누리과정이 적절하게 운영되고 있는지를 평가하기 위하여 놀이활동일지를 기록한다. 계획안은 연간, 월간, 주간 그리고 일일 계획으로 검토되는데, 놀이활동일지에 포함되는 세부 내용은 다음과 같다(보건복지부, 교육과학기술부, 2019).

(1) 연간 계획
- 연간 계획은 기관 전체의 구성원이 공유하는 자료이므로 기관 차원에서 수립한다.
- 한 해의 중요한 경험(기관 적응, 계절, 명절, 그해의 특별한 국가적 행사, 기관 행사, 진급 등)을 고려하여 계획한다.
- 개정 표준보육과정 및 누리과정은 영유아와 교사가 '만들어 가는 교육과정'이므로 영유아에게서 발현되는 놀이가 즉각적으로 반영되도록 계획한다.

(2) 월간, 주간, 일일 계획
- 월간, 주간, 일일 계획을 모두 수립하여야 하는 것은 아니며 하나만 선택하여

작성한다.

- 매일 진행되는 놀이를 기록하고 다음날 지원할 내용을 간단히 계획하여 기록하며, 계획안의 양식과 내용, 작성 주기는 각 기관과 교사의 필요에 맞게 자율적으로 결정한다.
- 놀이시간은 전이시간을 고려하여 충분히 이루어지도록 한다.

(3) 놀이활동 기록

- '놀이와 일상생활, 활동'으로 구성된 일과를 기록하되, 바깥놀이를 포함한 영유아의 자유놀이 진행에서 중심이 되는 내용을 기록한다.
- 영유아의 자연스러운 놀이 상황을 관찰하고, 이를 통해 교사가 지원하고자 하는 내용을 기록한다.
- 놀이활동일지는 놀이 중 작성한 메모나 영유아의 놀이 사진, 놀이 결과물 등을 활용하여 기록한다.
- 반 운영의 특이사항(부모상담, 부모교육 일정, 부모요구사항, 가정 연계 전달사항, 감염병 발병 상황, 안전사고 등)이 있는 경우에 한하여 간략히 작성한다.
- 놀이활동일지에 모든 놀이와 활동을 기록할 필요는 없다. 일과에서 중점적으로 진행된 내용을 기록하고, 매일 반복되는 일과의 내용은 간략히 기술하도록 하며, 매번 동일한 내용은 상세하게 작성하지 않아도 된다. 또한 놀이활동일지는 각 어린이집 또는 유치원 등 기관의 상황에 적합한 별도 양식을 사용할 수 있다.

2) 놀이활동 계획하기

놀이활동 중 일부 일과에 대해 교사는 이전 활동을 근거로 주변 환경을 탐색하고 중심축 행동 목표와 영유아의 발달적 기능에 맞추어 간단한 환경 설정을 위한 준비를 한다.

만 4, 5세 유아 놀이활동 계획 예시

날 짜	4월 20일
참여대상	만 4, 5세
놀이장소	어린이집 주변 산책로, 놀이터
놀이시간	10:30~11:40

주변 환경 ※ 놀이장소의 기존 환경, 구성 물건 등을 기록한다.

- 어린이집 주변 길은 길가에 텃밭이 있고, 아파트 산책로가 만들어져 있다.

안전지도 ※ 교사가 생각하는 활동을 수행하는 데 우려되는 점이나 안전지도를 고려한다.

- 산책로 주변에 차도가 있어 자유롭게 탐색하는 데 교사의 안전지도가 요구된다.

놀이준비 ※위 놀이장소에서 보육활동을 하기 위해 교사는 주변 환경을 미리 파악하고 필요한 재료가 있다면 준비한다.

- 교사는 바깥놀이를 위해 필요한 물건(의약품, 카메라, 바구니, 가방)을 미리 준비한다.

교 사 의 기   대 ※ 교사가 설정한 장소와 환경에서 기대한 놀이활동을 기록한다.

- 유아는 주변 환경에서 다양한 자연물(동식물)을 탐색한다.
- 주변에서 자연물을 다양하게 발견할 수 있다.
- 자연물을 이용해 다양한 놀이를 할 수 있다.

2. 놀이활동 관찰 및 기록

1) 놀이활동 관찰 시 주지사항

교사와 영유아의 상호작용은 교실 내에서 매일 반복적으로 이루어지고 있으며, 이렇게 반복되는 상호작용을 통해 영유아의 학습을 촉진시킨다. 중요한 것은 상호작용을 통해 영유아의 능동적 학습이 이루어지는 것이다.

반응성 상호작용 교수는 매일 일어나는 상호작용에서의 최선의 실제로서 교사와 영유아 간에 의미 있는 것이며 학습에 매우 긍정적 영향을 주는 것이라 하겠다. 따라서 영유아의 놀이활동은 일과 중 보육활동에서 자연스럽게 관찰한다.

'놀이중심 반응성 상호작용 교수'에서 교사는 일상에서 영유아를 주의 깊게 관찰하기 위해 사전에 다음 사항을 주지한다.

- 하루 일과나 자유놀이에서 1~5분간 놀이 장면을 관찰한다.
- 1~5분간 관찰하는 동안 영유아의 행동을 순서대로 기록한다(구체적 행위 중심).
- 관찰 내용을 부연할 수 있는 의미 있는 부분을 3~5장 촬영하여 준비한다. 예컨대, 관찰하기는 주로 영유아의 처음 놀이 상황 장면의 사진을 제시한다. 반응하기는 영유아의 놀이가 보다 적극적으로 진행된 상황의 장면을 제시한다. 확장하기는 놀이의 주제를 명명할 수 있는 장면을 제시한다.
- 의미 있다고 생각되는 주제에 대해 '관찰하기-반응하기-확장하기'의 진행 순서에 따라 놀이의 내용 흐름을 기술한다.
- 놀이활동을 관찰하면서 스스로 다음 질문에 답하듯이 기록한다.
  - 영유아는 무엇을 주지하고 있는가?: 눈길이 가 있는 곳을 관찰하여 기록한다.
  - 영유아는 어떤 말로 발성을 내는가?: 혼잣소리 또는 상대에게 하는 소리를 기록한다.
  - 영유아는 어떤 방식으로 놀이하고 있는가?: 영유아가 만들어 내는 것, 행동, 소리, 도구 사용 등을 기록한다.
  - 영유아는 반복하여 실행하는가?: 영유아가 시작한 활동에 얼마나 오랫동안 머물며 만들어 내는지 기록한다.
  - 다른 사람을 자신의 놀이에 참여시키며 공유하는 활동을 하는가?: 그런 활동이 있다면 기록한다.
  - 놀이의 시작은 어떻게 이루어졌는가?: 영유아가 현재 하고 있는 활동의 사전 사건 또는 환경을 기록한다.
  - 영유아는 즐거워하는가?: 활동에 참여하는 동안 외현적으로 관찰되는 영유아의 기분 상태를 설명한다.

2) 놀이활동 기록

매일 일과에서 반응성 상호작용 교수를 실행하기 위해서는 〈표 3-2〉에 제시되어 있는 관찰하기, 반응하기, 확장하기의 3단계 절차를 적용할 수 있으며, 각 단계별 반응성 상호작용 전략(이해편 제7장 참조)을 반영하여 실행할 수 있다.

표 3-1 반응성 상호작용 실행 단계별 목표 및 반응성 상호작용 전략

절차	목표	반응성 상호작용 전략
1단계: 관찰하기	• 영유아의 관심이 무엇인지 함께 머물며 집중해서 관찰한다. • 교사와 영유아 간에 신뢰와 안정적인 애착을 형성한다. • 의도적으로 영유아에게 머물며 좀 더 잘 집중할 수 있도록 한다.	• 아동의 행동 관찰하기 • 아동의 세계로 들어가기
2단계: 반응하기	• 영유아는 교사가 자신에게 관심이 있고 함께 있고 싶어 한다는 것을 알 수 있다. • 영유아와의 관계가 더 깊어지고 친밀해지며, 영유아가 교사에게 수용적인 상호작용을 한다.	• 아동의 행동과 의사소통 모방하기 • 아동이 더 많이 의사소통하도록 기다려 주기 • 소리 주고받으며 놀이하기 • 비의도적 발성, 몸짓, 표정에 의미 있는 것처럼 반응하기 • 아동이 선택할 기회를 자주 주기 • 아동의 방식대로 행동하기
3단계: 확장하기	• 영유아의 지식과 이해를 확장함으로써 영유아에게 새로운 교수-학습의 경험을 제공할 수 있다. • 반응성 상호작용을 통해 영유아는 교사가 제시하는 새로운 사물, 방법, 생각, 어휘 등의 학습에 대한 새로운 경험을 받아들일 수 있다.	• 아동이 즐거워하는 행동 반복하기 • 발달에 적합한 규칙과 기대 가지기 • 아동의 의도를 확장하기 • 두려움을 의미 있게 대하기

만 4, 5세 유아 놀이활동 기록 예시

관찰하기

※ 자유롭게 유아들이 놀이하는 모습을 관찰하고 일련의 사건 전개 순서대로 기록한다. 그리고 교사는 유아들의 놀이활동 내용의 적합한 의미를 사건 순서에 근거하여 관찰하기-반응하기-확장하기 실행 내용에서 규명해 본다.

- 교사는 어린이집 주변 길을 산책하며 유아들이 길가 및 주변 텃밭에 관심을 가지고 탐색하기를 기대하였다. 놀이터에서 그네나 미끄럼틀 놀이를 하던 유아가 숨을 가쁘게 쉬며 벤치에 앉았다.
- 교사와 함께 벤치에 앉아 있던 유아가 바닥을 보더니 "선생님, 나 여기서 개미 봤어요."라고 하며 손가락으로 개미를 가리킨다.
- 교사가 "개미를 봤어?"라고 말하며 주변을 돌아보면서 유아와 함께 개미를 찾고 개미의 움직임을 관찰하였다. 그리고 유아가 교사와 함께 자연물(나뭇가지)을 이용해 개미가 가는 길을 따라 움직이며 놀이하였다.

※ 12개 보육 적용 반응성 상호작용 전략을 참조하여 관찰하기를 위한 1~2개 전략을 적용해 본다.

반응성 상호작용 전략: 아동의 행동 관찰하기

반응하기

- 유아들이 관찰한 것을 교사에게 이야기해 줄 때 같은 말을 해 주며 유아의 이야기에 반응해 주었다.
- 놀이터 벤치에 앉아 있던 ○○가 "선생님, 나 여기서 개미 봤어요."라고 말해 교사가 "개미를 봤어?"라고 되물었고, ○○가 바닥에 쪼그려 앉으며 "여기 있었어요."라고 말했다. 교사가 "여기 있었구나. 선생님은 아직 발견 못했어. 같이 찾아볼까?"라고 하자 ○○는 벤치 주변을 두리번거리기 시작하였다.
- 개미를 발견한 ○○가 "선생님, 개미가 땅속으로 들어갔어요."라고 말하며 주변에 있던 나뭇가지를 가지고 흙을 파기 시작하였다. 교사도 주변에 있던 나뭇가지를 가지고 ○○와 마찬가지로 흙을 파며 개미가 있는 곳을 찾았다. ○○와 교사가 나뭇가지를 이용해 땅을 파자 다른 유아들이 다가와 주변에 있던 나뭇

가지를 가지고 같이 땅을 파면서 "나도 개미집을 찾았어!"라고 말하며 각자 자신이 찾은 개미에 대해 이야기하였다.

※ 12개 보육 적용 반응성 상호작용 전략을 참조하여 반응하기를 위한 1~2개 전략을 적용해 본다.

반응성 상호작용 전략: 아동의 행동과 의사소통 모방하기

비의도적 발성, 몸짓, 표정에 의미 있는 것처럼 반응하기

확장하기

- 땅을 파는 데 몰입하던 유아들이 땅을 파면서 개미의 진로를 방해하자 악당놀이라는 것을 생각해 냈고, 그렇게 놀기를 원하였다. 기존에는 유아들이 대립하며 싸우는 놀이가 위험하다는 교사의 전제하에 놀이를 제한하여 유아들이 놀이 시작을 주저하였으나 교사가 유아들의 의견을 물으며 안전하게 놀이하자고 말하자 유아들 안에서 서로 놀이를 하는 모습을 볼 수 있었다.

- 유아들이 익숙하게 이용하는 놀이터였지만 주변 자연물에 관심을 갖기 시작하자 놀이기구가 아닌 자연물로도 유아 스스로가 충분히 놀이하며 그 속에서 재미를 느끼는 모습을 발견하였다. 자연물을 통해 유아가 자신의 경험을 놀이에 투영하고 더 나아가 다양한 상상을 놀이로 표현할 수 있게 되었다.

※ 12개 보육 적용 반응성 상호작용 전략을 참조하여 확장하기를 위한 1~2개 전략을 적용해 본다.

반응성 상호작용 전략: 아동의 의도를 확장하기

3. 놀이활동 평가

놀이활동 기록 내용에 근거하여 교사는 영유아 놀이를 보고 '중심축 행동'에서 오늘의 영유아 놀이에 어떠한 의미가 있었는지 찾아본다.

만 4, 5세 유아 놀이활동 평가 예시

놀이주제

※ 유아의 놀이 수행에 적합한 의미 있는 놀이주제를 정한다.

• 개미도 내 친구예요

발견 목표

• 유아는 주변 환경에서 다양한 자연물(동식물)을 탐색하며, 이를 이용해 놀이를 할 수 있다.
• 주변에서 자연물을 다양하게 발견할 수 있다.
• 자연물을 이용해 다양한 놀이를 할 수 있다.

교육과정 관련 요소

• 자연탐구 > 탐구과정 즐기기
• 사회관계 > 창의적으로 표현하기
• 신체운동 > 안전하게 생활하기

반응성 상호작용 전략 적용

• 관찰하기: 아동의 행동 관찰하기
• 반응하기: 아동의 행동과 의사소통 모방하기/비의도적 발성, 몸짓, 표정에 의미 있는 것처럼 반응하기
• 확장하기: 아동의 의도를 확장하기

중심축 행동 목표

※ 유아의 행동 관찰 중 유아의 수행에 대해 교사는 중심축 행동 목록에서 의미 있는 목표를 설명한다.

• 공동주의, 탐색, 실행

중심축 행동 의미 찾기

※ 놀이활동 중 교사가 유아의 행동을 관찰하고 유아의 수행에서 발견한 중심축 행동의 발달적 의미를 찾아 기록한다(4장의 '2. 중심축 행동의 발달적 의미' 예시 참조).

• 유아는 놀이를 통해서 탐색하고 배운다

유아는 놀이를 할 때 사물이나 장난감을 체계적으로 조작하고 탐색하며, 스스로 다룰 수 있는 장난감을 가지고 놀이할 때 그 장난감을 가지고 노는 방법을 빨리 발견한다. 유아는 사물과 재료의 특징과 동작을 지속적으로 탐색하는 과정에서 자신의 생각과 이해를 더욱 높은 단계로 이끌며 새로운 정보를 터득하고 더욱 빠르게 사물을 다룰 수 있는 방법을 찾게 된다. 교사는 유아가 장난감을 가지고 스스로 노는 방법을 터득할 수 있도록 미리 노는 방법을 제시하지 않고 탐색할 수 있는 시간을 충분히 주고 기다려 준다.

놀이 지원 및 다음 놀이 계획

※ 추가로 다음 보육활동에서 하고 싶은 놀이를 중심축 행동 요소와 반응성 상호작용 전략을 생각하며 계획하고, 이번 놀이에서 관찰된 내용에서 보완할 점과 추가할 점, 확장 적용을 위해 동료교사 또는 부모에게 가정 연계 활동으로 제안할 사항을 기록한다.

• 자연물을 이용해 유아들이 상상하는 것을 놀이로 표현하는 데 높은 관심과 재미를 느끼는 모습을 보였다.

• 다음 놀이에서는 더 넓은 모래 놀이터나 자연물을 발견할 수 있는 장소에서 놀이를 진행해 본다.

• 개미에 대해 흥미를 보이는 유아들을 위해 교실에서는 유아들이 관찰한 개미를 종이접기나 그림, 점토 등으로 확장할 수 있도록 재료를 마련해 준다.

• 유아들이 놀이 초반 개미가 가는 길에 관심을 가진 만큼 개미가 개미집에서 어떻게 이동하는지 개미의 움직임을 관찰할 수 있는 개미집 체험 세트를 마련해 준다.

• 가정 연계로 개미에 관한 그림책을 보내 주도록 안내한다.

4. 놀이활동 흐름 도표

교사는 영유아의 놀이활동 관찰을 통해 영유아의 놀이 시작부터 놀이활동의 과정을 정리하고 중심축 행동에서 의미를 정리함으로써 영유아가 스스로 주도하는 활동에 대한 의미를 발견하는데, 이는 다음 보육 목표를 위한 준비를 계획하게 한다.

만 4, 5세 놀이활동 흐름 도표 예시

놀이환경

미끄럼틀과 같은 종합놀이기구, 텃밭, 산책로 등이 갖추어진 놀이터가 있다.

관찰

교사와 함께 벤치에 앉아 있던 유아가 바닥을 보더니 손가락으로 개미를 가리킨다.

반응

주변을 돌아보며 유아와 함께 개미를 찾고 개미의 움직임을 관찰한다.

교사의 발견

개미를 찾는 유아와 교사의 공유로 개미 찾기가 시작되자 자연스럽게 다른 유아들도 놀이에 참여하여 함께 놀이가 되는 것을 알게 되었다. 유아들은 개미들에게 역할을 부여하고 놀이 상황을 설정하였다. 교사는 유아들에게 익숙한 공간과 자연물도 상황과 기분에 따라 다양한 놀이로 전환할 수 있었다. 유아의 행동을 세밀히 관찰하여 상호작용하였더니 유아가 스스로 놀이를 확장할 수 있었다.

확장

땅을 파는 데 몰입하던 유아들이 땅을 파면서 개미의 진로를 방해하자 악당놀이라는 것을 생각해냈고, 그렇게 놀기를 원하였다. 교사가 유아들의 의견을 물으며 안전하게 놀이하자고 말했고, 함께 놀이하였다.

반응

개미가 땅속으로 들어가는 것을 발견한 뒤 주변에 있던 나뭇가지를 가지고 흙을 파기 시작한다.
다른 유아들이 다가와 주변에 있던 나뭇가지를 찾아 같이 땅을 파고 "나도 개미집을 찾았어!"라고 한다.

5. 놀이활동일지

　　보육활동 계획, 기록 및 평가 내용이 보육 일과에서 이루어진 활동에 대해 간략한 일지를 작성한다. 놀이중심 반응성 상호작용 교수를 적용한 놀이활동일지는 다음에 예시되어 있다.

만 4, 5세 유아 놀이활동일지 예시

놀이활동일지(만 4, 5세)

날짜		4월 14일 화요일		날씨	맑음
통합보육		등원(　:　~　:　) ※ 각 원의 일정에 맞춰 기록하세요.		하원(　:　~　:　) ※ 각 원의 일정에 맞춰 기록하세요.	
일과(시간)		계획 및 실행			
일상 생활	간식 (　:　~　:　)	※ 각 원의 일정에 맞춰 기록하세요.			
	점심 식사 (　:　~　:　)	※ 각 원의 일정에 맞춰 기록하세요.			
	낮잠 및 휴식 (　:　~　:　)	※ 각 원의 일정에 맞춰 기록하세요.			
활동(　:　~　:　)		※ 각 원의 일정에 맞춰 기록하세요.			
놀이	바깥놀이 (　:　~　:　) (　:　~　:　)	이전 놀이	• 나뭇가지로 땅바닥에 그림그리기 놀이를 하거나 땅을 파는 놀이를 하였다.		
		놀이준비	• 바깥놀이를 위해 교사는 필요한 물건(의약품, 카메라, 바구니, 가방)을 준비한다.		
		놀이주제	• 개미도 내 친구예요		
		관찰	• 교사와 함께 벤치에 앉아 있던 유아가 바닥을 보더니 "선생님, 나 여기서 개미 봤어요."라고 손가락으로 개미를 가리킨다. 교사가 "개미를 봤어?"라고 말하며 주변을 돌아보며 유아와 함께 개미를 찾고 개미의 움직임을 관찰하였다.	• 아동의 행동 관찰하기	

놀이		반응	• 교사가 "개미를 봤어?"라고 물으니, ○○가 바닥에 쪼그려 앉으며 "여기 있었어요."라고 말하였다. 교사가 "여기 있었구나. 선생님은 아직 발견 못했어. 같이 찾아볼까?"라고 하자 ○○가 벤치 주변을 두리번거리기 시작하였다. 개미를 발견한 ○○가 "선생님, 개미가 땅속으로 들어갔어요."라고 말하며 주변에 있던 나뭇가지를 가지고 흙을 파기 시작하였다. 교사도 주변에 있던 나뭇가지를 가지고 ○○와 마찬가지로 흙을 파며 개미가 있는 곳을 찾았다. 이를 본 다른 유아들이 다가와 주변에 있던 나뭇가지를 찾아 같이 땅을 파고 "나도 개미집을 찾았어!"라고 하였다.	• 아동의 행동과 의사소통 모방하기 • 비의도적 발성, 몸짓, 표정에 의미 있는 것처럼 반응하기
		확장	• 땅을 파는 데 몰입하던 유아들이 땅을 파면서 개미의 진로를 방해하자 악당놀이라는 것을 생각해 냈고, 그렇게 놀기를 원하였다. 교사가 유아들의 의견을 물으며 안전하게 놀이하자고 말했고, 유아들 안에서 서로 놀이를 하는 모습을 볼 수 있었다.	• 아동의 의도를 확장하기
	실내놀이 (: ~ :)		• 천사점토에 사인펜을 이용하여 다양한 색깔의 점토를 만들어 놀이하였다.	
	발견 목표		• 유아는 주변 환경에서 다양한 자연물(동식물)을 탐색하며 자연물로 놀이를 할 수 있다. • 주변에서 자연물을 다양하게 발견할 수 있다. • 자연물을 이용해 다양한 놀이를 할 수 있다.	
	교육과정 관련 요소		• 자연탐구 > 탐구과정 즐기기 • 사회관계 > 창의적으로 표현하기 • 신체운동 > 안전하게 생활하기	
	중심축 행동		• 공동주의, 탐색, 실행	
	중심축 행동 의미 찾기		※ 놀이장면에서 교사가 발견한 의미들을 적어 보고, 영유아에 대해 무엇을 경험하고 있는지, 어떠한 방법으로 영유아의 생각과 발견을 확장시켜 줄 수 있는지에 대한 교사의 발견을 적어 본다. • 유아는 놀이를 통해서 탐색하고 배운다 유아는 놀이를 할 때 사물이나 장난감을 체계적으로 조작하고 탐색하며, 스스로 다룰 수 있는 장난감을 가지고 놀이할 때 그 장난감을 가지고 노는 방법을 빨리 발견한다. 유아는 사물과 재료의 특징과 동작을 지속적으로 탐색하는 과정에서 자신의 생각과 이해를 더욱 높은 단계로 이끌며 새로운 정보를 터득하고 더욱 빠르게 사물을 다룰 수 있는 방법을 찾게 된다. 교사는 유아가 장난감을 가지고 스스로 노는 방법을 터득할 수 있도록 미리 노는 방법을 제시하지 않고 탐색할 수 있는 시간을 충분히 주고 기다려 준다.	

교사의 발견	• 개미를 찾는 유아와 교사의 공유로 개미 찾기가 시작되자 자연스럽게 다른 유아들도 놀이에 참여하여 함께 놀이하게 되었다. 유아들은 개미들에게 역할을 부여하고 놀이 상황을 설정하였다. 교사는 유아들에게 익숙한 공간과 자연물도 상황과 기분에 따라 다양한 놀이로 전환할 수 있었다. 교사는 유아의 행동을 보다 세밀히 관찰하여 매일의 놀이에서 유아가 스스로 놀이를 확장할 수 있도록 적절한 지원이 필요함을 알게 되었다.
다음날 지원 계획	• 자연물을 이용해 유아들이 상상하는 것을 놀이로 표현하는 데 높은 관심과 재미를 느끼는 모습을 보였다. • 다음 놀이에서는 더 넓은 모래놀이터나 자연물을 발견할 수 있는 장소에서 놀이를 진행해 본다. • 개미에 대해 흥미를 보이는 유아들을 위해 교실에서는 유아들이 관찰한 개미를 종이접기나 그림, 점토 등으로 확장할 수 있도록 재료를 마련해 준다. • 유아들이 놀이 초반 개미가 가는 길에 관심을 가진 만큼 개미가 개미집에서 어떻게 이동하는지 개미의 움직임을 관찰할 수 있는 개미집 체험 세트를 마련해 준다. • 가정 연계로 개미에 관한 그림책을 보내 주도록 안내한다.
반 운영 특이사항	※ 각 원의 학급 운영 시 특이사항을 기록하세요. • 부모상담

제4장

놀이중심 반응성 상호작용 교수 지원

1. 반응성 상호작용 실행 전략

2. 중심축 행동의 발달적 의미

3. 놀이중심 반응성 상호작용 교수 평가

1. 반응성 상호작용 실행 전략

보육과정에 적합한 핵심 반응성 상호작용(RT) 전략 12개는 놀이활동에서 '관찰하기, 반응하기, 확장하기'의 3단계로 간략화하여 적용할 수 있다. 3단계 적용 절차별 적합한 반응성 상호작용 전략의 구성은 다음과 같다. 평가지표에 따른 반응성 상호작용 전략은 『놀이중심 반응성 상호작용 교수법─이해편』(김정미, 2020)의 '제6장 반응성 상호작용 교수 운영'에서 자세히 제시하였다.

1) '관찰하기' 활동을 위한 반응성 상호작용 전략

(1) 아동의 세계로 들어가기(전략 1)

중심축 행동 의미	사회적 놀이, 주도성, 공동주의, 감정이입
상호작용 목표	• 영유아는 상대를 살펴보고 눈을 맞추며 상호작용할 수 있다. • 영유아는 어른을 쳐다보거나 미소 지으며 정서를 교류할 수 있다.
활동 내용	• 영유아와 마주 볼 수 있는 자세로 신체 높이를 맞춘다. • 영유아와 함께 놀이하거나 상호작용할 때 눈을 맞추도록 한다. • 영유아에게 다가가 같은 방식으로 하고 있는 것을 함께한다. • 영유아가 현재 재미있어하는 도구, 장난감, 사물을 선택하도록 한다.
목적	• 영유아의 활동에 함께 참여하고, 영유아의 눈높이에 맞춰 몸을 낮추고, 영유아의 흥미에 따르면서 영유아와 단순하지만 즐거운 일대일(face to face) 상호작용의 기회를 최대화할 수 있다. • 다른 사람과 함께 활동하며 집중하는 시간을 늘려 준다.

(2) 아동의 행동 관찰하기(전략 4)

중심축 행동 의미	• 탐색, 공동주의
상호작용 목표	• 영유아의 흥미와 관심을 알 수 있다. • 영유아는 자신이 선택한 활동에 집중할 수 있다.
활동 내용	• 영유아가 무엇을 보고 무엇을 하는지 확인한다. • 영유아가 선택한 활동을 영유아의 방식대로 상호작용한다.

목적	• 영유아의 주의집중을 높이기 위해서는 영유아가 흥미 있어 하는 활동에 반응해 주는 것이 필요하다. • 교사가 영유아에게 주의를 기울이고 상호작용할 때, 영유아는 교사에게 주의를 집중하며 반응하게 된다.

2) '반응하기' 활동을 위한 반응성 상호작용 전략

(1) 소리 주고받으며 놀이하기(전략 2)

중심축 행동 의미	• 공동활동, 언어화
상호작용 목표	• 영유아는 명확한 목적이나 의미가 없는 발성과 소리를 만들어 낸다. • 영유아가 내는 소리에 반응해 주는 습관을 기른다.
활동 내용	• 영유아가 혼자서 놀이할 때 내는 소리에 즉각적으로 반응해 준다. • 영유아가 내는 발성에 간단하게 즉각적으로 생동감 있게 따라 반응해 주면서 상호작용한다.
목적	• 영유아는 스스로 반복해서 소리를 내 보면서 소리 만드는 방식을 배운다. • 소리를 주고받으며 교사가 놀이 중에 자연스럽게 다양한 소리를 내는 방식을 모델링하게 된다. • 영유아의 소리에 자주 반응해 줄수록 영유아는 더 많이 소리를 내고, 구강근육을 발달시켜 의사소통하게 된다.

(2) 아동이 더 많이 의사소통하도록 기다려 주기(전략 3)

중심축 행동 의미	• 주도성, 공동활동, 언어화
상호작용 목표	• 영유아와 어른 사이에서 균형 있는 상호작용을 할 수 있다. • 영유아가 알고 있는 소리나 단어를 실행해 볼 수 있는 기회를 가진다.
활동 내용	• 영유아에게 짧은 문장으로 이야기한다(같은 말을 반복하지 않는다). • 영유아가 더 많이 말할 수 있도록 기다려 준다.
목적	• 영유아가 말하는 법을 배우기 위해서는 다양한 언어 자극이 필요하지만, 자신이 이미 알고 있는 소리나 단어를 반복해서 실행해 보는 것이 더 중요하다. • 교사가 짧게 이야기하고 적게 말한다면 영유아는 상호작용하는 동안 무언가를 말할 기회를 더 가지게 된다.

(3) 비의도적 발성, 몸짓, 표정에 의미 있는 것처럼 반응하기(전략 5)

중심축 행동 의미	• 주도성, 의도적 의사소통, 대화, 자신감
상호작용 목표	• 영유아의 관심을 공유할 수 있다. • 영유아는 상호작용 방식을 알 수 있다.
활동 내용	• 영유아의 작은 행동에 즉각적으로 반응해 준다. • 영유아가 혼자서 하는 놀이나 혼잣말에도 즉시 반응해 준다. • 영유아가 하는 의미 없는 행동도 그대로 따라서 반응해 준다.
목적	• 영유아의 의사소통은 교사가 비의도적인 행동에 반응해 주는 것으로 시작한다. • 영유아의 모든 소리, 행동은 의사소통이 될 수 있으며, 영유아의 작은 행동에 자주 반응해 줄수록 타인과 상호작용하는 방식을 빨리 배우게 된다.

(4) 아동의 행동과 의사소통 모방하기(전략 6)

중심축 행동 의미	• 사회적 놀이, 문제해결, 공동주의, 언어화, 의도적 의사소통
상호작용 목표	• 영유아의 관심을 끌 수 있다. • 영유아와 상호적인 관계를 형성할 수 있다.
활동 내용	• 영유아가 내는 소리를 음절 수, 억양 그대로 따라 한다. • 영유아가 하는 무의미한 행동들을 그대로 따라 한다. • 영유아가 내는 소리를 그대로 따라 하면서 의사소통한다.
목적	• 영유아는 교사가 자신과 똑같은 행동을 할 때 친밀감을 느끼고, 이해받았다고 느낀다. • 영유아는 교사가 자신처럼 행동하는 것을 보면서 통제감을 느끼고, 이를 통해 능동적 수행이 증가하게 된다.

(5) 아동이 선택할 기회를 자주 주기(전략 7)

중심축 행동 의미	• 협력, 자신감
상호작용 목표	• 영유아는 쉽게 협력할 수 있다. • 영유아는 자신의 행동을 통제하는 능력을 발달시킬 수 있다.
활동 내용	• 영유아의 능력 범위 안에서 쉽게 꺼내고 다룰 수 있는 장난감이나 활동을 제공한다. • 영유아가 하고 싶은 것과 하고 싶은 방법을 선택하도록 기다린다. • 해가 되지 않는다면 영유아의 선택을 따른다.

목적	• 영유아 스스로 선택할 때 학습 동기가 일어난다. • 선택권이 있는 상황에서 영유아가 협력할 가능성이 더욱 증가한다. • 영유아는 자신이 선택한 상황에서 스스로 행동을 통제하고 조절하는 연습을 할 수 있다.

(6) 아동의 방식대로 행동하기(전략 12)

중심축 행동 의미	• 사회적 놀이, 실행, 자신감
상호작용 목표	• 영유아 스스로 활동을 선택한다. • 영유아는 능동적으로 활동에 참여하여 함께 활동하며 상호작용을 한다.
활동 내용	• 영유아의 행동 중 몇 가지를 모방해 본다. • 영유아가 가지고 노는 장난감이나 사물을 가지고 영유아와 같은 방식으로 놀이를 한다. • 현재 영유아가 하는 것에 적합한 단어들을 함께 말해 준다.
목적	• 영유아는 자신이 선호하는 장난감이나 물건을 가지고 상호작용할 때 더욱 능동적으로 주의를 집중하고 상호작용하게 된다. • 현재 자신이 하는 것에 자주 반응해 줄수록 영유아는 통제감을 가지고 더 많은 시도를 한다.

3) '확장하기' 활동을 위한 반응성 상호작용 전략

(1) 아동의 의도를 확장하기(전략 8)

중심축 행동 의미	• 탐색, 문제해결, 대화
상호작용 목표	• 요청하거나 또는 이의를 제기하고 정보를 공유하기 위해 특별한 단어나 몸짓을 사용할 수 있다. • 2~3개의 단어로 된 문장으로 언어를 표현할 수 있다.
활동 내용	• 영유아가 단어나 문장을 말할 때, 영유아가 말했던 것에 좀 더 많은 정보를 덧붙여 확장시킨다. • 교사가 말한 것을 그대로 따라 하려는 시도를 보일 때 미소 짓거나 칭찬하며 격려해 준다. • 영유아가 흥미로워하는 다른 장난감이나 사물을 곁에 두어 선택할 범위를 늘려 준다.

목적	• 교사는 영유아가 이미 할 수 있는 말에 새로운 단어를 덧붙임으로써 영유아가 좀 더 복잡한 의사소통 기술을 배우도록 예시를 보여 준다. • 영유아가 현재 말하는 것이 중요하다는 것을 인식하도록 부추겨 줌으로써 의사소통 기술을 증가시키게 된다.

(2) 아동이 즐거워하는 행동 반복하기(전략 9)

중심축 행동 의미	• 실행, 공동주의, 자신감
상호작용 목표	• 영유아에게 무언가를 배울 수 있는 기회를 줄 수 있다. • 영유아는 교사와 함께하는 것이 즐거운 활동이라는 것을 배우게 된다.
활동 내용	• 영유아가 즐거워하는 활동을 인정하고 함께한다. • 영유아가 만든 방식대로 놀아 준다. • 활동 자체보다는 영유아와 함께하는 것에 중점을 둔다.
목적	• 영유아가 새로운 행동과 개념을 학습하려면 다양한 상황에서 반복을 해야 하며, 이를 통해 숙련에 이르게 된다. • 영유아는 즐겁고 재미있는 것은 스스로 반복해서 실행한다. • 영유아가 즐거워하는 행동으로 상호작용할 때 영유아는 교사와 오래 함께 머물러 있게 된다.

(3) 두려움을 의미 있게 대하기(전략 10)

중심축 행동 의미	• 감정이입, 자신감
상호작용 목표	• 영유아는 조금 더 쉽게 안정을 찾을 수 있다. • 영유아는 스스로 정서 반응을 통제하고 감정을 조절하는 능력을 발달시킬 수 있다.
활동 내용	• 영유아가 어떤 대상을 보고 무서워할 때 괜찮다고 하면서 이해시키지 않는다. • 영유아의 두려워하는 반응을 그대로 인정하고 공감해 준다.
목적	• 영유아는 정서적으로 반응하는 법을 교사와의 상호작용 속에서 배운다. • 영유아의 입장에서 영유아의 감정을 의미 있게 대해 줄 때 영유아는 쉽게 안정을 찾을 수 있다. • 영유아는 교사와의 상호작용을 통해 정서적으로 반응하고 감정을 조절하는 방법을 배우게 된다.

(4) 발달에 적합한 규칙과 기대 가지기(전략 11)

중심축 행동 의미	• 협력, 자기조절
상호작용 목표	• 영유아는 자기조절 능력을 키울 수 있다. • 영유아는 교사에게 쉽게 협력한다.
활동 내용	• 영유아의 현재 발달수준을 확인한다. • 영유아에게 요구한 규칙이나 기대가 현재 발달수준에 적합한지 확인한다. • 교사의 규칙과 기대를 영유아의 현재 수준으로 바꾼다.
목적	• 영유아의 발달수준을 이해하고 적합한 요구를 할 때, 스스로 조절하는 능력을 키우게 된다. • 영유아의 특정 반응을 예측할 수 있을 때, 영유아의 행동에 대한 대처가 수월해진다.

2. 중심축 행동의 발달적 의미

놀이활동 중 아동의 행동을 관찰하고, 교사가 발견한 아동의 수행에 대해 중심축 행동의 발달적 의미를 찾아본다. 이 책에서는 Mahoney와 Perales(2021, 출판중)가 제안한 중심축 행동 논의점 130개 중 약 63개를 놀이활동일지에 적용할 수 있도록 요약하여 제시한다.

1) 인지 발달의 중심축 행동

(1) 사회적 놀이가 인지 발달에 미치는 의미

• 교사와 함께하는 사회적 놀이는 영유아의 발달을 촉진하는 결정적 요인이다

영유아는 사물을 조작하고 탐색하는 것과 같은 놀이 과정을 통하여 인지적 기술을 습득해 간다. 교사가 영유아의 학습과 발달을 도울 수 있는 가장 좋은 방법은 영유아와 함께 사회적 놀이에 참여하는 것이다. 교사가 영유아가 하는 놀이에 빈번하게 참여하면서 제공하는 환경이나 언어적 상호작용은 영유아에게 더욱 풍부한 학습경험을 갖게 한다.

• 인지학습은 두 사람이 함께하는 과정이다

반응적인 사회적 놀이는 교사가 영유아와 균형 있게 '주고받기'식 활동에 참여하는 것을 의미한다. 교사가 영유아의 놀이에 참여하면서 언어적 상호작용을 얼마나 해 주는가와 교사가 무엇을 하는가보다는 교사가 영유아에게 얼마나 많이 반응해 주는가가 영유아의 인지 발달과 밀접한 관련이 있다. 교사는 영유아와 '주고받기'식의 놀이나 활동에 참여해 주면서 사회적 놀이의 시작이 되어 주어야 한다.

• 인지학습은 영유아가 능동적이고 주의를 기울이는 상황에서 일어난다

교사는 영유아가 능동적으로 참여할 때 더 잘 배운다는 것을 늘 상기하여 교사주도적인 활동보다는 영유아가 주의를 갖고 스스로 참여하는 활동에 가치를 두고 지원해야 한다. 영유아는 반응적인 교사와 상호적인 사회적 놀이에 참여할 때 훨씬 더 능동적이고 더욱더 주의를 집중하게 된다.

• 영유아는 스스로 우연히 발견하는 경험 속에서 배운다

영유아는 놀이 상황에서 현재 영유아가 이해하는 세계를 나타낸다. 교사는 영유아가 하는 놀이에 관심을 가지고 지켜봄으로써 영유아가 우연히 발견한 놀이를 이해할 수 있다. 영유아는 우연히 스스로 발견한 흥미 있는 놀이를 반복하면서 새로운 이해와 인지 능력을 발달시켜 간다. 교사는 영유아가 흥미 있어 하는 이러한 놀이를 함께하며 상호작용할 때 영유아의 이해와 사고를 증진시키는 기회를 더 늘려 줄 수 있다.

(2) 주도성이 인지 발달에 미치는 의미

• 영유아의 인지학습은 능동적인 학습과정을 통해 이루어진다

영유아는 자신이 주도한 활동에 더 많이 능동적으로 참여하려 하기 때문에, 궁극적으로 인지학습을 촉진하기 위해서는 교사가 영유아에게 놀이를 스스로 결정하고 주도하는 기회를 자주 제공하는 것이 중요하다. 교사가 영유아의 주도에 따르며 상호작용을 할 때 영유아는 주도하는 법을 배울 수 있다.

• 영유아가 현재 주도하는 행동은 모두 발달적으로 의미가 있는 행동이다

영유아는 개인차에 따라 발달행동 수준이 다를 수 있으나 교사는 그들이 주도
하는 행동에서 의미를 찾을 수 있어야 한다. 발달에 어려움이 있는 영유아가 어
린 연령단계의 발달행동을 보일 경우, 발달에 적합한 연령 수준으로 이해하고
그에 적합한 인지적 촉진을 한다.

• 영유아는 일상에서 스스로 경험하는 활동을 통하여 배운다

능동적 학습의 개념은 영유아가 능동적으로 참여한다면 어떠한 활동이라도 인
지학습의 기회를 제공할 수 있다는 견해를 근거로 하고 있다. 그러므로 교사는
일상생활에서 이루어지는 자연스러운 경험에도 관심을 두고 영유아가 능동적
으로 수행하는 활동이 있을 때마다 놓치지 않고 자주 함께하며 반응해 준다.

• 영유아는 자신이 주도하는 활동과 관련된 가르침과 지시에 반응하기 쉽다

교사는 자주 영유아와 함께하며, 영유아가 가장 관심 있어 하고 주도하는 활동
을 격려해 주는 것이 중요하다. 영유아는 주의를 집중하는 상황에서 활동을 주
도하는 경험을 하게 되므로, 교사는 영유아가 주의집중을 보이고 흥미 있어 하
는 놀이에 대해 적극적으로 지지해 준다.

(3) 탐색이 인지 발달에 미치는 의미

• 발견학습은 탐색에서 시작한다

탐색은 발견학습의 기초가 되므로 교사는 영유아가 탐색을 적극적으로 경험
할 수 있는 자연체험을 자주 해 보게 하거나 흥미 있는 놀이환경을 제공한다.
영유아는 자신의 환경에서 사물을 탐색하고 조작해 보면서 발견학습(discovery
learning)을 하게 된다. 교사가 영유아에게 매번 무엇인가를 가르쳐 준다면, 교
사는 영유아가 스스로 발견할 기회를 박탈하게 된다. 영유아가 관심을 가지고
탐색하고 있는 사물이나 경험을 교사가 잘 알아차리고 적합한 놀이환경을 제공
해 줄 때 발견학습까지 기대할 수 있다.

• 영유아는 스스로 경험해 보면서 사물을 인식할 수 있게 된다

영유아가 사물에 대해 경험해 보지 않았다면 그것들에 대한 직접적인 이해도, 인식도 어렵다. 이때 영유아가 직접적인 지식을 얻는 유일한 방법은 탐색이다. 교사는 영유아가 직접 탐색하는 과정에서 외부 세상을 다차원적으로 이해한다는 것을 인식하고 영유아가 자신의 모든 감각을 이용하여 구체물을 가지고 만져 보거나 조작해 보는 직접적인 경험을 할 수 있도록 한다.

• 탐색은 가르쳐서 되는 것이 아니라 영유아 주도로 이루어진다

교사가 주도하여 영유아의 탐색을 이끌어 나가면, 영유아가 스스로 탐색을 위해 활동에 참여하며 집중할 수 없게 된다. 교사는 영유아에게 구체적인 어떤 것을 제안하며 해 보도록 하기보다는 수동적인 참여자가 되도록 한다. 교사는 영유아의 인지 발달을 촉진하기 위해 영유아에게 특정 정보나 어려움에 대한 해결책을 제공하기보다는 스스로 탐색하고 발견하도록 기회를 자주 제공한다.

• 호기심은 학습 성취를 위해 가장 중요한 시작이다

영유아의 탐색은 어떻게 자신이 세상과 관계되어 있는지에 대한 궁금증으로부터 시작된다. 영유아는 사물 자체보다는 어떻게 개인이 사물에 영향을 미칠 수 있는가에 더욱 큰 관심을 갖고 있다. 그래서 영유아는 자신이 직접 영향을 미칠 수 있는 사물과 경험에 대해 더욱 호기심을 갖고 탐색하려는 경향이 있다. 교사는 영유아의 탐색 과정을 관찰하면서 영유아가 어디에 호기심을 가지고 있는지, 영유아가 어떻게 사물과 세상에 대해 이해하는지를 인식하고, 추후 놀이활동에서 영유아에게 직접적인 영향을 미치는 환경을 제공하도록 한다.

• 영유아는 놀이를 통해서 탐색하고 배운다

영유아는 놀이를 할 때 사물이나 장난감을 체계적으로 조작하고 탐색하며, 스스로 다룰 수 있는 장난감을 가지고 놀이할 때 그것을 가지고 노는 방법을 빨리 발견한다. 영유아는 사물과 재료의 특징과 동작을 지속적으로 탐색하는 과정에서 자신의 생각과 이해를 더욱 높은 단계로 이끌며 새로운 정보를 터득하고 더욱 빠르게 사물을 다룰 수 있는 방법을 찾게 된다. 교사는 영유아가 장난감을 가

지고 스스로 노는 방법을 터득할 수 있도록 미리 노는 방법을 제시하지 않고 탐색할 수 있는 시간을 충분히 주고 기다려 준다.

(4) 실행이 인지 발달에 미치는 의미

• 반복과 실행은 영유아의 행동을 숙련시킨다

영유아는 새로운 기술을 실행해 보고 반복할 때 별다른 의식 없이도 그러한 기술을 발휘할 수 있게 된다. 그러므로 교사는 영유아가 할 수 있는 만큼 자주 실행하고 반복하도록 격려해 줄 필요가 있다. 그러나 교사가 영유아에게 시도하고 반복해 보도록 권하는 행동이 아직 영유아가 할 수 있는 능력도 안 되고 흥미 있어 하지도 않는 것들이라면 이러한 격려는 오히려 영유아가 상호작용하는 것을 방해할 수 있다. 교사는 영유아가 할 수 있는 능력 범위 안에서 흥미 있어 하는 것으로 영유아와 상호작용을 유지하면서 함께해야 한다.

• 영유아가 현재 하는 행동을 자주 반복하도록 격려해 준다

영유아가 놀이에서 하는 것들 대부분은 현재 영유아의 지식과 이해를 반영한다. 비록 영유아가 현재 보이는 행동이 연령에 비해 지연된 것이라 하더라도, 그것은 상위 수준의 행동을 학습하기 위한 단계에 있는 것들이다. 발달에 문제가 있는 영유아가 하는 행동을 실행하고 반복하도록 격려하는 것은 하위 수준의 행동을 강화하는 것이 아니며, 오히려 영유아의 '실행 노력'을 강화하는 것이다. 교사는 영유아의 지식과 이해 수준을 촉진하기 위해 영유아가 현재 수준에서 스스로 실행하고 반복하는 행동을 할 수 있도록 격려해 준다.

• 영유아가 원하는 행동을 반복하는 것을 그만두게 할 수 없다

영유아가 현재 하는 행동을 하지 못하게 하는 것은 영유아가 잘할 수 있는 것을 하지 못하게 할 뿐이다. 영유아가 상위 수준으로 발전하도록 하기 위해서는 영유아가 현재 하는 행동을 가능한 한 많이 실행하고 반복하도록 촉진한다.

- 지시적 교수 방법을 통하여 영유아가 학습한 행동을 능동적으로 실행하고 반복하게
  할 수 없다

지시적 교수 방법은 영유아에게 어떤 것을 하도록 요청하고, 유도하며, 물리적 촉진으로 강화하여 상위 수준의 기술을 실행하도록 영유아를 부추기는 것을 의미한다. 교사가 영유아에게 지시적 교수 방법으로 가르쳤던 행동을 실행하고 반복하도록 촉진하는 데는 한계가 있다. 영유아는 습득은 하였으나, 기억하고 능동적으로 일반화하는 것은 어렵기 때문이다. 교사가 구성주의 교수 방법으로 영유아가 놀이를 통하여 자발적으로 발달행동을 실행하고 습득하도록 지지할 때 영유아는 다른 상황에서 자신이 학습한 것을 기억하고 스스로 사용할 가능성이 높아진다.

(5) 문제해결이 인지 발달에 미치는 의미

- 문제해결은 도전적인 상황에 직면했을 때 포기하지 않고 끝까지 하는 것을 말한다

문제해결력은 영유아가 도전적이거나 어려운 상황을 해결하기 위해 현재 가진 기술이나 행동을 적용하는 능력이다. 교사가 영유아에게 어려운 활동을 제시하고 지나치게 문제해결의 시도를 요구한다면 영유아를 지치게 만들어 위험에 빠뜨릴 수 있다. 교사는 영유아가 쉽게 포기하지 않도록 다룰 수 있는 수준을 제시하고, 문제를 해결하는 경험을 하게 함으로써 영유아가 이후 도전적이거나 익숙하지 않은 문제 상황에서도 포기하지 않고 참여할 수 있도록 한다.

- 문제해결은 해결하는 것뿐 아니라 해결하지 못하는 것도 학습하는 것을 말한다

영유아가 문제해결 능력을 발달시키기 위해 전략을 사용하는 것은 문제해결에 효과적이지만, 그렇지 않을 수도 있다는 것을 배워야 한다. 영유아는 실패의 기회도 가져 봐야 한다는 것이다. 단, 그럴 경우 영유아가 위축되거나 좌절하지 않도록 살펴야 한다. 영유아가 문제해결에 실패하여 괴로워한다면 교사는 영유아의 실패를 줄이고 활동에 계속 참여하며 함께 해결하도록 기회를 만들어 줄 수 있다.

- 영유아가 자신의 의지로 참여할 때 문제해결력을 키울 수 있다

영유아의 문제해결력을 촉진하기 위해 고려해야 할 점은 문제가 영유아가 스스로 하고 싶어 하는 것이어야 한다는 점이다. 교사가 강요하는 문제는 영유아가 문제를 해결하도록 동기부여를 해 주기보다는 영유아에게 더 이상 흥미를 불러일으키지 않거나 영유아의 활동을 방해한다. 또한 문제가 영유아의 인지 수준보다 높거나 영유아의 현재 능력보다 과도하게 주어질 때는 영유아가 좌절을 경험할 수 있고, 영유아가 상호작용을 짧게 하고 끝내 버리는 원인이 될 수 있다. 영유아가 스스로 해결해 보고 싶어 하는 문제에 교사가 함께해 줄 때 문제해결을 촉진할 수 있는 기회를 만들게 된다.

- 영유아는 자신의 능력 수준에 적합한 과제일 때 자신의 노력을 집중한다

교사가 영유아에게 자신의 능력을 넘어선 문제를 해결하도록 강요하는 것은 바람직하지 않다. 교사가 어렵거나 능력 이상의 노력을 요구하는 문제를 제시하고 문제해결을 강요한다면, 학습이나 발달에 어려움이 있는 영유아는 다른 영유아들에 비해 쉽게 위축되고 과제를 쉽게 포기한다. 교사가 개별 영유아의 능력 범위 내에 있는 문제를 해결하도록 촉진한다면, 학습이나 발달 문제가 있는 영유아도 문제를 해결하기 위해 노력하게 될 것이다.

- 교사는 문제해결사가 아니라 협력자가 되어 주어야 한다

교사는 때때로 영유아가 혼자 힘으로 해결하도록 격려해 주기보다는 영유아에게 문제를 해결하는 방식을 보여 주고 문제해결 과정에 간섭하기 쉽다. 교사는 영유아가 스스로 다양한 해결책을 시도할 때 격려해 주며 영유아 혼자의 힘으로 문제해결을 주도하도록 가르칠 수 있다. 영유아가 도움을 요청할 때마다 교사가 영유아의 문제를 해결해 주면서 개입한다면, 영유아는 어려운 상황에서 혼자 힘으로 해결하기보다는 다른 사람에게서 도움을 요청하는 법을 먼저 배울 것이다.

2) 의사소통 발달의 중심축 행동

(1) 공동활동이 의사소통 발달에 미치는 의미

• 영유아의 최초 대화는 사회적 상호작용이다

영유아는 다른 어른들과 빈번하게 비언어적인 의사소통을 하면서 언어를 배운다. 영유아가 의사소통을 하기 위해서는 단어를 사용하기 전에 먼저 비언어적인 사회적 상호작용을 배워야 한다. 영유아는 단어가 나타내는 개념을 이해하고 비언어적으로 의사소통하는 법을 배운 후에야 비로소 이러한 단어들을 의미 있게 다른 사람과 소통하는 언어로 사용하게 된다.

• 의사소통은 상위 수준의 사회적 상호작용이다

영유아는 의사소통 방법을 학습하기 위하여 다른 사람과의 공동활동에 능동적으로 참여해야 한다. 영유아는 자신의 일상생활 중 공동활동에 자발적이고 능동적으로 참여하는 상황에서 의사소통 방법을 배울 수 있다. 영유아는 상대방과 함께 경험하는 사회활동 맥락에서 관련이 있는 단어를 보다 잘 기억하고 활용할 수 있다.

• 공동활동은 영유아와 일상에서 공동의 초점에 주의를 기울일 때 일어난다

교사와 영유아가 함께 같은 활동을 하면서 공동활동에 많이 참여할수록 영유아는 의사소통 방식을 더욱 빠르게 배운다. 공동활동은 일상에서 영유아가 새로운 행동을 실행하고, 현재 사고방식과 의사소통 방식에 반하는 상황을 해결하려는 자연스러운 상황에서 만들어지는 상호 교환적인 활동이다.

• 교사는 영유아에게 가장 효과적인 장난감이 될 수 있다

공동활동에 항상 장난감이 있어야 하는 것은 아니다. 교사가 영유아와 상호작용하는 방식은 영유아에게 다른 사람과 어떻게 관계를 맺을 것인지에 대한 지침을 제공하게 된다. 교사가 일상생활 중에 영유아의 경험과 생각을 공유하면서 재미를 느끼는 데 초점을 두고 영유아와 상호작용하는 것은 영유아에게 사람들과 함께하는 것을 즐기게 하고, 다른 영유아나 어른과 상호작용할 기회를

갖도록 동기를 부여하는데, 이는 또한 언어와 의사소통을 학습하는 데 필수적인 것이다.

• 영유아의 공동활동 능력은 의사소통 능력을 더욱 발달시킨다

영유아가 사람들과 함께하는 공동활동에 오랫동안 참여할수록 영유아의 의사소통은 더욱 정교해진다. 영유아의 언어 발달을 위해서는 영유아에게 단어나 구를 가르치려는 노력을 하는 것보다 영유아가 효과적으로 다른 사람과 의사소통하는 방식을 배우도록 돕는 것이 우선된다. 초기 언어 발달에 있어서 상호작용하는 시간은 영유아가 학습하는 단어의 수보다 더 중요하다.

(2) 공동주의가 의사소통 발달에 미치는 의미

• 영유아는 비언어적인 단서를 통해 느낌이나 사물, 행동을 표현하는 단어와 문장을 이해한다

영유아는 느낌, 관찰 내용, 사물, 행동을 표현하는 단어와 문장을 이해하기 위하여 맥락과 비언어적 단서를 통해 언어에 담긴 의미를 배운다. 언어에 담긴 의미를 얼마나 잘 파악하고 판단하는가는 상대방이 감정을 드러내는 얼굴 표정이나 응시와 같은 단서, 주의를 주기 위한 지시와 몸짓, 우리와 관련된 정보를 얼마나 효과적으로 사용하는가에 달려 있다. 영유아는 단어를 배울 때 교사의 몸짓, 응시, 미소, 목소리, 억양 그리고 문장의 반복과 같은 비언어적 단서에도 영향을 받는다.

• 교사가 먼저 영유아와 지속적으로 눈맞춤할 때 영유아는 교사와 눈을 맞추게 된다

눈맞춤을 통해 상대에 대한 인식을 가질 때 영유아는 주변 환경 안에 있는 다양한 사물이나 특성으로 관심을 전환할 수 있다. 영유아는 자신이 주의를 두고 있는 것과 교사가 사용하는 언어가 관계가 있을 때 그 언어에 의미를 두게 된다. 교사가 자주 영유아가 관심 있어 하는 단어를 사용하여 의사소통할 때, 영유아는 교사가 사용하는 언어에 관심을 두고 그것의 의미를 이해할 수 있게 된다.

• 교사가 영유아에게 세심한 주의를 기울일 때 영유아는 교사에게 주의를 기울인다

교사가 영유아가 흥미 있어 하는 활동이나 행동에 주의를 기울이면, 마찬가지로 영유아도 교사에게 주의를 기울이고 협력하게 된다. 영유아가 새로운 기술을 학습하는 데 있어서 선행조건은 함께 상호작용하는 교사에게 주의를 기울이는 것이다. 영유아가 흥미로워하는 활동을 하는 중에 교사에게 성공적으로 주의를 기울인다면, 흥미가 떨어지는 상황에서도 교사에게 주의를 잘 기울이게 될 것이다.

• 교사가 영유아의 행동에 즉각적으로 반응해 줄 때 다른 사람의 주의를 끄는 법을 배운다

영유아가 자신의 행동이 다른 사람에게 영향을 미친다는 것을 인식할 때, 다른 사람의 행동을 이끌어 내기 위해 언어를 사용할 수 있다. 영유아의 통제감은 교사나 다른 사람들이 영유아의 행동에 반응한다는 것을 인식할 때 발생하고, 교사가 영유아에게 반응하는 것은 영유아가 자신의 행동이 영향력이 있다는 것을 배우게 한다. 교사와 함께하면서 주도적인 역할을 자주 수행해 볼수록 영유아는 자신감을 가지고 다른 사람의 주의를 끌기 위한 시도를 자주 하게 된다.

(3) 언어화가 의사소통 발달에 미치는 의미

• 영유아는 자신이 스스로 반복해서 소리를 내 보면서 소리를 만드는 방식을 배운다

영유아는 자신이 만들어 내는 발성 모두에 상대방이 반응해 준다는 확신이 있을 때 더욱 자주 소리를 만들어 낸다. 발성을 많이 하지 못하는 영유아가 만들어 낸 발성에 대해 교사가 매우 적극적으로 반응해 줄 때 영유아가 발성을 만들어 내는 비율은 증가한다.

• 일상 중 교사가 상호작용하는 방식은 영유아가 다른 사람과 소통하는 데 영향을 미친다

영유아가 교사와 함께 상호작용하는 방식은 교사가 영유아와 함께 상호작용하는 방식에 영향을 미친다. 서로 주고받는 상호적인 경험은 영유아가 다른 사람과 함께할 때 소리를 만들어 내는 성향을 촉진시킬 수 있는데, 이는 영유아가 단어를 생산하는 데 필요한 언어적 기술을 발달시킨다.

• 영유아가 어떤 발성이든 소리를 많이 만들어 낼수록 일상에서 내는 소리는 더 많아진다

소리를 주고받으며 하는 놀이는 교사가 영유아에게 자연스럽게 다양한 소리를 내는 방식을 보여 주는 기회가 된다. 영유아와 상호작용하는 동안 영유아가 시도하는 의사소통 수준에 맞추어 영유아의 미성숙한 소리에도 교사가 즉각적으로 반응해 줄 때, 영유아는 주저 없이 자신의 소리를 더 많이 만들어 낸다. 교사가 소리를 주고받으면서 영유아 스스로 만들어 내는 소리에 반응해 줄 때 영유아는 자신이 어떻게 소리를 내고 있는지를 차츰 인식하게 되고, 이는 더 많은 변화를 가져오게 된다.

(4) 의도적 의사소통이 의사소통 발달에 미치는 의미

• 의도적 의사소통은 영유아가 자신의 감정, 요구, 관찰 내용을 다른 사람에게 이해시키고자 할 때 일어난다

영유아가 의사소통을 위해 단어를 학습하기 위해서는 다른 사람과 비언어적으로 의사소통할 기회를 빈번하게 가질 필요가 있다. 영유아가 의도를 전달하고자 하는 의식이 증가하고 자신의 능력을 이해하게 될 때 의사소통 능력이 발전해 나간다. 비언어적 표현으로 자신의 감정, 요구, 관찰 내용을 전달하는 데 능숙해짐에 따라 자신의 의도를 전달하고자 하는 의지가 강해지면, 영유아는 다른 사람들이 의사소통하는 데 사용하는 단어와 의사소통 방식을 주의 깊게 살피고 배우고자 한다.

• 의도적 의사소통 능력의 첫 단계는 언어뿐 아니라 비언어적 표현도 자신을 표현하는 데 사용된다는 것을 이해하는 것이다

자신의 감정과 생각을 타인과 나누고자 하는 마음은 영유아의 발달수준이나 언어상 문제와 상관없이 모든 영유아가 갖고 있는 기본적인 욕구이다. 모든 영유아는 좀 더 효율적으로 의사소통하기 위해 언어를 배우고자 한다. 교사가 특정한 방식으로 영유아가 의사를 전달하도록 압력을 행사하거나, 영유아의 정확하지 않은 의사소통 형태를 무시하거나, 비의도적인 표현에 잘 반응하지 않으면, 영유아는 자신의 의도를 전달하기 위해 언어를 표현하며 의사소통 방식을 배우는 데 오랜 시간이 걸릴 것이다.

• 영유아가 사용하는 단어는 자신의 행동이나 경험 내용을 설명하는 것이다

영유아는 자신과 직접 관련된 경험이 있는 단어를 일상에서 유용하게 사용할
수 있다. 교사가 영유아에게 영유아의 일상적인 경험 및 영유아가 하는 비언어
적 제스처나 의사소통과 관련된 단어를 가르칠 때 영유아는 보다 빠르게 그 단
어를 사용하여 의사소통할 수 있다. 영유아의 행동은 영유아의 생각이 되고, 영
유아의 생각은 영유아의 말이 된다.

• 영유아는 단어와 언어를 사용하여 효과적으로 상호적으로 의사소통하는 경험을 할 때
  그 단어의 사용 의미를 더 잘 학습하게 된다

영유아의 언어를 일상적인 대화 형식에서 상호작용하며 사용하는 것은 영유아
에게 사회적으로 그 언어를 어떻게 사용하는가를 보여 주는 것이다. 영유아가
사용하는 말에 교사가 반응해 줌으로써 영유아는 자신의 의도를 표현하기 위
해 어떤 단어를 사용할지 이해하게 되고, 유사한 기회가 발생했을 때 단어를 사
용하려는 동기를 가지게 된다.

(5) 대화가 의사소통 발달에 미치는 의미

• 대화는 상호작용 속에서 언어를 사용하는 것이다

대화는 단지 단어를 사용하는 것만이 아니라 영유아가 다른 사람과 함께하는
상호작용에 빈번히 참여하는 것이 중요하다. 많은 단어를 배우는 것으로 대화
방식을 학습하지는 못한다. 교사가 영유아의 관심과 흥미를 존중하며 상호작용
할 때, 영유아는 성숙한 대화를 하는 데 필요한 기술과 규칙을 배우고 새로운 단
어를 자신의 대화에 통합시킨다.

• 영유아는 교사가 자신의 말을 정확히 교정해 주기보다는 자신의 의도에 반응해 줄 때
  더욱 자주 대화한다

교사가 영유아의 관심, 능력 그리고 동기를 지지하고 격려하며 상호작용에 참
여할 때, 영유아는 더욱 오랫동안 그리고 자주 대화한다. 영유아의 언어를 올바
르게 정정해 주는 것은 학습을 위해 필요한 대화의 시간과 빈도를 감소시키며
학습 성취를 방해하게 된다.

• 모든 상호작용은 대화하는 방법을 배우고 실행해 보는 기회이다

비언어적인 발달수준에 있는 영유아에게 성공적인 의사소통이란 다른 사람의 주의를 끌고, 메시지를 보내고, 감정을 표현하는 것을 의미한다. 영유아가 자신이 할 수 있는 행동을 하면서 의사소통하는 것에 성공해야 상위 수준의 단어나 언어를 사용하여 대화하는 것을 배울 수 있다. 모든 상호작용은 대화하는 방법을 배우고 실행해 보는 기회이며, 지속적으로 대화하고 상호 교환적 활동을 하는 것은 교사가 영유아에게 기대하는 단어와 문법적 구조를 영유아가 자연스럽게 배우는 기회를 가지게 한다. 영유아가 혼자서 놀이하면서는 대화하는 방식을 배울 수 없다.

• 영유아의 독백에 반응해 주는 것은 영유아의 언어 발달을 증진시킨다

영유아는 때때로 혼자 이야기하면서 언어를 실행한다. 교사가 영유아의 혼잣말을 지지해 줄 때, 영유아의 능동적 참여를 유지시키고 언어 발달과 대화를 증진시킬 수 있다. 다른 사람과 함께 있을 때 영유아가 혼잣말을 하는 것은 지극히 정상적이며 발달적으로도 유의미한 일이다. 영유아가 자신에게 말하는 것은 다른 사람의 강요가 없는 자발적인 실행이며, 새로운 언어를 연습하고 창조적인 생각을 해낼 수 있다. 대화는 교사가 영유아의 의도에 반응적일수록 효과적이다.

• 영유아가 현재 말할 수 있는 방식으로 반응할 때 더 많이 대화하게 된다

영유아에게 모방하도록 요구하고 질문을 통해 확인하는 것은 영유아가 대화하지 못하게 방해하는 것이다. 질문하거나 모방을 유도하는 방법보다는 영유아가 하는 활동을 보충해 주는 방법으로 명명하기, 덧붙여 설명하기 또는 감탄소리 내기와 같은 전략을 사용하여 성공적으로 영유아의 대화를 촉진할 수 있다. 영유아가 할 수 있을 것이라고 예측한 방식보다는 영유아가 현재 말할 수 있는 방식으로 영유아의 말에 반응할 때 영유아는 보다 능동적으로 대화하게 될 것이다.

3) 사회정서 발달의 중심축 행동

(1) 신뢰가 사회정서 발달에 미치는 의미

• 교사가 온정적이고 민감하게 상호작용할 때 교사와 영유아 간의 신뢰관계는 증가한다

교사가 민감하게 반응해 줄 때 영유아는 그 자체를 더욱 즐거워하고 자신이 인정받고 있으며 가치 있다고 여기게 된다. 이것은 영유아가 더욱 능동적으로 상호작용에 참여하여 더욱 긴 시간 동안 유지할 수 있도록 북돋는다. 그리고 영유아는 교사와 함께 있는 것에 즐거움을 느끼는 정도가 증가하고, 이것은 신뢰관계를 촉진하는 동력이 된다.

• 영유아가 분리불안을 겪는 시기에 교사가 영유아에게 안정감을 주면, 영유아의 독립성이 촉진된다

교사는 낯선 사람에 대한 두려움과 분리불안이 사라지기만을 바라기보다는 영유아에게 공감해 주고 이러한 두려움을 당연하고 의미 있는 것으로 다루며 대처해야 한다. 교사가 영유아가 불안해하고 괴로워할 때 안심시켜 주고 지지해 주며, 불안과 괴로움이 진정될 때까지 영유아의 곁에 머물며 안정감을 줄 때 영유아가 스스로 다음으로 나아가도록 독립성을 촉진할 수 있다.

• 불안정한 관계 형성은 영유아의 사회 · 정서 행동에 영향을 미친다

영유아는 가벼운 애착 결핍을 울거나, 화내거나, 공격적인 행동 문제로 나타내기도 한다. 이러한 영유아의 가벼운 사회 · 정서적 문제는 신뢰관계를 회복함으로써 바로잡을 수 있다. 영유아의 부정적이고 부적합한 행동을 다루기 위해서는 신뢰관계가 선행조건이다. 교사가 배려적이고 반응적인 상호작용으로 감싸 줄 때 영유아는 즐겁고 덜 공격적이고 더 협력적이 될 수 있으며 관계 형성을 배울 수 있다.

(2) 감정이입이 사회정서 발달에 미치는 의미

• 효율적인 사회적 관계 형성은 영유아가 다른 사람과 정서 상태를 공유하는 능력이다

감정이입은 영유아가 다른 사람의 정서적 상황을 인식하고 상호작용하는 사람

의 관점을 받아들이는 일련의 과정으로 감정 이상의 것이며, 다른 사람의 기쁨, 슬픔, 흥분, 두려움을 함께 느끼고 자신의 정서를 다른 사람의 정서 상태에 맞추는 능력이라 할 수 있다. 감정이입 능력을 발달시키지 못한 영유아는 다른 사람의 정서 상태에 대해 흥미나 관심이 없고, 다른 사람의 정서 상태에 순응하도록 자신의 상호작용 행동을 조절하지 못하며, 여러 가지 심각한 사회 · 정서적 문제를 나타낼 수 있다.

• 영유아는 교사와의 상호작용에서 다른 사람에게 정서적으로 반응하는 방법을 배운다

영유아는 교사와 상호작용하는 맥락 안에서 정서적으로 반응하고 사회적 참조(social reference)를 하며, 정서적인 반응을 통해 자신의 감정을 조절하는 방법을 배운다. 교사가 영유아의 정서에 조화를 이루며 민감하게 반응하는 것은 영유아가 자신의 반응을 조절할 수 있도록 지지해 주는 것이다.

• 눈짓, 얼굴 표정 및 몸짓은 영유아의 감정과 정서를 들여다볼 수 있는 창이다

영유아는 다양한 비언어적 단서를 통해 자신을 표현하기 때문에 눈짓, 얼굴 표정 및 몸짓은 영유아의 감정과 정서를 들여다볼 수 있는 창이다. 영유아가 복잡하고 매우 감성적인 상태에 놓여 있을 때, 교사는 관심을 주며 민감하게 반응해 주어야 한다. 교사가 영유아와 함께 얼굴을 마주 보며 호혜적인 상호작용을 할 때, 영유아는 눈짓, 얼굴 표정, 몸짓을 이용하여 자신의 정서를 표현할 기회를 더 많이 가지게 될 것이다.

• 교사가 영유아의 정서적인 단어에 민감할수록 영유아는 교사의 감정에 더 많이 반응하게 된다

영유아가 과소 반응적인 기질이라서 반응하지 않는 것이 아니다. 교사가 영유아의 정서적 표현에 민감하고 조화롭게 반응해 줄수록 영유아는 더욱 빈번하게 정서적으로 반응하게 될 것이다.

(3) 협력이 사회정서 발달에 미치는 의미

• 교사가 현재 영유아의 능력 범위 안에 있는 것을 하도록 요구할 때 영유아는 교사의 요구에 순응할 수 있다

교사가 영유아의 행동을 관찰하고 발달적으로 수행이 가능한 행동을 요구할 때, 영유아는 성공적으로 반응할 수 있다. 영유아의 능력 범위 안에서 잘할 수 있는 활동과 행동을 따르도록 요청하는 것이 영유아의 협력하는 습관을 강화하는 데 중요하다.

• 교사가 영유아가 현재 흥미로워하는 것을 하도록 허용할 때 영유아는 교사의 요구에 보다 쉽게 순응할 수 있다

교사가 영유아가 흥미로워하는 활동에서 벗어난 무엇인가를 하도록 요청한다면, 영유아는 요청받은 것에 협력하기 힘들 것이다. 현재 하던 것을 전환하도록 요구할 때 영유아는 쉽게 순응할 수 없다. 이러한 상황에서 영유아가 협력하지 못하는 것은 너무 어려운 것을 요청받았기 때문이 아니라 그 순간에 흥미로워하는 것을 포기하도록 요청받았기 때문이다. 교사가 영유아가 현재 흥미로워하는 것을 하도록 허용할 때 영유아는 교사의 요구에 보다 쉽게 순응하게 된다.

• 주고받는 상호작용 속에서 영유아는 교사가 협력하는 행동을 관찰하고 모방하게 된다

교사가 영유아와 빈번하게 호혜적인 상호작용을 할 때 영유아는 교사의 요구에 보다 쉽게 순응한다. 영유아는 또한 교사가 자신의 활동, 감정, 욕구에 매우 반응적일 때 보다 잘 협력하게 된다. 영유아는 발달적으로 자기중심적 관점을 가지고 있기 때문에, 교사가 영유아가 흥미 있어 하는 활동에 반응하고 도움을 줄 때 영유아는 자신에게 협력하는 교사에게 잘 주목하게 된다.

• 영유아가 무엇을 할지에 대해 선택권을 가질 때 더 잘 협력하게 된다

영유아가 선택하는 능력은 학습과 발달에 가장 근본적인 동기를 촉진하며, 교사가 유동적으로 영유아의 행동 유형이나 흥미에 맞추어 무엇인가를 하도록 요청할 때 영유아는 협력하는 습관을 더욱 잘 형성하게 될 것이다. 교사가 덜 엄격하고 요구 횟수를 줄일수록 영유아는 교사에게 더욱 쉽게 협력하게 된다.

(4) 자기조절이 사회정서 발달에 미치는 의미

• 자기조절은 정서를 다루는 방법이다

영유아는 자신의 정서를 다루는 대안적인 방법이 없기 때문에 어른보다 더 많이 울고 더 많이 외현적 행동으로 나타낸다. 영유아는 자신의 정서를 조절하기 위한 내적 능력을 가지고 있지 않으나, 점차적으로 자신의 정서적 반응에 대처하거나 조절하는 전략을 발달시켜 나간다. 교사가 일상에서 긍정적 감정이든 부정적 감정이든 영유아의 감정과 정서를 알아차리고 공감적인 반응을 해 주는 것이 중요하다. 영유아는 언어가 발달함에 따라 자신의 요구를 울음이나 공격적인 행동으로 나타내기보다는 효과적으로 표현하는 방법을 터득하게 된다.

• 영유아는 점차 시간이 지나면서 대처 기술을 발달시킨다

교사가 영유아에게 부정적 감정(예: 울기, 던지기, 화내기 등)을 외현적으로 표현하지 못하도록 강요하는 것은 영유아가 자신의 감정을 다루는 것을 본질적으로 가르치지 못하고 단지 증상에만 대처하는 것이다. 영유아는 정서적으로 안정되지 못할 때 불안, 두려움, 분노의 감정을 계속해서 가질 수 있다. 교사는 영유아가 어른처럼 자신의 감정을 다루는 능력을 가지고 있지 않다는 것을 이해하고 기다려 주어야 한다. 교사가 영유아의 정서 반응에 대한 완충 역할을 지속적으로 할 때, 영유아는 자신의 정서를 다루는 기술을 발달시키게 된다.

• 교사는 영유아가 자신의 행동 유형이나 기질에 맞추어 스스로 자기조절을 학습하도록 지지해 주어야 한다

정서를 조절하는 데 어려움이 있는 영유아는 기질적 성향대로 반응하기 때문에, 순하거나 느린 기질의 영유아보다 정서적 안정을 가질 때까지 소요되는 시간이 오래 걸린다. 이러한 영유아에 대해 기질적으로 이해할 필요가 있다. 교사는 영유아가 부정적 감정을 표현하는 동안 빠른 해결책을 찾으려 하기보다는 함께 있어 주고 안정될 때까지 기다려 줌으로써 영유아 스스로 서툴지만 감정을 조절해 보는 경험을 하도록 지원해 준다.

• 영유아가 짜증을 내는 것은 스트레스나 좌절에 대한 반응으로 이해한다

대부분은 영유아가 자신의 방식을 고수하기 위해 심한 짜증을 보이는 것이라고
해석한다. 반응적인 교사는 영유아의 심한 짜증을 스트레스에 대처하는 능력이
부족한 것의 결과로 보고, 영유아가 보이는 심한 짜증을 영유아가 다룰 수 없는
스트레스에 반응하는 방식으로 여긴다. 교사가 영유아의 짜증에 대해 영유아의
정서 상태에 초점을 맞추어 편안하게 해 주고 지지해 줄 때, 영유아는 짜증을 자
신이 원하는 것을 얻기 위한 수단으로 생각하지 않게 될 것이다.

• 영유아에게 반응할 시간을 준다

교사가 까다로운 기질을 가진 영유아와의 갈등을 줄일 수 있는 방법은 영유아
가 바람직한 방법으로 반응하도록 시간을 주는 것이다. 교사가 영유아의 기질
이나 생물학적 성향 때문에 하게 되는 행동을 중단시키기 위해 실랑이를 벌이
지만, 영유아의 그런 행동은 쉽게 중단되지 않는다. 교사는 짧은 기간에 부정적
행동이 변화하기를 기대하기보다는 장기적인 목표를 가지고 영유아의 기질과
성향에 맞는 방식으로 반응해 주어야 한다. 영유아가 반응하도록 시간을 주고,
영유아가 표현하는 부정적인 감정을 수용해 주며, 긍정적인 행동을 하기를 기
대할 때, 영유아는 교사가 자신에게 가지는 행동적 기대에 대부분 협력하고 순
응하게 될 것이다.

(5) 자신감이 사회정서 발달에 미치는 의미

• 영유아는 성공의 경험을 많이 가질 때 발달능력을 최대화할 수 있다

영유아는 자신이 가지고 있는 능력을 스스로 판단할 수 없다. 영유아에게 있어
서 발달행동의 성공 여부는 영유아가 얼마나 '능력'을 가졌는가보다는 자기 자
신에 대한 '믿음'과 해야 하는 것을 '할 수 있다는 생각'에 달려 있다. 교사가 영
유아가 할 수 있는 것보다 높은 기대를 가질 때, 영유아의 인지적 수준이나 능력
이 어떤지와 상관없이 실패할 확률이 높다. 교사는 영유아가 성공의 경험을 많
이 가질 수 있게 하기 위해 영유아가 자신의 발달능력을 최대화하고 원하는 것
을 이룰 수 있는 능력을 가지고 있다는 믿음과 자신감을 키우도록 도와주어야
한다. 영유아가 자신감을 갖도록 돕는 것이 교육과 보육 운영의 중요한 목적이

되어야 한다. 만일 교사가 발달에 문제가 있는 영유아에게 영유아의 실제 발달 수준이 아닌 생활연령 수준에 맞추어 수행하도록 요구하고 기대한다면, 영유아는 실패를 경험할 것이다.

• 영유아는 아주 일찍부터 자신에 대해 내면적 모델을 형성한다

영유아의 자신감은 어른과의 상호작용에서 강력한 영향을 받는다. 교사가 영유아기 초기부터 일상의 활동에서 영유아와 함께하면서 긍정적인 메시지를 전달해 주고 성공을 경험하게 해 주는 것은 자신감 형성에 중요하다. 영유아는 시간이 지나면서 점차적으로 자신이 누구이고, 무엇을 할 수 있으며, 자신의 가치는 무엇인지에 대한 의식을 형성하게 된다. 그러므로 교사는 영유아가 긍정적으로 자아를 인식할 수 있도록 영유아와 함께하는 것이 즐겁고 영유아가 수행하는 것들이 대단하고 특별하다는 반응을 보여 주어야 한다.

• 영유아는 자신이 하는 것에 대해 긍정적 피드백을 받을 때 자신에 대해 긍정적 감정을 형성한다

칭찬(praise)은 영유아가 자신에게 기대된 것을 성취했다는 것을 알게 하기 위하여 어른이 사용하는 애정의 말과 표현이고, 수용(accepting)은 영유아가 무엇을 하는지와 상관없이 영유아를 가치 있게 여기는 것을 의미한다. 칭찬은 영유아가 어른의 기대에 부응했을 때 일어나지만, 수용은 오직 영유아 그 자체로 이루어진다. 영유아 초기에는 교사가 영유아가 성취했을 때뿐만 아니라 영유아 그 자체로 가치 있고 수용된다는 것을 알게 해 주는 것이 중요하다. 교사가 일상에서 영유아를 있는 그대로 수용해 주는 것은 영유아가 지닌 최대의 발달적 능력을 깨달으며 자신감을 발달시키게 되고, 자신이 유능하다고 인식하는 긍정적 자아개념을 형성하게 한다.

• 자신감이 있는 영유아는 인지적 · 사회적 과제에 도전하며 능동적 학습자가 된다

교사는 영유아가 알아야 할 모든 것을 가르치는 것보다 영유아가 능동적인 학습자가 되기 위해 필요한 능력과 기술을 습득하도록 돕는 것이 훨씬 더 중요하다. 영유아가 사물, 사람, 환경을 적극적으로 탐색하면서 능동적으로 상호작용

에 참여하고, 자신의 세계에 흥미를 가지며, 도전과 난관에 부딪혔을 때 포기하지 않는 능동적인 학습자가 되기 위해서는 자신감이 필수이다. 자신이 유능하다고 느끼는 영유아는 그렇지 않은 영유아에 비해 어렵거나 도전적인 활동에 훨씬 더 오래 참여한다. 교사는 영유아가 능동적인 학습자가 될 수 있도록 일상에서 사소한 도전과 성취라도 발견할 때마다 즉각적·반복적으로 구체적인 반응과 격려를 해 주어야 한다.

3. 놀이중심 반응성 상호작용 교수 평가

1) 영유아 중심축 행동 평가

놀이중심 반응성 상호작용 보육활동의 목표로서 영유아의 중심축 행동을 평가하기 위해 '영유아 중심축 행동 평가'를 사용한다. '영유아 중심축 행동 평가'는 Mahoney(Mahoney & MacDonald, 2021; Mahoney & Perales, 2021, 출판중)가 개발한 '중심축 행동 프로파일'을 놀이중심 반응성 상호작용 교수활동에 적용할 수 있도록 요약하여 제시한 것이다. 〈표 4-1〉에 제시되어 있는 각 문항을 읽고 각 영유아별로 10점 척도(10=매우 높음, 5=중간 정도, 1=매우 낮음)로 기록한다. 약 4~6주 간격으로 일상생활 중 주기적으로 관찰된 영유아의 행동을 기준으로 평가한다.

표 4-1　영유아 중심축 행동 평가 문항

중심축 행동 목록		문항	날짜					
			/	/	/	/	/	/
인지	사회적 놀이	아동은 다양한 상황에서 상대방과 상호적으로 놀이하는가? 아동의 놀이는 상대방이 한 만큼 활동에 참여하여 '주고받기'식이라고 특징지을 수 있는가? 아동은 놀이를 하는 동안 상대방의 활동을 인식하는가?						
	탐색	아동은 사물이나 사건을 단순히 관찰하거나 접촉하는 것에 그치지 않고 그것을 능동적으로 조사하거나 다루면서 주변 환경에 관여하는가? 아동은 감각을 사용하여, 즉 입에 넣고, 던져 보고, 다루어 보고, 쳐다보거나, 들어 보면서 탐색하는가?						

	주도성	아동은 스스로 활동을 시작하는가? 활동의 종류나 방향을 선택하는 데 능동적인가? 아동은 의사소통을 주도하며 새로운 게임을 시작하고, 하나의 장난감을 가지고 다양한 활동으로 응용하는가?					
	실행	아동은 동일한 방식으로 또는 응용하면서 행동과 활동을 반복하는가? 아동은 이러한 행동을 스스로 그리고 다른 사람들과 함께 실행하는가?					
	문제 해결	아동은 도전적이거나 어려운 과제를 끝까지 하는가? 아동은 성공적이지 않더라도 여러 시도를 해 보고 다양한 해결책을 계속 실험해 보는가? 아동은 새롭거나 도전적인 상황을 다루는 데 창의적인가?					
의사소통	공동 활동	아동은 상대방과 능동적으로 또는 상호적으로 상호작용하는가? 상대방과 아동은 상호작용 활동을 위해 서로에게 주의를 돌리는가? 상대방과 함께하는 상호작용을 협력적이거나 '주고받기'식으로 특징지을 수 있는가?					
	공동 주의	상대방과 빈번히 언어적 발성과 같은 행동을 함께 나누거나 눈을 마주치는가? 상대방에게 내가 원하는 것이나 관심 있는 것에 대해 단어, 발성, 몸짓을 사용하거나 또는 쳐다봄으로써 전달하려고 시도하는가? 상대방이 나의 주의를 끌기 위해 사용하는 몸짓, 표정, 눈짓 또는 다른 종류의 의사 전달에 따르는가?					
	언어화	아동은 끙끙거리는 소리, 발성, 노래 또는 단어를 포함한 음성을 실행하거나 반복하는가? 아동은 빈번히 혼자서 혹은 다른 사람에게 소리를 내는가?					
	의도적 의사 소통	아동은 다른 사람에게 나의 요구, 감정 및 관찰을 알리기 위해 비언어적인 의사소통이나 언어를 효과적으로 사용하는가? 아동은 상대방에게 나의 의도를 전달하기 위해 내가 아는 단어와 언어를 사용하는가?					
	대화	아동은 다양한 사람과 다각적인 주제, 다양한 목적에 대해 대화하는가? 아동은 '주고받기'식으로 대화를 주도하거나 따르는가? 아동은 주제를 지속하거나 변화된 주제에 대해서도 대화하는가?					
사회정서	신뢰	아동은 교사와 신뢰하는 온정적인 관계를 가지는가? 건강이나 안전을 위하여 교사를 찾거나 계속 접촉하는가? 양육자와 함께 있는 것이 즐거운가? 양육자와 정보나 사물을 자주 공유하고, 눈맞춤을 하거나, 미소 짓거나, 포옹을 하는가?					

감정 이입	아동은 다른 사람의 감정이나 정서에 민감하고, 다른 사람의 감정에 따라 자신의 감정을 조절할 수 있는가? 그 상황이 안전하고 우호적인지를 가늠하기 위하여, 또한 자신이 반응하는 것을 조절하기 위하여 교사의 반응을 이용하는가?						
협력	아동은 부모의 요구나 제안에 순응하며 일정한 목적을 위하여 부모와 함께 수행하는 데 협력하는가? 아동은 상대방이 요청하는 것을 하기 위하여 일관성 있는 노력을 보이는가? 아동은 상대방의 제안에 신속히 반응하는가?						
자기 조절	혼란스럽거나 좌절 상태에 빠질 경우, 아동은 스스로 진정시킬 수 있는가? 아동은 주변 환경이나 일상의 변화에 대해 쉽고 빠르게 적응할 수 있는가?						
자신감	아동은 자신에 대해 긍정적인 관점을 가지며, 사람들과 상호작용할 때 또는 새로운 것을 시도할 때 자신에 대해 긍정적인 관점을 가지고 동기를 부여하는가? 아동은 자신이 할 수 있다는 것에 자부심을 가지며, 새로운 행동이나 활동을 기꺼이 시도하는가?						

출처: Mahoney & MacDonald (2021), pp. 176-195.

2) 교사 상호작용 평가

　교사의 상호작용 행동 유형을 살펴보고 2020년 표준보육과정과 2019년 개정 누리과정에서 요구하는 상호작용 역량을 지각하고 지원하기 위해 '교사 상호작용 평가'를 실시한다. 교사 상호작용 평가를 위한 '교사 상호작용 행동검사'는 김정미와 제럴드 마호니(2013)의 K-MBRS 부모 상호작용 행동평가를 교사용 지필평가로 수정·보완하여 김정미와 이현숙(2016)이 타당화한 것이다. 이 검사는 전체 25문항 4요인으로 구성되었다. 〈표 4-2〉에 제시되어 있는 각 문항을 잘 읽고 자신이 교사로서 어떻게 생각하는지에 대해 4점 척도(1점=전혀 그렇지 않다, 2점=이따금 그렇다, 3점=자주 그렇다, 4점=매우 그렇다)로 기록한다.

표 4-2 교사 상호작용 행동검사(IBST) 평가 문항

상호작용 유형		문항	날짜					
			/	/	/	/	/	/
반응성	1	나는 아이가 나타내는 신호, 비언어적 요구 등 작은 행동에도 즉각적으로 반응한다.						
	2	나는 아이가 전달하려고 하는 미묘한 의도를 알아차리고 반응해 준다.						
	3	나는 아이의 수준에 맞는 방식으로 의사표현을 한다(예: 음절 수, 단어 수준).						
	4	아이는 내가 해 주는 반응에 대해 만족하는 것 같다.						
	5	나는 아이의 수준에 맞는 방식으로 놀이한다.						
	6	나는 아이와 상호작용할 때 아이가 만지는 것이나 보고 있는 곳을 함께 쳐다본다.						
	7	나는 아이가 하는 행동이 완벽하지 않더라도 긍정적인 피드백을 준다(예: 칭찬, 격려의 말).						
민감성	8	아이들은 별로 칭찬할 만한 행동을 하지 않는다고 생각한다.						
	9	나는 아이와 장난감 없이 놀이를 하라고 하면 막막하다.						
	10	나는 아이와 함께 놀이하거나 상호작용하는 것이 즐겁지 않다.						
	11	사실 나는 아이의 장난감을 어떻게 가지고 놀아야 할지 잘 모르겠다.						
	12	나의 목소리 톤은 밋밋하고, 아이와 놀이할 때에도 변함이 없다.						
	13	나는 아이와 상호작용할 때, 아이가 무엇을 하고 싶어 하는지 잘 모르겠다.						
비지시성	14	내가 질문한 것에 아이가 반응하지 않는다면, 아이가 반응할 때까지 요구한다(예: "이거 무슨 색깔이야?"라는 질문에 대답할 때까지 계속 질문한다).						
	15	나는 아이와 상호작용할 때 아이에게 그 상황에 관련된 지식을 가르쳐 주려고 한다.						
	16	나는 아이가 완벽하게 해내지 못하는 것이 있으면 못마땅해서 수정해 주고 싶다.						
	17	아이와 상호작용할 때 아이가 어떻게 활동할지를 주로 내가 주도하는 편이다.						
	18	나는 내가 알려 주는 방법이 아이가 하는 방법보다 낫다고 생각하기 때문에 아이가 그대로 따라 주길 바라는 편이다.						
	19	나는 아이와 장난감을 가지고 놀이할 때 장난감 본래의 사용 방법대로 놀려고 한다.						

효율성	20	나는 아이와 오랫동안 동일한 활동을 주고받으며 지속한다(예: 여러 번 차례를 오가며 활동한다).					
	21	아이는 내가 요구한(예: "이거 해 볼까?" 등) 것에 즉각적으로 반응한다.					
	22	나는 아이와 상호작용할 때 친밀감의 표시로 신체 접촉을 자주 한다(예: 뽀뽀해 주기, 쓰다듬어 주기, 안아 주기 등).					
	23	아이는 나와 함께 놀이하는 것을 좋아한다.					
	24	나는 아이와 상호작용할 때 아이가 주도하는 것에 따르고, 아이가 즐거워하는 활동을 반복하며 유지한다.					
	25	나는 수업 상황에서 주로 아이가 스스로 활동을 선택하도록 기회를 준다(예: 먹기, 옷 입기, 장난감 선택하기 등).					

출처: 김정미, 이현숙(2016).

3) 교사 효능감 평가

놀이중심 반응성 상호작용 교수 실행으로 교사가 자신의 역량을 지각하고 지원하기 위해 '영유아 교사 효능감 검사(Teacher's Efficacy Inventory for Early childhood)'를 사용하여 교사의 효능감 평가를 실시한다. '영유아 교사 효능감 검사'는 자기-효능 기대 정의에 기반하여 Gilbaud-Wallston과 Wandersman(1978)이 개발한 부모 효능감 척도를 문헌고찰을 통해 김정미(2015a)가 교사에 적합한 표현으로 수정·보완하여 타당화한 도구이다. 이 검사는 전체 13문항 3요인으로 구성되었다. 〈표 4-3〉에 제시되어 있는 각 문항을 잘 읽고 자신이 교사로서 어떻게 생각하는지에 대해 4점 리커드식 척도로써 자기보고식 지필형으로 완성한다.

표 4-3 교사 효능감 검사(TEIE) 평가 문항

효능감 유형		문항	날짜					
			/	/	/	/	/	/
유능감	1	나는 다른 사람에게 좋은 교사로서의 역할 모델이라고 생각한다.						
	2	나는 아이를 잘 가르치는 유능한 교사라고 생각한다.						
	3	나는 좋은 교사가 되는 데 필요한 지식과 방법을 잘 알고 있다고 생각한다.						
	4	나는 아이와의 관계에서 생기는 문제를 잘 다룬다.						
	5	나는 교사로서 해야 할 일을 잘하고 있다.						
	6	나는 교사로서의 나의 역할에 매우 익숙해졌다.						
자신감	7	아이를 가르치고 이끌어 주려 해도 아이가 내 뜻대로 잘 따라오지 않아 좌절감을 느낀다.						
	8	나는 좋은 교사가 될 수 없을 것 같아 걱정이다.						
	9	나는 아이가 나를 좋은 교사라고 보는지에 대해 자신이 없다.						
	10	교사로서의 역할은 나를 긴장하고 불안하게 만든다.						
소명감	11	좋은 교사가 되는 것은 그 자체로 가치 있는 일이다.						
	12	나의 재능과 흥미는 교사가 아닌 다른 분야에 있다.						
	13	나는 매일 아무것도 성취한 것이 없다는 생각이 든다.						

출처: 김정미(2015), p. 63.

4) 영유아 상호작용 평가

2020년 표준보육과정과 2019년 개정 누리과정에서 요구하는 영유아의 상호작용 역량을 살펴보고 평가하기 위해 '영유아 상호작용 평가'를 실시한다. 영유아 상호작용 평가를 위해 적용하는 '아동 상호작용 검사(Child Interactive Behavior Test)'는 Mahoney(Mahoney & MacDonald, 2021)의 중심축 행동 목록 16개 항목의 아동 상호작용 행동 구성요소로부터 문항을 추출하여, 선행연구 고찰을 통해 김정미(2019)가 교사 또는 부모 자기보고식 검사로 개발하여 타당화한 것이다. 이 검사는 전체 32문항 4요인으로 구성되었으며, 일상 중 관찰된 영유아의 행동에 대해 교사 또는 부모가 4점 리커드식 척도로 지필형으로 완성한다.

표 4-4　아동 상호작용 검사(CIBT) 평가 문항

상호작용 유형		문항	날짜					
			/	/	/	/	/	/
사회적 상호 작용	1	아이는 놀이하는 동안 상대방에게 관여하지 않고 주로 혼자 논다.						
	2	아이와 상호작용 하는 동안에 아이가 말이나 행동으로 무엇을 하며 어떻게 놀지를 표현하지 않아서 주로 어른이 결정해야 한다.						
	3	아이는 또래와 함께 있을 때 또래의 놀이에 관심을 보이지 않는다.						
	4	놀이하는 동안 아이는 선택한 놀잇감을 가지고 주로 혼자 논다.						
	5	아이는 일상에서 상대방과 함께 활동하며 보내는 경우가 드물고, 주로 혼자 있으려 한다.						
	6	아이는 자신이 필요할 때(예: 먹을 것)에만 자발적으로 다른 사람과 접촉하거나 소리를 낸다.						
	7	아이는 다른 사람과 함께 활동에 참여하지만 상대방을 끌어들이려는 노력이나 시도가 없다.						
	8	아이는 언어이해나 청각 능력에 문제가 없지만 다른 사람의 말에 주의를 기울이지 않는다.						
	9	아이는 특정한 사람(예: 어머니)과만 의사소통하고, 다른 사람들과 대화하는 경우는 드물다.						
	10	아이는 교사가 어떤 것을 하도록 요청할 때 외면한다.						
	11	아이는 새로운 사람과 친해지는 것을 매우 어려워한다.						
주도적 상호 작용	12	놀이하는 동안 아이는 놀이(또는 장난감) 종류나 방법을 주도하면서 상대방과의 상호작용을 이어 간다.						
	13	아이는 한 가지 장난감으로 다양한 방식의 놀이(예: 블록으로 탑 쌓기, 도미노 놀이, 기찻길 만들기 등)를 만들어 낸다.						
	14	아이는 주변에 있는 새로운 사물(또는 장난감)에 관심이 많으며, 그것을 관찰하거나 때로는 직접 다루어 본다.						
	15	아이는 일상(예: 놀이 상황, 신변처리 등)에서 실패를 경험하더라도 포기하지 않고, 다양한 방법으로 계속 시도한다.						
	16	아이는 새롭고 낯선 상황을 두려워하지 않는 편이다.						
	17	아이는 교사나 다른 사람이 재촉하지 않아도 스스로 새로운 활동을 시작한다.						
	18	아이는 새로운 것(예: 장난감, 놀이활동 등)을 시도할 때 주저하지 않고 적극적이다.						
	19	아이는 다른 사람과 상호작용할 때나 놀이할 때, 주저하지 않고 선택한다.						

의도적 상호 작용	20	아이는 다른 사람에게 자신의 의도를 전달하기 위해 소리나 언어로 표현한다(정확한 단어 사용이 아니어도 된다).						
	21	아이는 다른 사람에게 상황에 대해 적절한 표현(예: 인사하기, 요구하기 등)을 한다.						
	22	아이는 단어를 조합해서 의사소통을 위한 시도를 한다(정확하지 않아도 된다).						
	23	아이는 다른 사람의 말을 듣고 이에 반응해서 말하거나 행동한다.						
	24	아이는 두 단어 이상을 조합한 말을 만들어 낸다. (*만 3세 이상에 해당)						
	25	아이는 자신의 일상에서 일어난 일에 대해서 상대방에게 이야기한다(정확하지 않아도 된다). (*만 3세 이상에 해당)						
정서적 상호 작용	26	평소 아이의 의사표현이 분명해서 아이가 무엇을 주장하는지 쉽게 알 수 있다.						
	27	아이는 양육자의 무릎 위에 편안히 다가가서 앉는다.						
	28	아이는 양육자와 함께 있을 때, 자주 미소 짓고 신체적 접촉을 하며 편안해한다.						
	29	아이는 교사가 요청하는 것에 즉각적으로 반응한다.						
	30	아이는 주변에 있는 사람의 감정을 인식하고 영향을 받는다.						
	31	아이는 상대의 감정에 맞춰 반응한다.						
	32	아이는 울음이나 미소, 웃음으로 자신의 감정을 드러낸다.						

출처: 김정미(2019), p. 254.

5) 교사-영유아 간 놀이 상호작용 평가

교사들은 보육 및 교육 활동 중 이루어지는 영유아와의 상호작용 행동을 관찰 평가하기 위하여 김정미와 제럴드 마호니(2020)의 어머니 상호작용 행동 평가척도(Korean Maternal Behavior Rating Scale: K-MBRS)와 아동 상호작용 행동 평가척도(Korean Child Behavior Rating Scale: K-CBRS)를 적용한다. 이 척도는 선행연구(김정미, 임미선, 2017; 김정미, 정빛나, 2016; Mahoney & Wheeden, 1999)에서 부모-자녀 관계뿐 아니라 교사-영유아 간의 상호작용 평가를 위한 도구로도 유용하게 쓰일 수 있음을 검증하였다. 이 검사에서 K-MBRS는 3개 요인 구조 12항목, K-CBRS는 2개 요인 구조 7항목으로 이루어졌다. 놀이 상호작용 관찰을 위해 보육과정 중 자유놀이 시간에 영유아와 교사가 자유로운 상황에서 놀이하는 장면을 10분간 비디오로 녹화하여 주어진 규준에 따라 5점 리커드 척도로 평가한다. 단, 평가의 신뢰도 확보를 위해 30시간 이상 상호작용 평가자 일치도 훈련을 거친 평가자에 의해 놀이 상호작용 평가가 이루어진다.

표 4-5 K-MBRS와 K-CBRS의 구성 및 평가 내용

상호작용 유형		K-MBRS의 교사 놀이 상호작용 관찰 평가 내용
반응적 행동	민감성	교사가 아동이 흥미로워하는 활동이나 놀이를 이해하고 인식하는 것으로 보이는 정도
	반응성	아동의 행동에 대해 교사가 반응하는 적합성과 일관성
	수용성	교사가 아동 자신과 아동의 행동을 받아들이는 정도. 수용성은 아동에 대해 표현되는 긍정적 애정의 강도와 언어적 또는 비언어적으로 표현되는 승인의 빈도
	즐거움	아동과 상호작용하는 교사의 즐거움. 즐거움은 아동 자체에 대한 반응-자발적인 표현이나 반응 또는 교사와 함께하는 행동
	온정성	온정성은 쓰다듬기, 무릎에 앉히기, 뽀뽀해 주기, 안아 줌, 목소리 톤, 사랑스러운 언어로 아동을 대하는 긍정적 태도
	언어적 칭찬	아동에게 양적으로 주어지는 언어적 칭찬
효율적 행동	효율성	놀이적 상호작용에서 아동을 함께 끌어들이는 교사의 능력. 교사가 상호적인 관계에 아동의 주의, 협력, 참여를 이끌어 낼 수 있는 정도
	표현성	아동에 대해 정서적으로 반응하고 표현하는 교사의 성향. 아동에게 감정을 표현하는 목소리 특성, 강도, 생기, 빈도
	독창성	교사가 아동에게 주는 자극의 범위. 다양한 접근, 상호작용 유형의 수와 아동의 흥미를 끄는 다른 것을 찾아내는 능력, 장난감을 사용하고 조합해 보며 장난감이 있든 없든 게임을 고안해 내는 다양한 방법
	보조	교사의 행동 비율 ※ 아동의 행동과는 달리 평가됨
지시적 행동	성취 지향성	감각운동과 인지적 성취에 대한 교사의 조장. 이는 아동의 발달적 발전을 촉진하기 위해 교사가 지나치게 지향하는 자극의 양
	지시성	아동이 즉각적으로 행동하도록 지시하거나, 요구하고, 명령하고, 암시를 주는 빈도와 강도

상호작용 유형		K—CBRS의 아동 놀이 상호작용 관찰 평가 내용
활동적 행동	주의집중	아동이 상호작용 중에 일어나는 활동에 주의 집중하는 정도
	문제해결	아동이 상호작용을 유지하려는 시도나 언어적 표현을 반복적으로 나타내는 정도
	흥미	아동이 활동에 참여하려는 정도
	협력	아동이 어른의 제안이나 요구에 복종하는 정도
사회적 행동	주도성	아동이 상호작용 과정 중에 다양한 활동을 시작하는 정도
	공동주의	아동이 상호작용 과정 중에 어른의 주의를 이끄는 정도
	애정	상호작용 중에 나타나는 아동의 일반적인 정서 상태

출처: 김정미, 정은주(2015), p. 6.

놀이중심 반응성 상호작용 교수활동 실제

제5장

만 0~2세 영아 놀이활동
관찰 및 기록

> 영아
> 놀이활동
> 1

소리는 나를 움직이게 해요

놀이활동 계획

날　짜	5월 13일 수요일
참여대상	만 0세
놀이장소	씨앗반 교실
놀이시간	10:30~11:30
놀이환경	• 교실의 탐색 영역에는 레인셰이커, 소리 나는 드럼, 마라카스, 실로폰이 배치되어 있다.
안전지도	• 악기에 부딪혀 다치지 않도록 교사의 주의 관찰이 요구된다.
놀이준비	• 여러 가지 악기를 배치하였다. • 즐거운 분위기 조성을 위해 평소 영아들이 좋아하는 동요를 틀어 놓았다.
교사의 기대	• 다양한 악기를 자유롭게 탐색한다. • 소리와 노래에 관심을 가지고 반응한다.
이전 놀이 요약	• ☆☆이는 새로운 놀잇감이 있으면 혼자서 탐색하며 집중해서 놀이하였다. • 소리 나는 장난감을 가지고 놀이하는 것을 좋아하여 다양한 악기를 배치해 주고 교사가 다른 친구들과 놀이하는 것을 보여 주었다.

놀이활동 기록

관찰하기

• ☆☆이가 탐색 영역에 있는 소리 나는 드럼 앞으로 기어간다. 손바닥으로 드럼 윗부분을 3번 두드린다. 교사가 옆에 있는 똑같은 드럼을 ☆☆이처럼 손바닥으로 3번 두드린다. ☆☆이가 교사를 바라보며 미소를 짓는다. 소리 나는 드럼에서 노래가 나오며 파란색의 빛이 반짝이자 ☆☆이가 빛을 바라본다.

반응성 상호작용 전략: 아동의 행동 관찰하기

아동의 세계로 들어가기

반응하기

- ☆☆이가 소리 나는 드럼에서 반짝이는 빛을 바라보다가 다시 손바닥으로 드럼을 두드린다. 교사가 똑같이 드럼을 두드리자 교사를 보고 웃으며 더 높이 손을 들고 두드린다. ☆☆이가 두드리기를 멈추고 자신을 바라보며 웃고 있는 교사와 눈이 마주치자 엉덩이를 들썩인다. 교사가 고개를 끄덕이자 3~4번 반복하여 엉덩이를 들썩인다.
- ☆☆이가 몸을 살짝 옆으로 돌리고 왼손을 든다. 교사를 바라보며 천천히 손을 흔든다. 교사가 ☆☆이처럼 손을 들고 흔든다. ☆☆이는 손을 흔들다가 멈추기를 반복한다. 교사가 똑같이 흔들다가 멈추는 행동을 반복하자 미소를 띤다. ☆☆이가 흔들던 손을 천천히 뻗어 교사의 손 앞까지 다가온다. 교사도 손을 뻗어 ☆☆이의 손바닥과 맞닿자 깍지를 껴서 잡는다. 서로 눈을 마주치고 웃으며 잡은 손을 흔든다. 흔들던 손을 내려놓고 ☆☆이는 "흐응~" 하고 소리를 낸다.

반응성 상호작용 전략: 아동의 행동과 의사소통 모방하기

비의도적 발성, 몸짓, 표정에 의미 있는 것처럼 반응하기

확장하기

 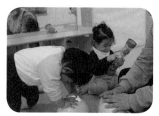

- 주변에서 다른 놀이를 하던 ♡♡가 교사와 ☆☆이의 옆으로 기어 온다. 손바닥으로 드럼을 두드린다. 드럼에서 소리가 나자 "아앙~" 하고 소리를 낸다.

- 4~5번을 두드리다 멈추고 빛이 나는 것을 바라본다. 한참을 바라보다가 다시 4~5번을 두드린다. 두드리고 살펴보는 것을 반복한다. 교사가 똑같이 두드리고 멈추기를 반복하자 ♡♡가 교사를 바라보며 웃는다. ☆☆이도 ♡♡의 행동을 지켜보다가 웃음소리를 듣고 함께 웃는다.
- 손바닥으로 드럼을 두드리던 ♡♡가 엉덩이를 들썩이더니 무릎을 세우고 일어나 두드린다. 교사가 "♡♡가 일어나서 연주하는구나."라고 말하며 웃음을 보이자 ♡♡가 드럼을 잡고 일어난 채로 몸을 흔든다.

반응성 상호작용 전략: 아동이 즐거워하는 행동 반복하기

교사의 발견

- 만 0세 영아들에게 소리 나는 드럼과 같이 시각과 청각을 자극하는 놀잇감은 매우 매력적으로 느껴진다. 자연스럽게 관심을 가지고 탐색을 시도하는 모습을 관찰할 수 있었다. 또한 영아의 탐색행동을 교사가 함께 주의를 기울여 지지해 주었을 때 자신감을 얻어 긍정적인 감정이 나타나고 엉덩이를 들썩이거나 손을 흔드는 등의 신체표현으로 연결되었다.
- 즐거운 분위기는 주변 영아들에게도 영향을 주어 자연스럽게 흥미를 유발하고 함께 놀이에 참여하게 만든다. 나아가 또래에게 긍정적인 관심을 가지고 함께 놀이하는 경험을 쌓는 데 도움이 되리라 생각한다.

놀이활동 평가

놀이주제

- 소리는 나를 움직이게 해요

발견 목표

- 소리, 빛 등 다양한 감각을 통해 악기 놀잇감을 탐색하고 호기심을 가질 수 있다.
- 소리 나는 악기 놀잇감을 조작해 보고 인과관계를 알 수 있다.

교육과정 관련 요소

- 예술경험 > 창의적으로 표현하기 > 소리와 리듬, 노래로 표현한다.
- 사회관계 > 더불어 생활하기 > 다른 사람의 감정과 행동에 관심을 가진다.

반응성 상호작용 전략 적용

• 관찰하기: 아동의 행동 관찰하기/아동의 세계로 들어가기
• 반응하기: 아동의 행동과 의사소통 모방하기/비의도적 발성, 몸짓, 표정에 의미 있는 것처럼 반응하기
• 확장하기: 아동이 즐거워하는 행동 반복하기

중심축 행동 목표

• 공동활동, 공동주의, 탐색

중심축 행동 의미 찾기

• 교사는 영유아에게 효과적인 장난감이 될 수 있다

공동활동에 항상 장난감이 있어야 하는 것은 아니다. 교사가 영아와 상호작용하는 방식은 영아에게 다른 사람과 어떻게 관계를 맺을 것인지에 대한 지침을 제공하게 된다. 교사가 일상생활 중에 영아의 경험과 생각을 공유하면서 재미를 느끼는 데 초점을 두고 영아와 상호작용하는 것은 영아에게 사람들과 함께하는 것을 즐기게 하고, 다른 영아나 어른과 상호작용할 기회를 갖도록 동기를 부여하는데, 이는 또한 언어와 의사소통을 학습하는 데 필수적인 것이다.

놀이 지원 및 다음 놀이 계획

• 소리 나는 놀잇감에 많은 관심을 보이며 탐색하는 모습을 보였다. 영아들의 감각을 자극할 수 있는 탐색 교구, 다양한 소리를 접할 수 있는 여러 가지 악기를 활용하여 놀이를 계획해야겠다.
• 영아들이 좋아하는 동요, 관심을 보이는 소리 등을 관찰하였다가 등원 및 맞이하기와 같은 일상생활 속에서도 자연스럽게 접할 수 있도록 환경을 구성해야겠다.

놀이활동 흐름 도표

놀이환경

교실의 탐색 영역에는 레인셰이커, 소리 나는 드럼, 마라카스, 실로폰이 배치되어 있다.

관찰

소리 나는 드럼의 노래와 빛을 관찰한다.

반응

놀잇감을 조작하고 이를 반복한다.

교사의 발견

영아의 놀이를 관찰하고 모방해 주니 자연스럽게 관심을 가지고 탐색하는 시도가 관찰되었으며, 그 횟수가 많아졌다.

확장

친구를 인식하고, 놀이하는 것을 관찰하며, 같은 놀잇감을 가지고 놀이를 반복한다.

반응

교사가 자신의 행동을 모방하고 있음을 인식하고, 교사를 쳐다보며 상호작용하고, 즐거움을 표현한다.

■ 영아 놀이활동 1의 「일일 놀이활동일지」

놀이활동일지(만 0세)

날짜	5월 13일 수요일		날씨	맑음
통합보육	등원(: ~ :) ※ 각 원의 일정에 맞춰 기록하세요.		하원(: ~ :) ※ 각 원의 일정에 맞춰 기록하세요.	
일과(시간)	계획 및 실행			

일상 생활	간식 (: ~ :)	※ 각 원의 일정에 맞춰 기록하세요.
	점심 식사 (: ~ :)	※ 각 원의 일정에 맞춰 기록하세요.
	낮잠 및 휴식 (: ~ :)	※ 각 원의 일정에 맞춰 기록하세요.
활동(: ~ :)		※ 각 원의 일정에 맞춰 기록하세요.

놀이	실내놀이 (: ~ :)	이전 놀이	• ☆☆이는 새로운 놀잇감이 있으면 혼자서 탐색하며 집중해서 놀이하였다.	
		놀이준비	• 여러 가지 악기를 배치하고 평소 영아들이 좋아하는 동요를 튼다.	
		놀이주제	• 소리는 나를 움직이게 해요	
		관찰	• ☆☆이가 소리 나는 드럼 앞으로 기어가서 손바닥으로 드럼 윗부분을 3번 두드린다. 교사가 옆에 있는 똑같은 드럼을 ☆☆이처럼 손바닥으로 3번 두드리니 교사를 바라보며 미소를 짓는다. 소리 나는 드럼에서 노래가 나오며 파란색의 빛이 반짝이자 ☆☆이가 빛을 바라본다.	• 아동의 행동 관찰하기 • 아동의 세계로 들어가기
		반응	• ☆☆이가 소리 나는 드럼에서 반짝이는 빛을 바라보다가 다시 손바닥으로 드럼을 두드린다. 교사가 똑같이 드럼을 두드리자 교사를 보고 웃으며 더 높이 손을 들고 두드린다. ☆☆이가 두드리기를 멈추고 자신을 바라보며 웃고 있는 교사와 눈이 마주치자 엉덩이를 들썩인다. 교사가 고개를 끄덕이자 3~4번 반복하여 엉덩이를 들썩인다. • ☆☆이가 손을 뻗자 교사도 손을 뻗어 ☆☆이의 손바닥과 맞닿자 깍지를 껴서 잡는다. 서로 눈을 마주치고 웃으며 잡은 손을 흔든다.	• 아동의 행동과 의사소통 모방하기 • 비의도적 발성, 몸짓, 표정에 의미 있는 것처럼 반응하기

놀이		확장	• 주변에서 다른 놀이를 하던 ♡♡가 교사와 ☆☆이의 옆으로 기어온다. 손바닥으로 드럼을 두드린다. 드럼에서 소리가 나자 "아앙~" 하고 소리를 낸다. 4~5번을 두드리다 멈추고 빛이 나는 것을 바라본다. 한참을 바라보다가 다시 4~5번을 두드린다. 두드리고 살펴보는 것을 반복한다. 교사가 똑같이 두드리고 멈추기를 반복하자 ♡♡가 교사를 바라보며 웃는다. ☆☆이도 ♡♡의 행동을 지켜보다가 웃음소리를 듣고 함께 웃는다.	• 아동이 즐거워하는 행동 반복하기
	바깥놀이 (: ~ :)		• 교사의 손을 잡고 산책하였고, 돌아오는 길에 솔방울, 돌멩이, 모래 등을 만져 보았다.	
	발견 목표		• 소리, 빛 등 다양한 감각을 통해 악기 놀잇감을 탐색하고 호기심을 가질 수 있다. • 소리 나는 악기 놀잇감을 조작해 보고 인과관계를 알 수 있다.	
	교육과정 관련 요소		• 예술경험 > 창의적으로 표현하기 > 소리와 리듬, 노래로 표현한다. • 사회관계 > 더불어 생활하기 > 다른 사람의 감정과 행동에 관심을 가진다.	
	중심축 행동		• 공동활동, 공동주의, 탐색	
	중심축 행동 의미 찾기		• 교사는 영유아에게 가장 효과적인 장난감이 될 수 있다 공동활동에 항상 장난감이 있어야 하는 것은 아니다. 교사가 영아와 상호작용하는 방식은 영아에게 다른 사람과 어떻게 관계를 맺을 것인지에 대한 지침을 제공하게 된다. 교사가 일상 중에 영아의 경험과 생각을 공유하면서 재미를 느끼는 데 초점을 두고 영아와 상호작용하는 것은 영아에게 사람들과 함께하는 것을 즐기게 하고, 다른 영아나 어른과 상호작용할 기회를 갖도록 동기를 부여하는데, 이는 또한 언어와 의사소통을 학습하는 데 필수적인 것이다.	
	교사의 발견		• 만 0세 영아들에게 소리 나는 드럼과 같이 시각과 청각을 자극하는 놀잇감은 매우 매력적으로 느껴진다. 자연스럽게 관심을 가지고 탐색을 시도하는 모습을 관찰할 수 있었다. 또한 영아의 탐색행동을 교사가 함께 주의를 기울여 지지해 주었을 때 자신감을 얻어 긍정적인 감정이 나타나고 엉덩이를 들썩이거나 손을 흔드는 등의 신체표현으로 연결되었다.	
다음날 지원 계획			• 영아들의 감각을 자극할 수 있는 탐색 교구, 다양한 소리를 접할 수 있는 여러 가지 악기를 활용하여 놀이를 계획해야겠다. • 영아들이 좋아하는 동요, 관심을 보이는 소리 등을 관찰하였다가 등원 및 맞이하기와 같은 일상생활 속에서도 자연스럽게 접할 수 있도록 환경을 구성해야겠다.	
반 운영 특이사항			※ 각 원의 학급 운영 시 특이사항을 기록하세요.	

영아
놀이활동
2

자연은 내 장난감이에요

놀이활동 계획

날   짜   5월 14일 목요일

참여대상   만 0세

놀이장소   잔디마당

놀이시간   10:30~11:00

놀이환경   • 실외놀이 공간인 잔디마당에는 여러 가지 자연물(솔방울, 돌멩이, 나뭇가지 등)
이 있다.

안전지도   • 주변에서 놀이 중인 다른 영아와 부딪히지 않도록 교사의 주의 관찰이 요구
된다.

놀이준비   • 돗자리를 깔고 주변에 자연물(솔방울, 돌멩이, 나뭇가지)을 준비한다.

교 사 의
기   대   • 다양한 자연물을 자유롭게 탐색한다.
• 영아들이 돗자리에 앉아 따뜻한 날씨를 느끼고 주변 자연물에 관심을 가진다.

이전 놀이
요   약   • 지난번 산책에서 돌아오는 길에 솔방울을 발견하고 탐색하고자 하였으나 피
곤해하는 친구들이 있어서 서둘러 들어오게 되었다.

놀이활동 기록

관찰하기

• ☆☆이가 돗자리에 있는 자연물 중 솔방울을 집어 든다. 양손
으로 솔방울을 잡고 들어 올렸다가 자신의 치마 위에 내려놓
는다. 양손의 엄지와 검지를 사용하여 솔방울의 잎 부분을 잡
고 있다. 바닥에 있는 나뭇가지를 바라보다가 한 손으로 솔방
울을 잡은 채 나머지 손으로 작은 나뭇가지를 집어 든다. 나뭇
가지로 바닥에 있는 돌멩이를 콕 찍는다.

반응성 상호작용 전략: 아동의 행동 관찰하기

반응하기

- ☆☆이가 나뭇가지를 이용하여 돌멩이를 두드린다. 교사가 ☆☆이의 행동을 따라 하며 "나뭇가지로 돌멩이를 콕콕콕~"이라고 말한다.
- ☆☆이가 교사를 바라보며 웃는다. ☆☆이가 나뭇가지를 이용하여 돌멩이 위에 끼적이듯이 움직인다. 교사도 똑같이 나뭇가지를 돌멩이 위에서 움직이며 "쓰윽 쓰윽~"이라고 말한다. ☆☆이가 교사를 바라보며 웃고 나뭇가지를 조금 더 빠르게 움직인다.
- ☆☆이가 나뭇가지를 내려놓고 옆에 있던 작은 돌멩이를 잡는다. 바닥에 있는 돌멩이 위에 올려놓는다. 올려 둔 돌멩이가 미끄러지며 옆으로 떨어진다. 교사가 "어? 돌멩이가 떨어졌네."라고 말하며 다른 돌멩이를 주워 바닥의 돌멩이 위에 올려놓는다. 또다시 돌멩이가 미끄러지며 떨어진다. ☆☆이가 교사를 바라보며 미소 짓고 나뭇가지를 돌멩이 위에 떨어뜨린다. 교사가 똑같이 나뭇가지를 돌멩이 위에 떨어뜨리자 교사를 바라보며 "에헤."라고 소리 내며 웃는다.

  반응성 상호작용 전략: 아동의 행동과 의사소통 모방하기

  비의도적 발성, 몸짓, 표정에 의미 있는 것처럼 반응하기

확장하기

- 돗자리에 함께 앉아서 주변을 살펴보던 ♡♡가 솔방울을 집어 든다. 교사가 "♡♡도 솔방울을 만져 보고 있구나."라고 말하며 미소를 띠자 ♡♡가 교사를 바라보며 솔방울을 던진다. 교사가 가까이 떨어진 솔방울을 주워 ♡♡에게 던진다.
- ♡♡가 앞에 있는 솔방울을 주워 "이야!"라고 말하며 던진다. 교사도 똑같이 "이야!"라고 말하며 솔방울을 던진다. ♡♡가 이번에는 양손에 솔방울을 쥐고 "이야!"라고 말하며 던진다. 교사도 양손에 솔방울을 쥐고 소리 내며 던진다. ♡♡는 교사와 눈이 마주치자 미소를 보이고 던지기를 반복한다. ♡♡가 "으아!"라고 소리 내며 던

지자 교사도 "으아!"라고 따라 말하며 던진다. ♡♡가 "악!" 하고 소리 내며 던지자 교사도 "악!" 하고 소리 내며 던진다. ♡♡가 멀리 던져 돗자리 끝으로 굴러간 솔방울을 바라본다. 교사가 "♡♡가 멀리 던졌구나. 여기까지 굴러왔네."라고 말하며 집어서 다시 ♡♡에게 "으아!"라고 소리 내며 던진다. ♡♡가 교사를 바라보며 웃는다.

반응성 상호작용 전략: 아동이 즐거워하는 행동 반복하기

교사의 발견

- 자연물을 조심스럽게 만져 보거나 두드려 보는 등의 탐색행동을 시도해 보고, 익숙해지자 평소 좋아하는 던지기 놀이로 활용하는 모습을 볼 수 있었다. 주변에서 쉽게 접하지만 지나쳤던 자연물에 관심을 갖기 시작하자 놀잇감으로 활용하며 그 안에서 재미를 느끼는 모습을 발견하였다. 매력적인 소리, 화려한 색깔로 한눈에 영아들의 마음을 사로잡는 놀잇감과는 다른 자연물만의 특성을 알아 가는 즐거움을 경험하길 기대해 본다.

놀이활동 평가

놀이주제
- 자연은 내 장난감이에요

발견 목표
- 자연물에 관심을 가질 수 있다.
- 자연물을 가지고 놀잇감으로 활용할 수 있다.

교육과정 관련 요소
- 자연탐구 > 탐구 과정 즐기기 > 사물과 자연 탐색하기를 즐긴다.
- 신체운동 > 신체활동 즐기기 > 대·소근육을 조절한다.

반응성 상호작용 전략 적용
- 관찰하기: 아동의 행동 관찰하기
- 반응하기: 아동의 행동과 의사소통 모방하기/비의도적 발성, 몸짓, 표정에 의미 있는 것처럼 반응하기

- 확장하기: 아동이 즐거워하는 행동 반복하기

중심축 행동 목표

- 사회적 놀이, 공동활동, 공동주의

중심축 행동 의미 찾기

- 교사가 영아에게 세심한 주의를 기울일 때 영아는 교사에게 주의를 기울인다

  교사가 영아가 흥미 있어 하는 활동이나 행동에 주의를 기울이면, 마찬가지로 영아도 교사에게 주의를 기울이고 협력하게 된다. 영아가 새로운 기술을 학습하는 데 있어서 선행조건은 함께 상호작용하는 교사에게 주의를 기울이는 것이다. 영아가 흥미로워하는 활동을 하는 중에 교사에게 성공적으로 주의를 기울인다면, 흥미가 떨어지는 상황에서도 교사에게 주의를 잘 기울이게 될 것이다.

놀이 지원 및 다음 놀이 계획

- 주변의 자연물을 직접 만지며 탐색해 보고 간단한 놀이로 활용하는 모습을 볼 수 있었다.
- 다음 놀이에서는 자연물을 적극적으로 놀이에 활용할 수 있도록 더 많은 양의 자연물을 제공해 주어 영아들이 어떻게 놀이하는지 관찰해 보아야겠다. 바구니를 함께 제공해 주어 안에 넣고 쏟아 보거나 천으로 자연물을 숨기고 찾아보는 까꿍놀이로 확장해도 좋겠다.
- 영아 실외놀이터에서 놀거나 바깥 산책을 하면서 주변 자연물에서 더 나아가 자연현상인 다양한 날씨를 감각적으로 느낄 수 있도록 기회를 제공해 주어야겠다. 따뜻한 봄 날씨를 느끼는 것을 통해 자연물과 자연현상에 대해 편안하고 기분 좋게 느껴지도록 해 주어야겠다.

놀이활동 흐름 도표

놀이환경

실외놀이 공간인 잔디마당에는 여러 가지 자연물(솔방울, 돌멩이, 나뭇가지 등)이 있다.

관찰

솔방울을 엄지, 검지 손가락으로 만져 본다.

반응

나뭇가지를 이용하여 돌멩이를 두드린다.

교사의 발견

• 자연물을 조심스럽게 만져 보거나 두드려 보는 등의 탐색행동을 시도해 보고, 익숙해지자 평소 좋아하는 던지기 놀이로 활용하는 모습을 볼 수 있다.

• 자연물을 가지고도 놀이를 할 수 있으며, 영아의 놀이를 모방해 줄 때 공동활동이 오래 유지되고 상호작용에 즐겁게 참여한다.

확장

솔방울을 던지며 놀이한다.

반응

돌멩이가 떨어지는 모습을 재미있어하며 반복한다.

■ **영아 놀이활동 2의 「일일 놀이활동일지」**

놀이활동일지(만 0세)

날짜	5월 14일 목요일	날씨	맑음
통합보육	등원(: ~ :) ※ 각 원의 일정에 맞춰 기록하세요.	하원(: ~ :) ※ 각 원의 일정에 맞춰 기록하세요.	

일과(시간)		계획 및 실행	
일상 생활	간식 (: ~ :)	※ 각 원의 일정에 맞춰 기록하세요.	
	점심 식사 (: ~ :)	※ 각 원의 일정에 맞춰 기록하세요.	
	낮잠 및 휴식 (: ~ :)	※ 각 원의 일정에 맞춰 기록하세요.	
활동(: ~ :)		※ 각 원의 일정에 맞춰 기록하세요.	
놀이	바깥놀이 (: ~ :)	이전 놀이	• 지난번 산책에서 돌아오는 길에 솔방울을 발견하고 탐색하고자 하였으나 피곤해하는 친구들이 있어서 서둘러 들어오게 되었다.	
		놀이준비	• 돗자리를 깔고 주변에 자연물(솔방울, 돌멩이, 나뭇가지)을 준비한다.	
		놀이주제	• 자연은 내 장난감이에요	
		관찰	• ☆☆이가 솔방울을 집어 든다. 양손으로 솔방울을 잡고 들어 올렸다가 자신의 치마 위에 내려놓는다. 양손의 엄지와 검지를 사용하여 솔방울의 잎 부분을 잡고 있다. 바닥에 있는 나뭇가지를 바라보다가 한 손으로 솔방울을 잡은 채, 나머지 손으로 작은 나뭇가지를 집어 든다. 나뭇가지로 바닥에 있는 돌멩이를 콕 찍는다.	• 아동의 행동 관찰하기
		반응	• ☆☆이가 나뭇가지를 이용하여 돌멩이를 두드리거나 끼적이듯 움직일 때 교사가 행동을 따라 하며 "콕콕콕~" "쓰윽 쓰윽~"이라고 말하니 ☆☆이가 교사를 바라보며 웃고 나뭇가지를 반복적으로 움직인다. • ☆☆이가 작은 돌멩이를 잡아 바닥에 있는 돌멩이 위에 올려놓는다. 올려 둔 돌멩이가 미끄러지며 옆으로 떨어지자 교사가 "어? 돌멩이가 떨어졌네."라고 말하며 다른 돌멩이를 주워 바닥의 돌멩이 위에 올려놓는다. 또다시 돌멩이가 미끄러지며 떨어진다. ☆☆이가 교사를 바라보며 미소 짓고 행동을 반복하며 "에헤."라고 소리 내며 웃는다.	• 아동의 행동과 의사소통 모방하기 • 비의도적 발성, 몸짓, 표정에 의미 있는 것처럼 반응하기

놀이		확장	• ♡♡가 솔방울을 집어 드는 것에 반응을 보여 주자 ♡♡가 교사를 바라보며 솔방울을 던진다. 교사가 가까이 떨어진 솔방울을 주워 ♡♡에게 던진다. ♡♡가 앞에 있는 솔방울을 주워 "이야!"라고 말하며 던진다. 교사도 똑같이 "이야!"라고 말하며 솔방울을 던진다. 양손으로 던지거나 멀리 던지는 등 다양하게 던져 보고 "으아!" "악!" 등의 소리를 내고 웃으며 반복한다.	• 아동이 즐거워하는 행동 반복하기
	실내놀이 (： ~ ：)		• 롤리팝 드럼, 강아지 실로폰, 마라카스 등 다양한 악기를 만져 보고 소리를 들어 보며 놀이한다.	
	발견 목표		• 자연물에 관심을 가질 수 있다. • 자연물을 가지고 놀잇감으로 활용할 수 있다.	
	교육과정 관련 요소		• 자연탐구 > 탐구 과정 즐기기 > 사물과 자연 탐색하기를 즐긴다. • 신체운동 > 신체활동 즐기기 > 대·소근육을 조절한다.	
	중심축 행동		• 사회적 놀이, 공동활동, 공동주의	
	중심축 행동 의미 찾기		• 교사가 영아에게 세심한 주의를 기울일 때 영아는 교사에게 주의를 기울인다 교사가 영아가 흥미 있어 하는 활동이나 행동에 주의를 기울이면, 마찬가지로 영아도 교사에게 주의를 기울이고 협력하게 된다. 영아가 새로운 기술을 학습하는 데 있어서 선행조건은 함께 상호작용하는 교사에게 주의를 기울이는 것이다. 영아가 흥미로워하는 활동을 하는 중에 교사에게 성공적으로 주의를 기울인다면, 흥미가 떨어지는 상황에서도 교사에게 주의를 잘 기울이게 될 것이다.	
	교사의 발견		• 자연물을 조심스럽게 만져 보거나 두드려 보는 등의 탐색행동을 시도해 보고, 익숙해지자 평소 좋아하는 던지기 놀이로 활용하는 모습을 볼 수 있었다. 주변에서 쉽게 접하지만 지나쳤던 자연물에 관심을 갖기 시작하자 놀잇감으로 활용하며 그 안에서 재미를 느끼는 모습을 발견하였다.	
다음날 지원 계획			• 자연물을 적극적으로 놀이에 활용할 수 있도록 더 많은 양의 자연물을 제공해 주어 영아들이 어떻게 놀이하는지 관찰해 보도록 한다. 바구니를 함께 제공해 주어 안에 넣고 쏟아 보거나 천으로 자연물을 숨기고 찾아보는 까꿍놀이로 확장해도 좋겠다. • 영아 실외놀이터나 바깥 산책을 하면서 주변 자연물에서 더 나아가 자연현상인 다양한 날씨를 감각적으로 느낄 수 있도록 기회를 제공해 주어야겠다. 따뜻한 봄 날씨를 느끼는 것을 통해 자연물과 자연현상에 대해 편안하고 기분 좋게 느껴지도록 해 주어야겠다.	
반 운영 특이사항			※ 각 원의 학급 운영 시 특이사항을 기록하세요.	

뽁뽁이 길을 걸어요

놀이활동 계획

날　짜	5월 18일 월요일
참여대상	만 0세
놀이장소	씨앗반 교실
놀이시간	11:00~11:30
놀이환경	• 교실 바닥에 뽁뽁이를 깔아 둔다.
안전지도	• 주변에서 놀이 중인 다른 영유아와 부딪히지 않도록 교사의 주의 관찰이 요구된다.
놀이준비	• 뽁뽁이를 탐색해 볼 수 있도록 바닥에 길게 붙여 준비한다.
교사의 기대	• 뽁뽁이를 자유롭게 탐색한다.
이전 놀이 요약	• 최근 촉각책을 보는 것을 즐기는 영아가 있어 다양한 감각을 느껴 볼 수 있도록 준비한 것 가운데 뽁뽁이의 경우 소리가 나고 가정에서도 접해 봤던 사물이기 때문에 관심을 보이고 다가왔다. • 영아들 앞에서 교사가 뽁뽁이를 만지는 것을 보고 흥미를 보이며 만지면서 놀이하였다.

놀이활동 기록

관찰하기

• ☆☆이가 교실 바닥에 있는 뽁뽁이 길 근처에 앉아 손으로 뽁뽁이를 만진다. 손바닥으로 뽁뽁이를 지그시 누르며 교사를 바라본다. 교사가 미소를 지으며 고개를 끄덕이자 ☆☆이가 뽁뽁이 위에 올려 둔 손가락을 조금씩 움직인다. ○○이가 걸어와 뽁뽁이 길 위에서 멈추어 선다.

• ☆☆이와 교사가 뽁뽁이 길 위에 손바닥을 올려 둔 모습을 보고 뽁뽁이 길 위에 올라서 있는

자신의 발을 바라본다. 세 걸음 앞으로 나아가 쭈그리고 앉아 손가락으로 뽁뽁이를 만진다.
반응성 상호작용 전략: 아동의 행동 관찰하기

반응하기

- ☆☆이가 한 손바닥은 뽁뽁이 위에 올려 두고 나머지 손의 엄지손가락으로 뽁뽁이를 누른다. 교사가 똑같이 엄지손가락으로 뽁뽁이를 누른다.
- ☆☆이가 고개를 들어 교사와 눈을 마주치고 조금 더 빠르게 엄지손가락으로 뽁뽁이를 누른다. 교사가 따라 누르자 미소를 띤다. 이번에는 ☆☆이가 검지손가락으로 뽁뽁이를 누른다. 교사가 "☆☆이가 검지손가락으로 콕콕 찍어 보는구나."라고 말하며 따라 누르자 "에헤."라고 소리 내며 웃는다.
- ○○이가 일어나서 뽁뽁이 길 위를 걸어간다. 길 끝에 도착하자 뒤로 돌아 다시 맞은편 끝까지 걸어간다. 미소를 띠고 있는 교사와 눈이 마주치자 ○○이가 소리 내며 웃는다. 교사는 ○○이가 뽁뽁이 길 위에 도착하자 길 주변으로 크게 돌아 출발했던 지점으로 달려간다. 교사가 똑같이 출발 지점으로 발을 구르며 가자 ○○이는 미소를 띠고 조금 더 빠르게 뽁뽁이 길 위를 띈다.
- ○○이와 교사가 뽁뽁이 길 위를 걷는 모습을 ☆☆이가 미소를 띠고 바라본다. 교사가 ☆☆이에게 "☆☆이도 ○○이처럼 걸어 볼까?"라고 말하며 손을 잡아 준다. 교사의 손을 잡고 일어나 천천히 걸어 본다. 길 끝에 도착하여 교사가 "도착!"이라고 말하자 ☆☆이가 "헤에!" 하고 웃는다. 교사와 양손을 잡은 채 뒤로 돌아서 조금 더 빠르게 길 끝까지 걸어간다. 걸어가는 동안 계속 미소를 띤 ☆☆이의 뒤로 ○○이가 따라서 걸어간다.
  반응성 상호작용 전략: 아동의 행동과 의사소통 모방하기
  비의도적 발성, 몸짓, 표정에 의미 있는 것처럼 반응하기

확장하기

- 뽁뽁이 길을 걸어 보던 ☆☆이가 길 위에 엉덩이를 대고 앉는다. 교사가 따라 앉자 교사를 바

라보며 미소 짓는다. 계속해서 교사를 바라보다가 양손을 번
갈아 가며 바닥을 두드린다. 교사가 "☆☆이가 바닥을 두드리
고 있구나. 두구두구두구~"라고 말하며 따라 두드리자 ☆☆이
가 웃으며 더 빠르게 두드린다. ☆☆이와 교사의 모습을 보고
○○이가 다가와 ☆☆이 앞에 마주 보고 앉는다. 바닥을 긁듯

이 양손을 움직이다가 ☆☆이와 눈을 마주치고 양손으로 바닥을 내려친다. ☆☆이와 교사가
미소를 지으며 ○○이와 똑같이 양손으로 바닥을 한 번 내려친다. ○○이도 미소를 띠며 다
시 한 번 양손으로 바닥을 내려친다. 교사가 "쿵!"이라고 소리 내며 바닥을 치자 ☆☆이가 "꺄
아~"라고 소리 지르며 바닥을 친다. ○○이도 또다시 바닥을 친다. ☆☆이와 ○○이, 교사 모
두 웃으며 반복하여 바닥을 친다.

반응성 상호작용 전략: 아동이 즐거워하는 행동 반복하기

교사의 발견

• 교실 바닥에 뽁뽁이를 길게 붙여 두자 영아들이 자연스럽게 주변으로 다가와 탐색하기 시
  작하였다. 살짝 만져 보거나 천천히 올라서 보는 등 익숙하지 않은 새로운 환경에 대해 조
  심스럽게 접근하는 모습을 관찰할 수 있었고, 교사가 옆에서 지켜봐 주자 점점 활동의 범위
  가 넓어져 가는 것을 느낄 수 있었다. 또한 또래처럼 놀이하고 싶은 마음을 교사가 알고 손
  을 내밀며 도움을 주었을 때 안정감을 느끼고 편안하게 놀이에 참여하였다.

• 각자 탐색하는 놀이 과정에서 자신과 구별되는 다른 존재로서 또래가 있고, 또래의 행동을
  살펴보며 재미를 느끼는 경험을 하였다. 서로 긍정적인 감정을 나누고 즐거운 분위기 안에
  서 또래에 대한 관심을 표현할 수 있는 기회가 되었다.

놀이활동 평가

놀이주제

• 뽁뽁이 길을 걸어요

발견 목표

• 새로운 놀잇감 탐색을 시도해 볼 수 있다.

• 같은 활동을 하는 또래에게 관심을 가질 수 있다.

교육과정 관련 요소

- 자연탐구 > 생활 속에서 탐구하기 > 주변의 공간과 모양을 탐색한다.
- 사회관계 > 더불어 생활하기 > 또래에게 관심을 가진다.

반응성 상호작용 전략 적용

- 관찰하기: 아동의 행동 관찰하기
- 반응하기: 아동의 행동과 의사소통 모방하기/비의도적 발성, 몸짓, 표정에 의미 있는 것처럼 반응하기
- 확장하기: 아동이 즐거워하는 행동 반복하기

중심축 행동 목표

- 공동활동, 공동주의, 탐색

중심축 행동 의미 찾기

- 공동활동은 영아와 일상에서 공동의 초점에 주의를 기울일 때 일어난다

  교사와 영아가 함께 같은 활동을 하면서 공동활동에 많이 참여할수록 영아는 의사소통 방식을 더욱 빠르게 배운다. 공동활동은 일상에서 영아가 새로운 행동을 실행하고, 현재의 사고방식과 의사소통 방식에 반하는 상황을 해결하려는 자연스러운 상황에서 만들어지는 상호 교환적인 활동이다.

놀이 지원 및 다음 놀이 계획

- 뽁뽁이를 바닥에 길게 붙여 제공해 주었더니 주변에 앉아 손으로 누르거나 발로 밟으며 탐색하는 모습을 볼 수 있었다. 다음 놀이에서는 다양한 방법으로 확장해 보아야겠다. 뽁뽁이를 낱장으로 잘라 제공해 주어 손 전체를 사용하여 구기거나 평소 영아들이 좋아하는 공처럼 뭉쳐서 놀이에 활용해 보아야겠다.
- 바닥에 붙일 때에는 간격을 두거나 크기와 모양을 다양하게 구성하여 영아들의 반응을 관찰해 보는 것도 좋겠다.

놀이활동 흐름 도표

놀이환경

교실 바닥에 뾱뾱이를 깔아 둔다.

관찰

영아들이 교실 바닥의 변화를 알고 관심을 보인다.

반응

영아들이 손으로 눌러 보며 놀이를 한다.

교사의 발견

- 자연스럽게 환경을 설정해 주고 관찰하니 영아들은 스스로 변화를 인지하고 각자의 방식대로 탐색하였다.
- 각자 탐색하는 놀이 과정에서 자신과 구별되는 다른 존재로서 또래가 있고, 또래의 행동을 살펴보는 경험을 하며 오래 공동활동 놀이를 하였다.

확장

같은 놀잇감을 가지고 놀이하는 영아에게 관심을 가지고 관찰한다.

반응

발로 밟아 보며 걸어 본다.

■ 영아 놀이활동 3의 「일일 놀이활동일지」

놀이활동일지(만 0세)

날짜	5월 18일 월요일		날씨	맑음
통합보육	등원(: ~ :) ※ 각 원의 일정에 맞춰 기록하세요.		하원(: ~ :) ※ 각 원의 일정에 맞춰 기록하세요.	

일과(시간)		계획 및 실행	
일상 생활	간식 (: ~ :)	※ 각 원의 일정에 맞춰 기록하세요.	
	점심 식사 (: ~ :)	※ 각 원의 일정에 맞춰 기록하세요.	
	낮잠 및 휴식 (: ~ :)	※ 각 원의 일정에 맞춰 기록하세요.	
활동(: ~ :)		※ 각 원의 일정에 맞춰 기록하세요.	
놀이	실내놀이 (: ~ :)	이전 놀이	• 최근 촉각책을 보는 것을 즐기는 영아가 있어 다양한 감각을 느껴 볼 수 있도록 준비한 것 가운데 뽁뽁이의 경우 소리가 나고 가정에서도 접해 봤던 사물이기 때문에 관심을 보였다.
		놀이준비	• 뽁뽁이를 탐색해 볼 수 있도록 바닥에 길게 붙여 준비한다.
		놀이주제	• 뽁뽁이 길을 걸어요
		관찰	• ☆☆이가 교실 바닥에 있는 뽁뽁이 길 근처에 앉아 손과 손바닥으로 뽁뽁이를 지그시 누르며 교사를 바라본다. 교사가 미소를 지으며 고개를 끄덕이자 ☆☆이가 뽁뽁이 위에 올려 둔 손가락을 조금씩 움직인다. ○○이가 걸어와 뽁뽁이 길 위에 서서 ☆☆이와 교사의 모습을 보고 뽁뽁이 길 위에 올라서 있는 자신의 발을 바라본다. 세 걸음 앞으로 나아가 쭈그리고 앉아 손가락으로 뽁뽁이를 만진다. • 아동의 행동 관찰하기
		반응	• ☆☆이가 한 손바닥은 뽁뽁이 위에 올려 두고 나머지 손의 엄지손가락으로 뽁뽁이를 누른다. 교사가 똑같이 누르니 ☆☆이가 고개를 들어 교사와 눈을 마주치고 조금 더 빠르게 엄지손가락으로 뽁뽁이를 누른다. 교사가 따라 누르자 미소를 띤다. ☆☆이가 검지손가락으로 뽁뽁이를 누른다. 교사가 "☆☆이가 검지손가락으로 콕콕 찍어 보는구나."라고 말하며 따라 누르자 "에헤."라고 소리 내며 웃는다. • ○○이가 일어나서 뽁뽁이 길 위를 걸어가는 것을 보고 교사가 "○○이가 뽁뽁이 길 위에서 콩콩 걷고 있구나."라고 말하자 조금 더 빠르게 걷는다. 길 끝에 도착하자 길 주변으로 크게 돌아 출발했던 지점으로 달려간다. 교사가 똑같이 출발 지점으로 발을 구르며 가자 미소를 띠고 조금 더 빠르게 뽁뽁이 길 위를 뛴다. • 아동의 행동과 의사소통 모방하기 • 비의도적 발성, 몸짓, 표정에 의미 있는 것처럼 반응하기

		확장	• ☆☆이가 길 위에 앉아 양손을 번갈아 가며 바닥을 두드린다. 교사가 "☆☆이가 바닥을 두드리고 있구나. 두구두구두구~"라고 말하며 따라 두드리자 ☆☆이가 웃으며 더 빠르게 두드린다. ○○이가 다가와 ☆☆이 앞에 마주 보고 앉는다. 바닥을 긁듯이 양손을 움직이다가 ☆☆이와 눈을 마주치고 양손으로 바닥을 내려친다. ☆☆이와 교사가 미소를 지으며 ○○이와 똑같이 양손으로 바닥을 한 번 내려친다. ○○이도 미소를 띠며 다시 한 번 양손으로 바닥을 내려친다. ☆☆이와 ○○이, 교사 모두 웃으며 반복하여 바닥을 친다.	• 아동이 즐거워하는 행동 반복하기
놀이	바깥놀이 (: ~ :)		• 나뭇가지를 주워서 바위, 나무 등 주변의 물체를 두드리며 놀이한다.	
	발견 목표		• 새로운 놀잇감 탐색을 시도해 볼 수 있다. • 같은 활동을 하는 또래에게 관심을 가질 수 있다.	
	교육과정 관련 요소		• 자연탐구 > 생활 속에서 탐구하기 > 주변의 공간과 모양을 탐색한다. • 사회관계 > 더불어 생활하기 > 또래에게 관심을 가진다.	
	중심축 행동		• 공동활동, 공동주의, 탐색	
	중심축 행동 의미 찾기		• 공동활동은 영아와 일상에서 공동의 초점에 주의를 기울일 때 일어난다 교사와 영아가 함께 같은 활동을 하면서 공동활동에 많이 참여할수록 영아는 의사소통 방식을 더욱 빠르게 배운다. 공동활동은 일상에서 영아가 새로운 행동을 실행하고, 현재의 사고방식과 의사소통 방식에 반하는 상황을 해결하려는 자연스러운 상황에서 만들어지는 상호 교환적인 활동이다.	
	교사의 발견		• 교실 바닥에 뽁뽁이를 길게 붙여 두자 영아들이 자연스럽게 주변으로 다가와 탐색하기 시작하였다. 살짝 만져 보거나 천천히 올라서 보는 등 익숙하지 않은 새로운 환경에 대해 조심스럽게 접근하는 모습을 관찰할 수 있었고, 교사가 옆에서 지켜봐 주자 점점 활동의 범위가 넓어져 가는 것을 느낄 수 있었다. • 각자 탐색하는 놀이 과정에서 자신과 구별되는 다른 존재로서 또래가 있고, 또래의 행동을 살펴보며 재미를 느끼는 경험을 하였다. 서로 긍정적인 감정을 나누고 즐거운 분위기 안에서 또래에 대한 관심을 표현할 수 있는 기회가 되었다.	
다음날 지원 계획			• 뽁뽁이를 바닥에 길게 붙여 제공해 주었더니 주변에 앉아 손으로 누르거나 발로 밟으며 탐색하는 모습을 볼 수 있었다. 다음 놀이에서는 다양한 방법으로 확장해 보아야겠다. 뽁뽁이를 낱장으로 잘라 제공해 주어 손 전체를 사용하여 구기거나 평소 영아들이 좋아하는 공처럼 뭉쳐서 놀이에 활용해 보아야겠다. • 바닥에 붙일 때에는 간격을 두거나 크기와 모양을 다양하게 구성하여 영아들의 반응을 관찰해 보는 것도 좋겠다.	
반 운영 특이사항			※ 각 원의 학급 운영 시 특이사항을 기록하세요.	

영아
놀이활동
4

공과 상호작용해요

놀이활동 계획

날 짜	4월 20일 월요일
참여대상	만 0세
놀이장소	씨앗반 교실
놀이시간	10:30~11:30
놀이환경	• 범퍼 볼풀장 안에 볼풀공이 있다.
안전지도	• 아이들끼리 부딪혀서 다치지 않도록 교사의 주의 관찰이 요구된다.
놀이준비	• 다양한 공을 탐색해 볼 수 있도록 촉감 공, 소리 나는 공 등을 추가 배치하였다.
교 사 의 기 대	• 다양한 크기, 색, 모양, 촉감의 공을 자유롭게 탐색한다. • 같은 공간에서 친구들과 함께 놀이한다.
이전 놀이 요 약	• 처음에는 낯설어하던 볼풀장이었으나 최근 공간에 대해서 익숙해졌고 볼풀공을 가지고 놀이하는 것을 좋아하였다.

놀이활동 기록

관찰하기

• 교실 안에 있는 볼풀장으로 ㅇㅇ이가 들어간다. 교사가 따라 들어가자 ㅇㅇ이가 소리 나는 공을 집어 들어 교사에게 건넨 다. 교사가 공을 받자 바닥에 있는 볼풀공을 주워 양손에 쥐고 있는다. 교사도 바닥에 있는 볼풀공을 주워 잡았다.

• ㅇㅇ이가 교사를 바라보더니 범퍼 밖으로 "이야!"라고 소리를 내며 공을 던진다. 교사도 "이야!"라고 소리 내며 공을 밖으로 던진다. 범퍼 밖에서 교사와 ㅇㅇ이의 모습을 시켜보던 ☆☆이가 범퍼를 잡고 일어나 교사 가까이에 선다. ☆☆이가 교 사와 눈이 마주치자 손을 내민다(관찰하기). 교사도 똑같이 손을 내밀자 ☆☆이가 손을 잡는 다. 교사가 "☆☆아, 여기 들어올 거야?"라고 묻고 안아서 범퍼 안으로 넣어 준다. ☆☆이는

범퍼를 잡고 일어나 ○○이의 옆에 서서 공을 던지는 것을 함께 본다.

반응성 상호작용 전략: 아동의 행동 관찰하기

반응하기

- 교사가 ○○이와 똑같이 공을 던지고 나서 바닥의 공을 집어 들자 ☆☆이가 교사의 손에 있던 공을 잡는다. 한 손으로 공을 잡고 다른 손바닥을 부딪친다.
- 교사가 따라서 공을 손바닥으로 치자 소리가 난다. ☆☆이가 교사를 바라보며 미소를 띤다. 반복하여 손바닥으로 공을 치다가 교사가 양손에 공을 잡고 2개의 공을 부딪치자 ☆☆이도 교사처럼 양손에 공을 잡고 반복하여 부딪친다.

반응성 상호작용 전략: 아동의 행동과 의사소통 모방하기

비의도적 발성, 몸짓, 표정에 의미 있는 것처럼 반응하기

확장하기

- 범퍼 밖 근처에 앉아서 촉감 공을 만지고 있던 ♡♡가 교사와 눈이 마주치자 미소를 짓는다.
- ♡♡가 범퍼 입구를 통해 안으로 기어들어 온 뒤 교사와 친구들의 주변에 앉아 놀이하는 모습을 살펴본다. 한참을 지켜보던 ♡♡가 교사의 손을 잡아당기고는 교사의 다른 손에 있던 볼풀공을 잡는다. 교사가 공을 하나 더 건네자 양손에 공을 잡고 두 공을 서로 부딪친다. 교사와 함께 반복하여 공을 부딪치며 놀이한다.
- 볼풀장 안에 서 있던 ○○이가 볼풀공 위로 미끄러지듯 앉는다. 엉덩이를 앞뒤로 움직이며 "아앙!" 하고 소리 내며 웃는다. ○○이가 움직이며 공이 주변으로 밀려나자 교사도 "아앙!"

하고 웃으며 다시 공을 ○○이 엉덩이 주변으로 모아 준다(반응하기). ○○이가 다시 "아아
앙!" 하며 엉덩이를 들썩인다. ○○이가 엉덩이와 다리 아래에서 움직이는 공을 살펴보고,
다리를 양옆으로 벌렸다 모으며 공의 움직임을 만들어 낸다.
반응성 상호작용 전략: 아동이 즐거워하는 행동 반복하기

교사의 발견

• 영아들이 자유롭게 공을 이용하여 놀이하던 중 우연히 방울공을 떨어뜨리거나, 공과 손 또
는 공과 공을 부딪치면 소리가 나는 것을 발견하였을 때 반복하며 탐색하는 모습을 볼 수
있었다. 이러한 행동을 교사가 모방함으로써 영아는 자신의 행동이 가치 있음을 느끼고 반
복하는 과정에서 재미를 경험하고 있다고 여겼다.
• 교사와 또래 친구가 즐겁게 놀이하는 것을 살펴보다가 같은 공간으로 들어오거나 행동을
모방함으로써 함께 활동에 참여하며 상호작용하는 것을 볼 수 있었다.

놀이활동 평가

놀이주제

• 공과 상호작용해요

발견 목표

• 공을 가지고 놀이를 할 수 있다.
• 같은 영역에서 놀이하는 또래에게 관심을 가질 수 있다.

교육과정 관련 요소

• 기본생활 > 감각과 신체 인식하기 > 감각으로 주변을 탐색한다.
• 사회관계 > 더불어 생활하기 > 또래에게 관심을 가진다.

반응성 상호작용 전략 적용

• 관찰하기: 아동의 행동 관찰하기
• 반응하기: 아동의 행동과 의사소통 모방하기/비의도적, 발성, 몸짓, 표정에 의미 있는 것처
럼 반응하기

• 확장하기: 아동이 즐거워하는 행동 반복하기

중심축 행동 목표

• 공동활동, 공동주의, 탐색

중심축 행동 의미 찾기

• 교사가 먼저 영아와 지속적으로 눈맞춤할 때 영아는 교사와 눈을 맞추게 된다

눈맞춤을 통해 상대에 대한 인식을 가질 때 영아는 주변 환경 안에 있는 다양한 사물이나 특성으로 관심을 전환할 수 있다. 영아는 자신이 주의를 두고 있는 것과 교사가 사용하는 언어가 관계가 있을 때 그 언어에 의미를 두게 된다. 교사가 자주 영아가 관심 있어 하는 단어를 사용하여 의사소통할 때, 영아는 교사가 사용하는 언어에 관심을 두고 그것의 의미를 이해할 수 있게 된다.

놀이 지원 및 다음 놀이 계획

• 볼풀공 위에 앉아 엉덩이와 다리 등의 신체로 공을 느끼는 모습을 관찰하였다. 볼풀공의 양을 늘려 신체적으로 충분히 탐색해 보도록 해야겠다.

• 부딪치며 소리 내는 것에 많은 흥미를 보이고 반복하여 실행하는 모습을 보였다. 영아들에게 제공할 수 있는 다양한 소리 교구 또는 안전하게 부딪치며 놀이를 할 수 있는 교구에 대해 고민해 보아야겠다.

• 던지는 것에 흥미를 보이는 모습이 관찰되어 공 이외에도 안전하게 던져 보며 탐색하고 놀이해 볼 수 있는 교구와 놀잇감에는 어떤 것들이 있을지 좀 더 생각해 보면 좋을 듯하다.

놀이활동 흐름 도표

놀이환경

범퍼 볼풀장 안에 볼풀공이 있다.

관찰

볼풀장이 있는 교실에서 볼풀공에 관심을 가진다.

반응

소리 나는 공을 발견하고 소리를 내어 놀이한다.

교사의 발견
어린 영아도 교사가 영아의 행동을 그대로 모방하고 함께 활동하니 영아 스스로 놀잇감을 탐색하여 놀이 방법을 만들어 내고 눈을 맞추며 사회적 놀이를 만들었다.

확장

공 미끄럼틀을 만들고, 두 공을 부딪치고 밖으로 떨어뜨리며 다양한 놀이를 만든다.

반응

다른 친구도 다가와 안에 있는 친구, 밖에 있는 친구가 서로 부딪치고 상호작용하며 놀이한다.

■ 영아 놀이활동 4의 「일일 놀이활동일지」

놀이활동일지(만 0세)

날짜	4월 20일 월요일		날씨	맑음
통합보육	등원(: ~ :) ※ 각 원의 일정에 맞춰 기록하세요.		하원(: ~ :) ※ 각 원의 일정에 맞춰 기록하세요.	
일과(시간)	계획 및 실행			

일상 생활	간식 (: ~ :)	※ 각 원의 일정에 맞춰 기록하세요.
	점심 식사 (: ~ :)	※ 각 원의 일정에 맞춰 기록하세요.
	낮잠 및 휴식 (: ~ :)	※ 각 원의 일정에 맞춰 기록하세요.

활동(: ~ :)	※ 각 원의 일정에 맞춰 기록하세요.		
놀이	실내놀이 (: ~ :)	이전 놀이	• 처음에는 낯설어하던 볼풀장이었으나 최근 공간에 대해서 익숙해졌고 볼풀공을 가지고 놀이하는 것을 좋아하였다.
		놀이준비	• 다양한 공을 탐색해 볼 수 있도록 촉감 공, 소리 나는 공 등을 추가 배치하였다.
		놀이주제	• 공과 상호작용해요
		관찰	• 볼풀장으로 ○○이가 들어간다. 교사가 따라 들어가서 ○○이처럼 바닥에 있는 볼풀공을 주워 양손에 쥐었더니 ○○이가 교사를 바라보다가 범퍼 밖으로 "이야!"라고 소리를 내며 공을 던진다. 교사도 "이야!"라고 소리를 내며 공을 밖으로 던진다. 범퍼 밖에서 교사와 ○○이의 모습을 지켜보던 ☆☆이가 범퍼를 잡고 일어나 교사 가까이에 선다. ☆☆이가 교사와 눈이 마주치자 손을 내민다. 교사도 똑같이 손을 내밀자 ☆☆이가 손을 잡는다.
			• 아동의 행동 관찰하기
		반응	• 교사가 ○○이와 똑같이 공을 던지고 나서 바닥의 공을 집어 들자 ☆☆이가 교사의 손에 있던 공을 잡는다. 한 손으로 공을 잡고 다른 손바닥을 부딪친다. 교사가 따라서 공을 손바닥으로 치자 소리가 난다. ☆☆이가 교사를 바라보며 미소를 띤다. 반복하여 손바닥으로 공을 치다가 교사가 양손에 공을 잡고 2개의 공을 부딪치자 ☆☆이도 교사처럼 양손에 공을 잡고 반복하여 부딪친다.
			• 아동의 행동과 의사소통 모방하기 • 비의도적 발성, 몸짓, 표정에 의미 있는 것처럼 반응하기

놀이		확장	• ○○이가 볼풀공 위로 미끄러지듯 앉는다. 엉덩이를 앞뒤로 움직이며 "아앙!" 하고 소리 내며 웃는다. ○○이가 움직이며 공이 주변으로 밀려나자 교사도 "아앙!" 하고 웃으며 다시 공을 ○○이 엉덩이 주변으로 모아 준다. ○○이가 다시 "아아앙!" 하며 엉덩이를 들썩인다. ○○이가 엉덩이와 다리 아래에서 움직이는 공을 살펴보고, 다리를 양옆으로 벌렸다 모으며 공의 움직임을 만들어 낸다.	• 아동이 즐거워하는 행동 반복하기
	바깥놀이 (: ~ :)		• 놀이터의 미끄럼틀에 관심을 보여 교사의 도움을 받아 미끄럼틀을 반복해서 타 보았다.	
	발견 목표		• 공을 가지고 놀이를 할 수 있다. • 같은 영역에서 놀이하는 또래에게 관심을 가질 수 있다.	
	교육과정 관련 요소		• 기본생활 > 감각과 신체 인식하기 > 감각으로 주변을 탐색한다. • 사회관계 > 더불어 생활하기 > 또래에게 관심을 가진다.	
	중심축 행동		• 공동활동, 공동주의, 탐색	
	중심축 행동 의미 찾기		• 교사가 먼저 영아와 지속적으로 눈맞춤할 때 영아는 교사와 눈을 맞추게 된다 눈맞춤을 통해 상대에 대한 인식을 가질 때 영아는 주변 환경 안에 있는 다양한 사물이나 특성으로 관심을 전환할 수 있다. 영아는 자신이 주의를 두고 있는 것과 교사가 사용하는 언어가 관계가 있을 때 그 언어에 의미를 두게 된다. 교사가 자주 영아가 관심 있어 하는 단어를 사용하여 의사소통할 때, 영아는 교사가 사용하는 언어에 관심을 두고 그것의 의미를 이해할 수 있게 된다.	
	교사의 발견		• 영아들이 공을 이용하여 자유롭게 놀이하던 중 우연히 방울공을 떨어뜨리거나, 공과 손 또는 공과 공을 부딪치면 소리가 나는 것을 발견하였을 때 반복하며 탐색하는 모습을 볼 수 있었다. 이러한 행동을 교사가 모방함으로써 자신의 행동이 가치 있음을 느끼고 반복하는 과정에서 재미를 경험하고 있다고 여겼다. • 교사와 또래 친구가 즐겁게 놀이하는 것을 살펴보다가 같은 공간으로 들어오거나 행동을 모방함으로써 함께 활동에 참여하며 상호작용하는 것을 볼 수 있었다.	
다음날 지원 계획			• 볼풀공 위에 앉아 엉덩이와 다리 등의 신체로 공을 느끼는 모습을 관찰하였다. 볼풀공의 양을 늘려 신체적으로 충분히 탐색해 보도록 해야겠다. • 부딪치며 소리 내는 것에 많은 흥미를 보이고 반복하여 실행하는 모습을 보였다. 영아들에게 제공할 수 있는 다양한 소리 교구 또는 안전하게 부딪치며 놀이를 할 수 있는 교구에 대해 고민해 보아야겠다. • 던지는 것에 대한 흥미를 보이는 모습이 관찰되어 공 이외에도 안전하게 던져 보며 탐색하고 놀이해 볼 수 있는 교구와 놀잇감에는 어떤 것들이 있을지 좀 더 생각해 보면 좋을 듯하다.	
반 운영 특이사항			※ 각 원의 학급 운영 시 특이사항을 기록하세요.	

<table>
<tr><td>영아
놀이활동
5</td><td>내 마음의 도화지를 꾸며요</td></tr>
</table>

놀이활동 계획

날 짜	5월 11일 월요일
참여대상	만 1세
놀이장소	보육실
놀이시간	9:30~9:50
놀이환경	• 교실 내에 놀잇감으로 크레용, 색연필이 준비되어 있다.
안전지도	• 크레용이나 색연필이 입이나 귀 등 영아의 신체에 들어가지 않도록 주의한다.
	• 크레용이나 색연필을 친구에게 던지지 않도록 주의한다.
놀이준비	• 전지, 개미 사진 자료, 열매 사진 자료, 봄 스티커를 미리 준비한다.
교사의 기 대	• 교실 공간에서 자연물 자료와 색칠도구를 탐색한다.
	• 자유롭게 끼적이기를 즐긴다.
이전 놀이 요 약	• 지난 산책 시간에 ★★이가 개미를 발견하고 교사에게 "개미."라고 말하며 공동주의를 발현하였다. 이에 다른 영아들도 관심을 보였으며 개미가 지나가는 것을 보고 만져 보려고 시도하기도 하였다.

놀이활동 기록

관찰하기

• ♥♥이는 교실 바닥에 붙어 있는 전지에 관심을 보이며 다가와 전지에 있는 개미 그림과 열매 그림을 바라본다. 그리고는 전지 위에 앉는다. 교사가 ♥♥이의 옆에 다가가 앉자 손가

락으로 전지에 붙어 있는 개미 그림을 가리키며 "개미, 개미."라고 한다.

• 교사도 개미 그림을 가리키며 "개미가 있네."라고 한다. ♥♥이는 전지 위에 앉아 개미를 가리키며 "개미 이셔."라고 하며 교사를 바라본다. 교사도 "개미 있어~"라고 하며 개미 그림을 가리킨다.

• ★★이가 전지 주변을 돌며 "이게 뭐야?"라고 한다. 교사는 손가락으로 개미를 가리키고 ★★이를 바라보며 "이게 뭐지?"라고 대답한다. ★★이가 "이거는 개미지!"라고 말한다.

• ★★이는 바구니에 있는 크레용을 꺼내어 바닥에 앉아 크레용 상자를 연다. 크레용을 꺼내어 개미 그림 주변에 끼적이기를 한다. 교사도 크레용으로 끼적이기를 한다.

• ♥♥이는 바구니에서 색연필을 꺼내 선을 그어 본다. 교사도 ♥♥이가 끼적인 것 근처에 선을 그어 본다.

  반응성 상호작용 전략: 아동의 세계로 들어가기

반응하기

• 전지 근처에 둘러앉아 크레용과 색연필을 가지고 놀이해 본다. 교사는 영아의 작은 행동, 소리에도 반응하며 상호작용한다.

• ♥♥이가 양손에 색연필을 하나씩 들고 "모라게쎠 여끼께셔." 하며 바닥에 색연필을 내려놓는다. 교사도 색연필을 양손에 들었다가 "여깄겠어." 하며 내려놓는다.

• ★★이가 크레용으로 끼적이기를 하다가 개미를 감싸는 동그라미를 그리고 자신이 끼적인 것을 가리키며 "빠방!"이라고 한다. 교사도 "빠방!" 하며 ★★이가 끼적인 것에 동그라미를 그려 본다.

• ♥♥이가 연두색 색연필을 손에 들고 "쪼쪼기가 여끼께셔." 하며 끼적이기를 한다. 교사도 "쪼쪼기가 여깄겠어." 하며 연두색 색연필을 들어 끼적여 본다.

• ★★이는 크레용을 손에 쥐고 동그라미를 끼적이며 "데굴데굴 데굴데굴."이라고 말한다. 교사도 ★★이의 앞으로 다가가 "데굴데굴~" 하며 동그라미를 그려 본다. ★★이가 "우와!

박수~" 하며 손뼉을 친다. 교사도 "박수~우와~" 하며 ★★이를 바라보고 웃는다. ★★이는 손에 들고 있던 크레용을 내려놓고 교사의 손에 있는 크레용을 바라본다. ★★이가 교사의 손에 있는 크레용을 바라보는 중에 ♥♥이는 색연필을 들고 "하뚜시네 하뚤~" 하며 끼적이기를 한다. 교사도 "하뚜~" 하며 끼적이기를 해 본다. ★★이는 교사의 손에 있는 크레용 쪽으로 손을 뻗으며 "아, 어, 자깐~ ★★이가 하께 줘 바." 한다. 교사는 "★★이가 할 거야?" 하며 크레용을 건넨다.

- ★★이가 "하트? 하트해." 하며 끼적이기를 한다. 교사가 "하트~하트해~"라고 한다. ★★이가 "하 보자!" 하며 자신이 끼적인 것을 가리킨다. 교사도 "해 보자!" 하며 ★★이가 가리킨 것을 가리킨다. ★★이는 "띠띠빠빵." 하며 끼적이기를 한다. 교사도 "띠띠빠빵." 하며 끼적이기를 해 본다. ★★이가 크레용을 교사에게 건네며 "선샘, 어떠하까?"라고 한다. 교사가 크레용을 받으며 "★★아, 어떡할까?"라고 한다. ★★이는 "이거." 하며 다른 색연필을 잡아 끼적이기를 한다.

- ♥♥이는 색연필 하나를 들어 "햄미니 거." 하며 교사에게 건넨다. 교사는 색연필을 받아 "선생님 거."라고 한다. ♥♥이는 색연필 하나를 더 들어 "햄미니 건데." 하며 손에 쥔다. 교사가 "그래, 햄미니 거."라고 하자 웃는다.

- ★★이가 끼적이기를 하다 색연필을 가리키며 "어, 이거 뽀도로네."라고 한다. 교사가 "어? 이거 뽀로로야?"라고 하자 ★★이가 "어."라고 한다. ★★이가 ♥♥이에게 "햄미니야, 이거 뽀도야? 뽀도?"라고 한다. ♥♥이가 뽀로로 색연필을 가리키며 "뽀로로 으르르 또네 떼이써."라고 한다.

- ★★이가 크레용을 손에 쥐고 콩콩콩 찍는다. 교사도 색연필로 콩콩콩 찍으니 ♥♥이도 색연필을 찍어 본다. ♥♥이가 색연필을 바닥으로 던진다. ★★이가 ♥♥이를 바라보더니 "아! 떤지 안 대, 아야 해."라고 한다. 교사가 "아야 해?" 하며 ★★이를 바라본다. ★★이가 교사를 바라보더니 다시 끼적이기를 한다. 양손으로 크레용을 쥐고 둥글게 끼적이기를 하더니 "짠!" 하며 팔을 벌린다. 교사도 "짠!" 하며 팔을 벌려 본다. ★★이는 "♥♥이가 돌렸지."하며 다시 둥글게 끼적이기를 해 본다. 교사도 둥글게 끼적이기를 해 본다. ★★이가 "에? 성미도 해떠?" 하며 교사가 끼적이기 한 것을 가리킨다. 교사가 "응, 선생님도 했어."라고 한다. ★★이는 자신이 한 끼적이기를 가리키며 "★★이도 해찌."라고 한다. ★★이가 한 번 더 둥글게 끼적이기를 하곤 "이제 다 했다."라고 하며 크레용을 내려놓는다.

- 교사도 "나도 다 했다."라고 말하며 크레용을 내려놓는다.

반응성 상호작용 전략: 아동의 행동과 의사소통 모방하기

비의도적 발성, 몸짓, 표정에 의미 있는 것처럼 반응하기

확장하기

- ★★이가 바구니에 있는 스티커를 보고 "어, 스티커네." 하며 다가가 스티커 하나를 꺼낸다. 스티커를 떼어 전지에 붙여 본다. 교사도 따라 스티커를 전지에 붙이며 놀이한다.
- ♥♥이는 색연필을 잡아 색연필 케이스에 넣고 있다. 색연필 3개를 손에 쥐고 케이스 안에 넣어 본다. "이 타 케 잡고대~"라고 한다.
- 교사가 "이렇게 잡고 태?" 하며 색연필을 다른 케이스에 넣어 본다. 색연필을 색연필 통에 다 넣자 "다 해서."라고 말하며 교사를 처다본다. 교사도 "다 했어." 하며 색연필 통을 보여 준다. ★★이는 스티커를 가리키며 "허! 성새미, 이거 뭐야?"라고 한다. 교사가 "어? 이게 뭐지?"라며 스티커를 하나 꺼내 바라본다. 스티커가 들어 있는 바구니를 무릎 위에 올려 스티커를 만지며 살펴본다. 하나 떼어 교사에게 건넨다. 교사가 "고마워."라고 하며 받는다. ★★이가 다시 스티커를 하나 떼어 교사의 얼굴 쪽으로 손을 뻗는다. 교사가 다가가자 교사의 볼에 스티커 하나를 붙인다. 교사가 "고마워."라고 하며 ★★이의 손에 스티커를 하나 붙여 준다. ★★이는 다시 스티커가 든 바구니를 살펴본 후 스티커를 떼어 자기 손에 붙인다.

반응성 상호작용 전략: 아동이 즐거워하는 행동 반복하기

교사의 발견

- 영아들은 전지에 붙어 있는 개미, 열매 및 자연물 자료와 크레용, 색연필, 스티커를 능동적으로 탐색하며 놀이하였다. 전지에 크레용과 색연필로 끼적이기, 찍기, 비비기 등 다양한 방법으로 놀이하는 모습을 볼 수 있었다. 영아 스스로 선택한 방법을 교사가 따라 하며 상호작용하는 것에 즐거움을 느끼는 모습이었다.
- 교사가 영아의 말에 반응해 주니 다양한 어휘를 사용하고 말을 더 많이 하려는 능동성을 보였다.

- ★★이는 교사와 상호작용하며 끼적이기를 하고 스티커를 붙이는 등 교사와 함께 놀이하는 것에 대한 즐거움을 갖고 있는 모습이었다. ♥♥는 끼적이기보다 색연필을 넣고 빼고 굴리는 놀이에 더 흥미를 보였다. 색연필을 색연필 통에 다 넣자 "다 해서."라고 하며 성취감을 갖는 모습을 보였다.
- 교사가 도와주지 않아도 영아 스스로 노력해 문제해결을 시도해 보고 해결해 나갈 수 있다는 것을 발견하였다.

놀이활동 평가

놀이주제

- 내 마음의 도화지를 꾸며요

발견 목표

- 색칠도구 및 꾸미기 재료를 탐색할 수 있다.
- 선호하는 손으로 색칠도구를 이용하여 끄적일 수 있다.
- 교사, 또래에게 나의 행동에 대하여 이야기할 수 있다.

교육과정 관련 요소

- 예술경험 > 창의적으로 표현하기 > 감각을 통해 미술을 경험한다.
- 의사소통 > 읽기와 쓰기에 관심 가지기 > 끼적이기에 관심을 가진다.

반응성 상호작용 전략 적용

- 관찰하기: 아동의 세계로 들어가기
- 반응하기: 아동의 행동과 의사소통 모방하기/비의도적 발성, 몸짓, 표정에 의미 있는 것처럼 반응하기
- 확장하기: 아동이 즐거워하는 행동 반복하기

중심축 행동 목표

- 공동주의, 의도적 의사소통

중심축 행동 의미 찾기

• 영아는 비언어적인 단서를 통해 느낌이나 사물, 행동을 표현하는 단어와 문장을 이해한다

영아는 느낌, 관찰 내용, 사물, 행동을 표현하는 단어와 문장을 이해하기 위하여 맥락과 비언어적 단서를 통하여 언어에 담긴 의미를 배운다. 언어에 담긴 의미를 얼마나 잘 파악하고 판단하는가는 상대방이 감정을 드러내는 얼굴 표정이나 응시와 같은 단서, 주의를 주기 위한 지시와 몸짓, 우리와 관련된 것을 직접적으로 표현하는 데 단어를 얼마나 효과적으로 사용하는가에 달려 있다. 영아는 단어를 배우는 데 교사의 몸짓, 응시, 미소, 목소리, 억양 그리고 문장의 반복에 따라 영향을 받는다.

놀이 지원 및 다음 놀이 계획

• 영아는 끼적이기에 많은 흥미가 있었다. 색연필, 크레용 이외에도 보드마커, 사인펜 등 다양한 재료를 준비해 주어야겠다.

• 추후 영아가 가장 흥미로워하고 관심 있는 분야의 사진 자료를 인쇄해 영아 스스로 풀로 붙일 수 있도록 제공하려 한다.

놀이활동 흐름 도표

놀이환경

교실 내에 놀잇감으로 크레용, 색연필이 준비되어 있다.

관찰

교실 바닥에 있는 전지와 개미 사진에 관심을 가지고 쳐다본다.

반응

개미 사진에 관심을 보이며 색연필을 가지고 와서 그림을 그린다.

교사의 발견

- 영아는 놀이환경을 스스로 탐색하고 스스로 선택한 방법으로 시도하며, 교사가 따라 하며 상호작용하는 것에 즐거움을 느끼는 모습이었다.
- 교사의 반응에 영아는 더욱 다양한 어휘를 사용하고 말을 더 많이 하려는 능동성을 보였다.
- 교사가 도와주지 않아도 영아 스스로 노력해 문제해결을 시도해 보고 해결해 나갈 수 있다는 것을 발견하였다.

확장

다양한 재료에 관심을 보이며 새로운 재료를 가지고 교사와 상호작용하며 놀이한다.

반응

- 색연필을 가지고 다양한 소리를 내며 놀이하고, 색연필의 용도대로 끄적이며 놀이한다.
- 다양한 방법을 이용하여 미술도구를 사용한다.

■ 영아 놀이활동 5의 「일일 놀이활동일지」

놀이활동일지(만 1세)

날짜	5월 11일 월요일	날씨	맑음

통합보육	등원(: ~ :) ※ 각 원의 일정에 맞춰 기록하세요.	하원(: ~ :) ※ 각 원의 일정에 맞춰 기록하세요.

일과(시간)		계획 및 실행
일상생활	간식 (: ~ :)	※ 각 원의 일정에 맞춰 기록하세요.
	점심 식사 (: ~ :)	※ 각 원의 일정에 맞춰 기록하세요.
	낮잠 및 휴식 (: ~ :)	※ 각 원의 일정에 맞춰 기록하세요.
활동(: ~ :)		※ 각 원의 일정에 맞춰 기록하세요.
놀이	실내놀이 (: ~ :)	**이전 놀이**
		• 지난 산책 시간에 ★★이가 개미를 발견하고 교사에게 "개미."라고 말하자 다른 영아들도 관심을 보였으며, 개미가 지나가는 것을 보고 만져 보려고 시도하기도 하였다.
		놀이준비
		• 전지, 개미 사진 자료, 열매 사진 자료, 봄 스티커를 미리 준비한다.
		놀이주제
		• 내 마음의 도화지를 꾸며요
		관찰
		• ♥♥이는 교실 바닥에 붙어 있는 전지에 관심을 보이며 다가와 전지에 있는 개미 사진과 열매 사진을 바라보고 앉는다. 교사가 ♥♥이의 옆에 다가가 앉자 손가락으로 전지에 붙어 있는 개미 사진을 가리키며 "개미이셔."라고 하며 교사를 바라본다. 교사도 "개미 있어~"라고 하며 개미 그림을 가리킨다. • ♥♥이는 바구니에서 색연필을 꺼내 선을 그어 본다.	• 아동의 세계로 들어가기
		반응
		• ♥♥이가 양손에 색연필을 하나씩 들고 "모라게써 여끼께서." 하며 바닥에 색연필을 내려놓는다. 교사도 색연필을 양손에 들었다가 "여깄겠어." 하며 내려놓는다. 연두색 색연필을 손에 들고 "쪼쪼기가 여끼께서." 하며 끼적이기를 한다. 교사도 "쪼쪼기가 여깄겠어." 하며 연두색 색연필을 들어 끼적여 본다.	• 아동의 행동과 의사소통 모방하기 • 비의도적 발성, 몸짓, 표정에 의미 있는 것처럼 반응하기

놀이			• ★★이는 크레용을 손에 쥐고 동그라미를 끼적이며 "데굴데굴 데굴데굴."이라고 말한다. 교사도 ★★이의 앞으로 다가가 "데굴데굴~" 하며 동그라미를 그려 본다.		
		확장	• ♥♥이는 색연필을 잡아 색연필 케이스에 넣고 있다. 색연필 3개를 손에 쥐고 케이스 안에 넣어 보며 "이 타 케 잡고태~"라고 한다. 교사가 "이렇게 잡고태?" 하며 색연필을 다른 케이스에 넣어 본다. 이를 반복하였다.		• 아동이 즐거워하는 행동 반복하기
	바깥놀이 (: ~ :)		• 개미를 발견하고 개미처럼 줄지어 이동해 보는 놀이를 하였다.		
	발견 목표		• 색칠도구 및 꾸미기 재료를 탐색할 수 있다. • 선호하는 손으로 색칠도구를 이용하여 끼적일 수 있다. • 교사, 또래에게 나의 행동에 대하여 이야기할 수 있다.		
	교육과정 관련 요소		• 예술경험 > 창의적으로 표현하기 > 감각을 통해 미술을 경험한다. • 의사소통 > 읽기와 쓰기에 관심 가지기 > 끼적이기에 관심을 가진다.		
	중심축 행동		• 공동주의, 의도적 의사소통		
	중심축 행동 의미 찾기		• 영아는 비언어적인 단서를 통해 느낌이나 사물, 행동을 표현하는 단어와 문장을 이해한다 영아는 느낌, 관찰 내용, 사물, 행동을 표현하는 단어와 문장을 이해하기 위하여 맥락과 비언어적 단서를 통하여 언어에 담긴 의미를 배운다. 언어에 담긴 의미를 얼마나 잘 파악하고 판단하는가는 상대방이 감정을 드러내는 얼굴 표정이나 응시와 같은 단서, 주의를 주기 위한 지시와 몸짓, 우리와 관련된 것을 직접적으로 표현하는 데 단어를 얼마나 효과적으로 사용하는가에 달려 있다. 영아는 단어를 배우는 데 교사의 몸짓, 응시, 미소, 목소리, 억양 그리고 문장의 반복에 따라 영향을 받는다.		
놀이	교사의 발견		• 영아들은 전지에 붙어 있는 개미, 열매 및 자연물 자료와 크레용, 색연필, 스티커를 능동적으로 탐색하며 놀이하였다. 영아 스스로 선택한 방법을 교사가 따라 하며 상호작용하는 것에 즐거움을 느끼는 모습이었다. • 교사가 영아의 말에 반응해 주니 다양한 어휘를 사용하고 말을 더 많이 하려는 능동성을 보였다. • 교사가 도와주지 않아도 영아 스스로 노력해 문제해결을 시도해 보고 해결해 나갈 수 있다는 것을 발견하였다.		
	다음날 지원 계획		• 영아는 끼적이기에 많은 흥미가 있었다. 색연필, 크레용 이외에도 보드마커, 사인펜 등 다양한 재료를 준비해 주어야겠다. • 추후 영아가 가장 흥미로워하고 관심 있는 분야의 사진 자료를 인쇄해 영아 스스로 풀로 붙일 수 있도록 제공하려 한다.		
	반 운영 특이사항		※ 각 원의 학급 운영 시 특이사항을 기록하세요.		

영아
놀이활동
6

동물 친구야~ 너는 누구니?

놀이활동 계획

날 짜	5월 12일 화요일
참여대상	만 1세
놀이장소	보육실
놀이시간	16:00~16:20
놀이환경	• 보육실에 동물 인형, 소꿉놀잇감 등이 준비되어 있다.
안전지도	• 교사는 영아가 동물 인형을 사람에게 던지지 않도록 주의 관찰한다.
놀이준비	• 교사는 영아가 동물놀이를 즐길 수 있도록 미리 놀잇감을 준비한다.
교 사 의 기 대	• 영아는 여러 가지 동물 인형을 탐색한다. • 동물 인형을 이용해 다양한 놀이를 할 수 있다.
이전 놀이 요 약	• 영아들은 교실 안에 있는 놀잇감을 자유롭게 탐색하며 놀이하는 것을 즐거워하며 친구들이 놀이하는 장난감에도 관심을 보이고 놀이를 시작하였다. • ○○이의 부모님께 ○○이가 주말 동안 동물원에 갔다 왔다고 전해 들었다.

놀이활동 기록

관찰하기

• ○○이와 △△가 동물 인형 놀잇감을 만지작거리며 동물 인형을 잡았다가 놓았다가 하며 관심을 보인다. 교사가 ○○이와 △△의 옆에 앉아 눈을 맞추자 웃으며 동물 인형을 들어 교사에게 내밀어 보여 준다. 교사는 웃으며 바라본다.

- △△가 "이게 뭐지? 이게 뭘까?" 하며 말 모형 놀잇감을 들고 교사에게 보여 주며 교사의 주의를 끌고 말 모형 놀잇감을 만지작거리다가 다시 내려놓는다. 교사도 함께 말 모형 놀잇감을 만지작거리며 "이게 뭘까~" 하자 △△가 "뭐지~?"라고 말한다.
- △△가 말 모형 놀잇감을 손에 들고는 교사를 한 번 바라보고는 말 모형을 좌우로 이리저리 흔들고 멈추고, 흔들고 멈추기를 반복한다. 교사도 말 모형을 흔들고 멈추기를 반복하자 ○○이가 바라보고 있다가 똑같이 모방하며 고릴라 모형을 좌우로 이리저리 흔들다가 멈춘다.
- △△가 말 모형을 책상 위에 세워 놓고 "아하하." 하고 소리 내어 웃고는 교사와 눈을 맞춘다. 교사도 자세를 낮추어 △△의 눈을 맞추며 "아하하." 하고 웃어 본다. ○○이가 동물 인형을 종류대로 하나씩 모두 집어 동물의 머리나 다리, 꼬리, 뿔 등의 부분들을 손으로 천천히 쓰다듬으며 만져 보고 탐색하기를 즐기고는 교사에게 동물 인형을 내밀어 보여 준다.
  반응성 상호작용 전략: 아동의 세계로 들어가기

반응하기

- △△가 말 인형을 좌우로 이리저리 흔들고 멈추고 흔들고 멈추기를 반복하다 교사와 눈을 맞추며 미소를 짓는다. 교사가 △△의 행동대로 흔들고 멈추는 행동, 소리 내어 웃는 목소리, 교사와 눈을 맞추며 웃는 표정 등 영아의 행동에 반응한다.
- △△가 동물 인형을 하나씩 손에 들고 교사에게 보여 주며 눈을 맞추었다가 바닥에 툭 떨어뜨린다. 교사도 즉시 동물 인형을 손에 들고 바닥에 툭 떨어뜨린다. 그러자 △△가 소리 내어 웃는다.
- ○○이가 고릴라 인형을 들고는 교사를 바라보며 고릴라의 눈을 쓰다듬는다. 교사가 미소를 지으며 ○○이와 함께 고릴라의 눈을 쓰다듬으며 ○○이와 눈을 맞추자 ○○이가 교사를 바라보며 미소를 짓는다. ○○이가 양 인형을 꺼내 들고는 교사를 한 번 힐끔 본다. 교사가 그 즉시 똑같이 생긴 양 인형을 찾아 손에 들자 ○○이가 미소를 보였고, 교사도 눈을 맞추며 함께 미소를 짓는다.

- ○○이가 양 인형의 꼬리 부분을 손가락으로 쓰다듬듯이 만진다. 교사가 양 인형의 꼬리 부분을 손가락으로 쓰다듬으며 ○○이의 눈을 맞춘다. ○○이가 교사의 따라 하는 행동을 보고는 미소를 보인다.
- ○○이가 하마 인형을 들고는 교구장 위에 "쿵" 하고 내려놓았다가 다시 들어서 그 옆의 교구장 위에 "쿵" 하고 올려놓으며 인형을 움직인다. 교사도 ○○이가 가는 방향대로 하마 인형을 들고 "쿵" 하며 함께 교구장 위에 인형을 올려놓고 움직여 본다.
- ○○이가 하마 인형을 바구니에 내려놓고는 코끼리 인형을 손에 들고 코끼리 코를 손으로 만지작거리며 이리저리 구부려 움직여 본다. 교사도 하마 인형을 바구니에 내려놓고 코끼리 인형을 손으로 들어 코끼리 코를 만지작거린다.
- ○○이가 코끼리 코를 자신의 목, 얼굴에 살짝 대어 코끼리 코로 얼굴을 쓰다듬듯이 움직인다. 교사도 바로 코끼리 코를 ○○이와 같이 얼굴과 목에 대어 보며 ○○이의 행동을 모방해 준다. ○○이가 모방하는 교사의 행동을 보고는 미소를 짓는다. 그러고는 바구니를 뒤적이다가 "어?" 하며 강아지 인형을 꺼낸다. 교사도 함께 "어?" 하며 강아지 인형을 찾아 꺼낸다. ○○이가 강아지 인형을 거꾸로 뒤집어 들고는 강아지의 꼬리를 만지작거리며 꼬리를 손으로 잡고 흔든다. 교사도 강아지 꼬리를 만지고 흔들어 보며 ○○이의 행동을 모방한다.
- ○○이가 하마 인형을 손에 들고 하마 인형을 자신의 머리 위로 올리고 웃어 본다. 교사가 하마 인형을 머리 위에 올리고 ○○이를 쳐다보니 ○○이가 "우하하." 하며 소리 내어 웃는다. ○○이가 하마 인형을 머리 위에 올리고 있다가 손을 떼어 하마 인형을 바닥으로 툭 떨어뜨린다. 교사도 ○○이처럼 하마 인형에서 손을 떼고는 머리 위에서 바닥으로 툭 떨어뜨린다. ○○이가 "어? 하하하." 하고 소리 내어 웃고는 바닥에 떨어진 하마 인형을 다시 줍는다. 교사도 "어? 떨어졌네~" 하고 함께 웃으며 하마 인형을 다시 줍는다. ○○이가 다른 동물 인형을 머리 위에 올려놓았다가 중심을 잃고 바닥에 떨어뜨리는 행동을 반복하며 즐긴다.

  반응성 상호작용 전략: 아동의 행동과 의사소통 모방하기
  　　　　　　　　　아동의 방식대로 행동하기

확장하기

- △△가 동물 인형을 손으로 흔들며 놀이하다가 "어? 잠깐!" 하며 자리에서 일어난다. 교사가 "응~ 잠깐~" 하고 잠시 기다린다. △△가 아기 인형을 하나 가지고 오며 "짜아안!" 한다.

- 교사가 "짠~ 아기 인형이네." 하며 아기 인형을 본다. △△가 아기 인형을 말 모형 위에 올리고 앉히는 자세를 해 보며 "자~ 세워 보까~" 한다. 교사도 아기 인형을 하나 가지고 와서 "아기 세워 볼까~" 하고 말 인형 위에 아기 인형을 앉히는 시늉을 한다. △△가 아기 인형을 말 인형 위에 앉히고 손으로 잡은 후 교사의 행동을 확인한다. 교사는 △△와 마주 볼 수 있는 위치로 이동하여 영아의 행동을 그대로 모방해 준다.

- △△가 아기 인형을 앉히다 말 인형이 옆으로 기우뚱하고 쓰러지자 "어? 쓰러졌다!" 하고 외친다. 교사가 "어~ 쓰러져 버렸네~" 하자 △△이는 다시 한번 아기 인형을 말 인형 위에 앉힌다. △△의 아기 인형과 말 인형이 옆으로 기울어지며 다시 쓰러지자 "어? 넘어졌다!" 하며 속상한 표정을 짓는다. 교사도 "아이쿠, 넘어져 버렸네~" 하며 속상한 표정을 지어 본다.

- ○○이가 강아지 인형을 들고는 자리에서 일어나 언어 영역으로 뛰어가 인형을 쿠션 위에 놓는다. 교사가 ○○이를 따라 언어 영역으로 가서 쿠션 위에 강아지 인형을 올려놓으며 ○○이와 얼굴을 마주 본다. ○○이가 교사와 눈을 맞추고 까르르 소리 내어 웃고는 강아지 인형을 언어 영역 매트 위에 올려놓고 강아지 인형을 움직이는 시늉을 한다. 교사가 ○○이와 같이 강아지 인형을 매트 위에 올려놓고 강아지 인형을 움직인다. ○○이가 웃으며 다시 자리에서 일어나 강아지 인형을 들고 바구니 있는 쪽으로 달려간다. 교사가 ○○이를 따라 바구니 있는 쪽으로 빠른 걸음으로 쫓아가 마주 보고 앉는다. ○○이가 교사의 행동을 확인하고 웃으며 강아지 인형을 들고 이리저리 움직여 보며 놀이한다.

  반응성 상호작용 전략: 아동이 즐거워하는 행동 반복하기

교사의 발견

- 영아들은 동물 인형 놀잇감에 스스로 관심을 보이며 만지작거리면서 촉감을 활용해 능동적으로 탐색하였고, 즐거운 행동을 여러 번 반복하며 놀이를 확장해 나갔다.

- 교사는 영아들이 충분히 탐색할 수 있도록 하며 영아들의 행동을 관찰하고 영아가 동물 인형으로 놀이 방식을 주도하여 선택할 수 있도록 하였고, 영아의 행동을 그대로 모방해 주고 영아의 작은 소리에도 함께 따라 하며 놀이를 즐겼다.
- 영아는 자신의 행동을 따라 하는 교사의 행동에 즐거워하며 소리 내어 웃거나 미소를 보였으며, 교사와 눈을 맞추고 교사가 자신의 행동을 모방하는지 확인하며 놀이를 주도해 가는 모습을 보였다.

놀이활동 평가

놀이주제

- 동물 친구야~ 너는 누구니?

발견 목표

- 다양한 감각을 가지고 물체를 탐색할 수 있다.
- 모방하는 행동을 인식하고 반복할 수 있다.

교육과정 관련 요소

- 신체운동 > 감각과 신체 인식하기 > 감각적 자극에 반응한다.
- 사회관계 > 더불어 생활하기 > 다른 사람의 감정과 행동에 관심을 가진다.
- 예술경험 > 창의적으로 표현하기 > 모방행동을 즐긴다.

반응성 상호작용 전략 적용

- 관찰하기: 아동의 세계로 들어가기
- 반응하기: 아동의 행동과 의사소통 모방하기/아동의 방식대로 행동하기
- 확장하기: 아동이 즐거워하는 행동 반복하기

중심축 행동 목표

- 탐색, 공동주의

중심축 행동 의미 찾기

• 교사가 영아에게 세심한 주의를 기울일 때 영아는 교사에게 주의를 기울인다

교사가 영아에게 세심한 주의를 기울일 때 영아는 교사에게 주의를 기울인다. 교사가 영아가 흥미 있어 하는 활동이나 행동에 주의를 기울이면, 마찬가지로 영아도 교사에게 주의를 주고 협력하게 된다. 영아가 새로운 기술을 학습하는 데 있어 선행조건은 함께 상호작용하는 어른에게 주의를 기울이는 것이다. 영아가 흥미로워하는 활동을 하는 중에 교사에게 성공적으로 주의를 기울인다면, 흥미가 떨어지는 상황에서도 교사에게 주의를 잘 기울이게 될 것이다.

놀이 지원 및 다음 놀이 계획

• 영아들이 동물 인형을 다양한 방법으로 움직이는 데 흥미를 보이며 반복놀이를 즐기는 모습이었다. 영아들이 좀 더 활동적으로 동물 인형을 움직이며 놀이하고 동물 흉내를 내며 놀이를 할 수 있도록 지지해 주며 모방놀이를 함께 즐겨 보아야겠다.

• 특히 동물을 통해 감각에 대한 흥미를 많이 보여 다양한 감각놀이를 할 수 있도록 지원해야겠다.

놀이활동 흐름 도표

놀이환경

보육실에 동물 인형, 소꿉놀잇감 등이 준비되어 있다.

관찰

동물 인형이 담긴 바구니에 관심을 보인다. 영아가 동물 인형을 손에 들고 "이게 뭘까~" 하고 만지작거리며 언어로 관심을 표현한다.

반응

영아들이 책상 위에 동물 인형 인형을 올려놓고 하나씩 집었다가 내려놓으며 놀이를 한다.

교사의 발견

- 영아는 놀이환경 이외에 다른 장난감을 선택해 가지고 와서 점점 더 활동적으로 몸을 움직이고 반복하며 놀이를 확장해 나갔다.
- 영아는 아직 또래 친구와 소통하며 놀이하기는 어렵지만, 교사와 단순한 행동을 모방하고 반복하며 즐거움을 느끼고, 교사가 자신의 행동을 모방하는지 확인하며 놀이를 주도해 가는 모습을 보였다.

확장

아기 인형을 말 인형에 태워 보거나 동물 인형을 들고 신체를 움직이며 더 활동적으로 반복놀이를 한다.

반응

- 동물 인형을 손에 들고 좌우로 흔들면서 바닥에 툭 떨어뜨리며 놀이한다.
- 동물 인형을 손으로 쓰다듬으며 감각으로 탐색하고 동물 인형을 이리저리 움직이는 시늉을 하며 놀이한다.

■ 영아 놀이활동 6의 일일 놀이활동일지

놀이활동일지(만 1세)

날짜	5월 12일 화요일		날씨	맑음
통합보육	등원(　:　~　:　)　　　　　 ※ 각 원의 일정에 맞춰 기록하세요.		하원(　:　~　:　) ※ 각 원의 일정에 맞춰 기록하세요.	
일과(시간)	계획 및 실행			
일상 생활	간식 (　:　~　:　)	※ 각 원의 일정에 맞춰 기록하세요.		
	점심 식사 (　:　~　:　)	※ 각 원의 일정에 맞춰 기록하세요.		
	낮잠 및 휴식 (　:　~　:　)	※ 각 원의 일정에 맞춰 기록하세요.		
활동(　:　~　:　)	※ 각 원의 일정에 맞춰 기록하세요.			
놀이	실내놀이 (　:　~　:　)	이전 놀이	• 영아들은 교실 안에 있는 놀잇감을 자유롭게 탐색하며 놀이하는 것을 즐거워하며 친구들이 놀이하는 장난감에도 관심을 보이고 놀이를 시작하였다. • ○○이는 주말 동안 동물원에 갔다 왔다고 한다.	
		놀이준비	• 교사는 영아가 동물놀이를 즐길 수 있도록 미리 놀잇감을 준비한다.	
		놀이주제	• 동물 친구야~ 너는 누구니?	
		관찰	• △△가 말 인형을 손에 들고 교사를 한 번 바라보고는 말 인형을 좌우로 이리저리 흔들고 멈추고, 흔들고 멈추기를 반복한다. • △△가 말 인형을 책상 위에 세워 놓고 "아하하." 하고 소리 내어 웃고는 교사와 눈을 맞춘다. ○○이가 동물 인형을 종류대로 하나씩 모두 집어 동물의 머리나 다리, 꼬리, 뿔 등의 부분들을 손으로 천천히 쓰다듬으며 만져 보고 교사에게 동물 인형을 내밀어 보여 준다.	• 아동의 세계로 들어가기
		반응	• △△가 말 인형을 좌우로 이리저리 흔들고 멈추고 흔들고 멈추기를 반복하며 교사와 눈을 맞추고 미소를 짓는다. 교사가 △△의 행동대로 흔들고 멈추는 행동, 소리 내어 웃는 목소리, 교사와 눈을 맞추며 웃는 표정 등 영아의 행동에 반응한다. • △△가 동물 인형을 하나씩 손에 들고 교사에게 보여 주며 눈을 맞추었다가 바닥에 툭 떨어뜨린다. 교사도 즉시 동물 인형을 손에 들고 바닥에 툭 떨어뜨린다. 그러자 △△가 소리 내어 웃는다.	• 아동의 행동과 의사소통 모방하기 • 아동의 방식대로 행동하기

놀이			• ○○이가 고릴라 인형을 들고는 교사를 바라보며 고릴라의 눈을 쓰다듬는다. 교사가 미소를 지으며 ○○이와 함께 고릴라의 눈을 쓰다듬으며 ○○이와 눈을 맞추자 ○○이가 교사를 바라보며 미소를 보인다.	
		확장	• △△가 아기 인형을 하나 가지고 오며 "짜아안!" 한다. 교사가 "짠~ 아기 인형이네." 하며 아기 인형을 본다. 아기 인형, 말 인형을 세우고 쓰러지는 행동에 대하여 그대로 모방해 주었더니 교사의 행동을 확인하고 웃으며 강아지 인형을 들고 이리저리 움직여 보며 놀이한다.	• 아동이 즐거워하는 행동 반복하기
	바깥놀이 (: ~ :)	• 산책하다가 새 소리를 듣고는 "무슨 소리지?"라고 말하며 둘러보다가 새를 발견하고는 "째째."라고 하며 영아들이 함께 관심을 가졌다.		
	발견 목표	• 다양한 감각을 가지고 물체를 탐색할 수 있다. • 모방하는 행동을 인식하고 반복할 수 있다.		
	교육과정 관련 요소	• 신체운동 > 감각과 신체 인식하기 > 감각적 자극에 반응한다. • 사회관계 > 더불어 생활하기 > 다른 사람의 감정과 행동에 관심을 가진다. • 예술경험 > 창의적으로 표현하기 > 모방행동을 즐긴다.		
	중심축 행동	• 탐색, 공동주의		
	중심축 행동 의미 찾기	• 교사가 영아에게 세심한 주의를 기울일 때 영아는 교사에게 주의를 기울인다 교사가 영아에게 세심한 주의를 기울일 때 영아는 교사에게 주의를 기울인다. 교사가 영아가 흥미 있어 하는 활동이나 행동에 주의를 기울이면, 마찬가지로 영아도 교사에게 주의를 주고 협력하게 된다. 영아가 새로운 기술을 학습하는 데 있어 선행조건은 함께 상호작용하는 어른에게 주의를 기울이는 것이다. 영아가 흥미로워하는 활동을 하는 중에 교사에게 성공적으로 주의를 기울인다면, 흥미가 떨어지는 상황에서도 교사에게 주의를 잘 기울이게 될 것이다.		
	교사의 발견	• 영아들은 동물 인형 놀잇감에 스스로 관심을 보이며 만지작거리면서 촉감을 활용해 능동적으로 탐색하였고, 즐거운 행동을 여러 번 반복하며 놀이를 확장해 나갔다. • 교사는 영아들이 충분히 탐색할 수 있도록 하며 영아들의 행동을 관찰하고 영아가 동물 인형으로 놀이 방식을 주도하여 선택할 수 있도록 하였고, 영아의 행동을 그대로 모방해 주고 영아의 작은 소리에도 함께 따라 하며 놀이를 즐겼다. • 영아는 자신의 행동을 따라 하는 교사의 행동에 즐거워하며 소리 내어 웃거나 미소를 보였으며, 교사와 눈을 맞추고 교사가 자신의 행동을 모방하는지 확인하며 놀이를 주도해 가는 모습을 보였다.		
다음날 지원 계획		• 영아들이 동물 인형을 다양한 방법으로 움직이는 데 흥미를 보이며 반복놀이를 즐기는 모습이었다. 영아들이 좀 더 활동적으로 동물 인형을 움직이며 놀이하고 동물 흉내를 내며 놀이를 할 수 있도록 지지해 주며 모방놀이를 함께 즐겨 보아야겠다. • 특히 동물을 통해 감각에 대한 흥미를 많이 보여 다양한 감각놀이를 할 수 있도록 지원해야겠다.		
반 운영 특이사항		※ 각 원의 학급 운영 시 특이사항을 기록하세요.		

영아 놀이활동 7 물감으로 콩콩콩

놀이활동 계획

날　　짜	5월 13일 수요일
참여대상	만 1세
놀이장소	보육실
놀이시간	10:00~10:20

놀이환경
- 도화지, 수채화 물감, 물감 접시, 스펀지, 색연필, 가족 사진이 붙은 종이 접시가 준비되어 있다.

안전지도
- 영아가 물감이나 색연필을 입에 대거나 먹지 않도록 주의한다.

놀이준비
- 교사는 미리 미술 재료들을 준비하여 접시에 물감을 짜 놓고 환경을 구성해 놓는다.

교 사 의 기　　대
- 영아가 물감과 다양한 미술 재료를 탐색한다.
- 물감을 이용하여 다양한 방법으로 표현하며 놀이를 즐긴다.

이전 놀이 요　　약
- 교사가 그림을 그려 주는 것을 재미있어하며 요구가 많아지는 것을 관찰할 수 있었다.
- 교실에는 색연필만 준비되어 있었고, 최근 아이들이 그리기 도구에 관심이 많아졌다.

놀이활동 기록

관찰하기

- ○○가 교사를 바라보며 "우와, 이게 뭐야?" 하며 색연필을 손에 들고 교사에게 보여 주며 눈을 맞추고 미소를 짓는다. △△가 색연필을 공중에 동그랗게 반복해서 그리는 시늉을 하고 "그려됴! 그려됴!" 하며 교사를 바라본다. 교사가 "그려됴~" 하고 웃으며 △△를 바라보고 색연필을 들어 △△의 행동을 따라 한다. ○○가 노란 물감이 담긴 접시를 들고 스펀지 하나를 접시 위에 콩콩 물감을 찍어 도화지 위에 도장을 찍듯 두드리기 시작한다. ○○가 노란색 물감을 스펀지로 콩콩 도화지에 찍다가 멈추고 교사를 바라보며 웃으며 "노란색!" 하고 외친다.

- △△가 색연필을 교사에게 내밀며 "루피, 뽀로로! 그려됴!" 한다. 교사가 "뽀로로~" 하며 △△와 눈을 맞추자 "선생님이가! 그려됴~" 하며 색연필을 내밀어 보인다.

- □□가 가족 사진이 붙어 있는 종이 접시를 들고 바라보다가 색연필을 여러 개 꺼내어 손에 쥐고 이리저리 돌리며 탐색한다.

  반응성 상호작용 전략: 아동의 행동 관찰하기

반응하기

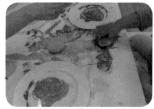

- 영아들이 스펀지에 물감을 묻혀 도화지에 두드리고 문지르며 놀이한다.

- ○○가 노란 물감이 담긴 접시를 한 손에 들고 다른 한 손에 스펀지를 잡고 스펀지에 물감을 묻힌다. 물감이 묻은 스펀지를 한 번 바라보고는 도화지에 콩콩 두드리며 반복해서 물감 도장을 찍어 본다. 교사도 스펀지에 물감을 묻혀 도화지에 콩콩 두드리며 행동을 반복한다.

- ○○가 잠시 물감을 두드리는 것을 멈추고 교사의 물감 자국을 힐끗 보고는 다시 스펀지로 물감 두드리기를 반복한다. 물감을 두드리다 멈추고는 두 손을 들며 웃으면서 "노란색!" 하고 외치며 교사를 바라본다. 교사도 ○○를 보고 웃으며 "노란색! 노란색이다~" 하고 말한다.

- △△가 색연필을 들고 교사에게 내밀며 "그려됴! 그려됴!" 한다. 교사가 "그려됴~" 하고 말을 따라 하며 △△를 보고 미소를 짓자 △△가 "아니, 선생님이가~" 한다. 교사가 "△△가 ~" 하며 웃자 △△가 "아아, 선생님이가!" 한다. 교사가 "선생님이가~" 하자 △△이가 웃으면서 색연필로 도화지 위에 동그라미를 그리며 끼적인다. 교사도 색연필로 함께 동그라미

를 그리며 끼적인다.

- ○○가 스펀지를 두드리면서 "딱딱딱~ 딱딱딱~" 하며 두드리는 소리를 입으로 내고, 교사도 ○○와 똑같은 소리를 모방하며 함께 물감놀이를 이어 간다.
- 분홍색 물감으로 놀이하던 △△가 스펀지를 잡은 손을 뻗어 멀리 있는 물감 접시를 가리키며 "파란색 파란색." 한다. 교사가 "파란색~" 하며 △△의 눈길을 따라 살펴보고 노란색 물감 접시를 손으로 잡자 △△가 "어~ 파란색!" 하며 손을 내민다. 교사가 파란색 물감이 담긴 접시를 △△의 앞으로 가져다주자 스펀지로 파란색 물감을 바르며 다시 도화지 위에 물감을 콩콩 찍는다.
- 물감 접시를 손에 들고 놀이하던 ○○가 접시를 교사에게 내밀며 "선생님! 더 줘!" 한다. 교사가 "물감 더 짜 줄게." 하며 초록색 물감을 접시 위에 더 짜 준다. ○○가 웃으며 다시 물감을 스펀지에 잔뜩 묻히고 놀이를 이어 간다.

  반응성 상호작용 전략: 아동의 행동과 의사소통 모방하기

  아동의 방식대로 행동하기

확장하기

- ○○가 스펀지를 내려놓고 도화지 위에 묻은 물감을 검지로 만져 보고 손가락에 묻은 물감을 바라본다. 교사에게 물감 묻힌 손가락을 쫙 펴서 보여 준다. 교사도 물감이 묻은 손을 똑같이 쫙 펴서 보여 주며 함께 웃는다. 영아가 손가락에 묻힌 물감을 바라보다 스펀지를 내려놓고 손바닥에 물감을 바르고 물감을 이용해 손바닥과 손가락으로 그림을 그리며 놀이한다.
- ○○가 손가락에 묻은 물감을 가만히 보고 있다가 물감 접시를 손에 들고 자신의 물감 접시에 손바닥을 펼쳐 맞대고는 손바닥을 문질러 물감을 바른다. 초록색으로 물든 자신의 손바닥을 접시에서 떼어 가만히 바라본다. ○○가 손바닥을 도화지 위에 도장을 찍듯 '쾅' 소리를 내며 도화지 위에 붙였다가 뗀다. 교사도 도화지 위에 물감을 바른 손바닥을 '쾅' 소리를 내며 찍어 본다. ○○가 계속해서 손바닥에 물감을 잔뜩 바르고 도화지에 손바닥 도장을 찍으며 놀이를 하는 것을 반복하고, 교사도 ○○의 방식을 따라 놀이한다. ○○는 두 손

바닥을 들어 물감 묻은 손을 보다가 웃으면서 교사에게 두 손바닥을 보여 주며 "짠!"이라고 한다. 교사도 ○○에게 물감 묻은 손바닥을 보여 주며 "짠!"이라고 하자 ○○가 두 손바닥을 맞대어 잡고 비비며 웃는다.

- ○○가 물감 접시를 내밀며 "물감 더 줘요."라고 교사에게 말하고, 교사가 "물감 더 줄게."라고 하며 물감 접시 위에 물감을 더 짜 주자 손바닥에 물감을 더 바르고 도화지 위에 두드리고 뭉개고 문지르며 물감놀이를 이어 간다.

반응성 상호작용 전략: 아동이 즐거워하는 행동 반복하기

교사의 발견

- 영아들은 다양한 미술 재료에 스스로 관심을 보이며 만지작거리고 미술 재료를 스스로 꺼내 보고 도화지 위에 살짝 끼적이며 자발적으로 탐색을 즐기며 놀이를 시작하였다. 색연필을 끼적여 보기도 하고 물감 접시 위에 스펀지를 올리고 스펀지에 살짝 물감을 묻혀 도화지에 두드리며 찍어 보며 탐색하는 모습이었다. 교사가 영아의 놀이 방식을 그대로 따라 하며 함께 반응하자 웃으며 교사와 똑같이 묻은 손바닥을 서로 보여 주며 공동주의를 가지는 모습이었다.

- 영아들은 교사와 단순한 행동을 모방하고 반복하는 것에 즐거움을 느끼고 교사가 자신의 행동을 모방하는지 확인하며 놀이를 주도해 가는 모습이었다. 또한 즐거운 행동을 여러 번 반복하기도 하고 새로운 방식의 놀이로 확장해 가며 놀이를 이어 가는 모습이었다.

놀이활동 평가

놀이주제

- 물감으로 콩콩콩

발견 목표

- 그리기 도구에 관심을 가질 수 있다.
- 다양한 방식으로 예술적 표현을 할 수 있다.

교육과정 관련 요소

- 신체운동 > 감각과 신체 인식하기 > 감각적 자극에 반응한다.

- 의사소통 > 읽기와 쓰기에 관심 가지기 > 끼적이기에 관심을 가진다.
- 예술경험 > 창의적으로 표현하기 > 감각을 통해 미술을 경험한다.

반응성 상호작용 전략 적용

- 관찰하기: 아동의 행동 관찰하기
- 반응하기: 아동의 행동과 의사소통 모방하기/아동의 방식대로 행동하기
- 확장하기: 아동이 즐거워하는 행동 반복하기

중심축 행동 목표

- 탐색, 주도성

중심축 행동 의미 찾기

- 발견학습은 탐색에서 시작한다

탐색은 발견학습의 기초가 되므로 교사는 영아가 탐색을 적극적으로 경험할 수 있는 자연 체험을 자주 해 보게 하거나 흥미 있는 놀이환경을 제공해야 한다. 이를 통해 영아는 자신의 환경에서 사물 또는 경험을 탐색하고 조작해 본 결과로 발견학습을 하게 된다. 교사가 영아에게 매번 무엇인가를 가르쳐 준다면, 교사는 영아가 스스로 발견할 기회를 박탈하게 된다. 교사가 영아가 관심을 가지고 탐색하고 있는 사물이나 경험을 잘 알아차리고 적합한 놀이환경을 제공해 줄 때 발견학습까지 기대할 수 있다.

놀이 지원 및 다음 놀이 계획

- 영아들이 물감을 활용하여 다양한 방식으로 표현하는 것에 흥미를 갖고 즐기며 놀이를 이어 가는 모습이었다.
- 물감놀이를 즐기며 물감이 손바닥에 묻었을 때의 감각을 즐기는 영아들의 흥미를 고려하여 좀 더 자유롭게 활동할 수 있는 넓은 장소인 어린이집 데크에 도화지를 많이 붙여 주고, 충분한 시간을 갖고 놀이를 즐길 수 있도록 지원해 보아야겠다.

놀이활동 흐름 도표

놀이환경

도화지, 수채화 물감, 물감 접시, 스펀지, 색연필, 가족 사진이 붙은 종이 접시가 준비되어 있다.

관찰

그리기 도구를 탐색하며 그리기 도구의 용도를 알고 그리려고 시도한다.

반응

교사에게 그려 달라고 요구하기도 하며, 자신의 방식대로 그리기 도구를 다뤄 본다.

교사의 발견

그리기 도구의 방식을 알고 있으나 적극적으로 탐색하는 것은 능동적으로 선택하고 활동을 주도하고 있을 때 가능함을 알게 되었다.

확장

손에 묻은 물감을 이용하여 도화지에 그림을 그리고 손바닥을 서로 보여 주며 즐거워한다.

반응

· 스펀지를 이용하여 두드리면 색깔이 나오는 것에 흥미를 보인다.
· 자신이 한 활동을 반복하며 즐거워한다.

■ 영아 놀이활동 7의 「일일 놀이활동일지」

놀이활동일지(만 1세)

날짜	5월 13일 수요일		날씨	맑음
통합보육	등원(: ~ :) ※ 각 원의 일정에 맞춰 기록하세요.		하원(: ~ :) ※ 각 원의 일정에 맞춰 기록하세요.	
일과(시간)	계획 및 실행			

일상 생활	간식 (: ~ :)	※ 각 원의 일정에 맞춰 기록하세요.	
	점심 식사 (: ~ :)	※ 각 원의 일정에 맞춰 기록하세요.	
	낮잠 및 휴식 (: ~ :)	※ 각 원의 일정에 맞춰 기록하세요.	
활동(: ~ :)		※ 각 원의 일정에 맞춰 기록하세요.	

놀이	실내놀이 (: ~ :)	이전 놀이	• 교사가 그림을 그려 주는 것을 재미있어하며 요구가 많아지는 것을 관찰할 수 있었다. • 교실에는 색연필만 준비되어 있었고, 최근 아이들이 그리기 도구에 관심이 많아졌다.	
		놀이준비	• 교사는 미리 미술 재료들을 준비하여 접시에 물감을 짜 놓고 환경을 구성해 놓는다.	
		놀이주제	• 물감으로 콩콩콩	
		관찰	• △△가 색연필을 공중에 동그랗게 반복해서 그리는 시늉을 하고 "그려됴! 그려됴!" 하며 교사를 바라본다. • ○○가 노란 물감이 담긴 접시를 들고 스펀지 하나를 접시 위에 콩콩 물감을 찍어 도화지 위에 도장을 찍듯 두드리고, △△는 색연필을 교사에게 내밀며 "루피, 뽀로로! 그려됴!" 한다. 교사가 "뽀로로~" 하며 △△와 눈을 맞추자 "선생님이가! 그려됴~" 하며 색연필을 내밀어 보인다.	• 아동의 행동 관찰하기
놀이		반응	• ○○가 교사가 자신이 내는 소리(노란색, 싹싹, 뜩, 딱딱딱 등)와 행동을 따라 해 주니 웃으며 물감을 스펀지에 잔뜩 묻히기도 하고 손에 묻혀 보는 등 다양한 놀이를 한다. • △△는 색연필을 탐색하며 색깔에 연상되는 뽀로로 캐릭터의 이름을 말하며 교사에게 그려 달라고 요구한다. 영아의 "그려됴~ △△가~"를 함께 따라 말해 주자 재미있어하며 스스로 색연필을 끼적이거나 스펀지에 물감을 묻혀 도화지에 스펀지를 두드리며 물감놀이를 한다.	• 아동의 행동과 의사소통 모방하기 • 아동의 방식대로 행동하기

	확장	• 영아가 손가락에 묻힌 물감을 바라보다가 스펀지를 내려놓고 손바닥에 물감을 바르고 손바닥과 손가락으로 그림을 그리며 놀이한다. ○○가 계속해서 손바닥에 물감을 잔뜩 바르고 도화지에 손바닥 도장을 찍으며 놀이하는 것을 반복한다. ○○이는 두 손바닥을 들어 물감 묻은 손을 보다가 웃으면서 교사에게 두 손바닥을 보여 주며 "짠!"이라고 한다. 교사도 ○○에게 물감 묻은 손바닥을 보여 주며 "짠!"이라고 하자 ○○이가 두 손바닥을 맞대어 잡고 비비며 웃는다.	• 아동이 즐거워하는 행동 반복하기
바깥놀이 (: ~ :)		• 실외놀이터에서 자신이 원하는 자동차를 선택하여 타면서 친구들과 놀이한다.	
발견 목표		• 그리기 도구에 관심을 가질 수 있다. • 다양한 방식으로 예술적 표현을 할 수 있다.	
교육과정 관련 요소		• 신체운동 > 감각과 신체 인식하기 > 감각적 자극에 반응한다. • 의사소통 > 읽기와 쓰기에 관심 가지기 > 끼적이기에 관심을 가진다. • 예술경험 > 창의적으로 표현하기 > 감각을 통해 미술을 경험한다.	
중심축 행동		• 탐색, 주도성	
중심축 행동 의미 찾기		• 발견학습은 탐색에서 시작한다 탐색은 발견학습의 기초가 되므로 교사는 영아가 탐색을 적극적으로 경험할 수 있는 자연체험을 자주 해 보게 하거나 흥미 있는 놀이환경을 제공해야 한다. 이를 통해 영아는 자신의 환경에서 사물 또는 경험을 탐색하고 조작해 본 결과로 발견학습을 하게 된다. 교사가 영아에게 매번 무엇인가를 가르쳐 준다면, 교사는 영아가 스스로 발견할 기회를 박탈하게 된다. 교사가 영아가 관심을 가지고 탐색하고 있는 사물이나 경험을 잘 알아차리고 적합한 놀이환경을 제공해 줄 때 발견학습까지 기대할 수 있다.	
교사의 발견		• 영아들은 다양한 미술 재료에 스스로 관심을 보이며 만지작거리고 미술 재료를 스스로 꺼내 보고 도화지 위에 살짝 끼적이며 자발적으로 탐색을 즐기며 놀이를 시작하였다. 색연필을 끼적여 보기도 하고 물감 접시 위에 스펀지를 올리고 스펀지에 살짝 물감을 묻혀 도화지에 두드리며 찍어 보며 탐색하는 모습이었다. 교사가 영아의 놀이 방식을 그대로 따라 하며 함께 반응하자 웃으며 교사와 똑같이 묻은 손바닥을 서로 보여 주며 공동주의를 가지는 모습이었다. • 영아들은 교사와 단순한 행동을 모방하고 반복하는 것에 즐거움을 느끼고 교사가 자신의 행동을 모방하는지 확인하며 놀이를 주도해 가는 모습이었다. 또한 즐거운 행동을 여러 번 반복하기도 하고 새로운 방식의 놀이로 확장해 가며 놀이를 이어 가는 모습이었다.	
다음날 지원 계획		• 영아들이 물감을 활용하여 다양한 방식으로 표현하는 것에 흥미를 갖고 즐기며 놀이를 이어 가는 모습이었다. • 물감놀이를 즐기며 물감이 손바닥에 묻었을 때의 감각을 즐기는 영아들의 흥미를 고려하여 좀 더 자유롭게 활동할 수 있는 넓은 장소인 어린이집 데크에 도화지를 많이 붙여 주고, 충분한 시간을 갖고 놀이를 즐길 수 있도록 지원해 주어야겠다.	
반 운영 특이사항		※ 각 원의 학급 운영 시 특이사항을 기록하세요.	

휴지길을 만들어요

놀이활동 계획

날 짜	5월 15일 금요일
참여대상	만 1세
놀이장소	유희실
놀이시간	10:10~10:40
놀이환경	• 자동차 놀잇감, 각 휴지, 두루마리 휴지, 퍼즐 블록이 배치되어 있다.
안전지도	• 영아가 블록이나 자동차를 사람에게 던지지 않도록 유의한다.
놀이준비	• 미리 놀잇감들을 준비하여 비치하고 환경을 구성해 놓는다.
교 사 의 기 대	• 영아가 휴지에 관심을 갖고 휴지를 탐색한다. • 자유롭게 길을 구성하며 자동차 놀이를 즐긴다.
이전 놀이 요 약	• 아침에 등원할 때 손에 자동차를 쥐고 등원을 하기도 하고, 교실에 있는 자동차 장난감을 선택하는 경우가 많았으며, 또래가 놀이하는 장난감에 흥미를 보이는 것이 관찰되었다.

놀이활동 기록

관찰하기

• ○○와 △△, □□가 두루마리 휴지와 자동차 놀잇감에 관심을 보이며 자리에 앉아 두루마리 휴지를 두 손에 껴 보고, 자동차 놀잇감 상자를 스스로 열어 보고 만지며 탐색을 시작한다.

- 교사가 영아들이 휴지와 자동차 놀잇감을 만지는 모습을 옆에 앉아 관찰하며 영아의 행동을 주시한다. ○○가 교사를 바라보며 휴지를 두 손에 끼고 "짜잔, 이거 봐요." 하며 교사에게 내밀 때 눈을 맞추고 미소를 지으며 ○○을 바라본다. ○○가 다시 휴지를 내려놓고는 자동차 놀잇감 상자에 다가간다.

- △△가 자동차 놀잇감 상자를 만지작거리며 교사를 한 번 쳐다보고 손가락으로 상자를 가리키며 "어, 어." 하며 손짓을 하고, 교사는 고개를 끄덕이며 △△를 바라본다. △△가 스스로 자동차 놀잇감 상자 뚜껑을 열어 본다.

- ○○가 또 다른 자동차 놀잇감 상자를 잡고 뚜껑을 만지작거리며 "선생님, 열어돠. 안 대." 하며 교사를 쳐다본다. 교사가 "열어 줘~" 하고 반응하며 ○○를 바라보고 미소를 짓는다.

- ㅁㅁ는 △△가 연 상자 앞에 앉아 자동차 놀잇감을 만지며 이것저것 자동차를 잡았다가 놓았다가 하며 살펴본다. △△도 자동차를 하나씩 꺼내어 살펴보며 탐색한다.

  반응성 상호작용 전략: 아동의 행동 관찰하기

반응하기

- ○○가 경찰차를 양손에 하나씩 잡고는 바닥에 놓고 앞뒤로 움직이며 바퀴를 움직여 본다. 교사가 그 앞에서 ○○의 움직임을 그대로 모방하며 청소차를 앞뒤로 움직이며 반응해 준다. ○○가 교사의 청소차가 움직이는 것을 보고는 경찰차를 청소차 가까이로 움직여 본다. ○○가 경찰차를 앞뒤로 반복해서 움직이며 굴리다가 "어? 안 구뎌가." 한다. 교사가 "어? 안 구뎌가~" 하고 ○○의 말을 모방하며 청소차를 앞뒤로 반복해서 움직이며 반응해 준다. △△가 교사의 앞으로 다가와 소방차를 손에 들고 이리저리 소방차를 돌리며 소방차 전면을 살펴보며 교사에게 보여 준다. 교사도 △△와 같이 소방차 하나를 손에 들고 이리저리 움직이며 △△의 행동을 모방한다.

- ○○와 △△가 벽에 대고 자동차를 굴리다가 옆으로 움직여서 사물함 선반 위에 놓고는 선반을 따라 굴리며 움직인다. 교사도 영아들을 따라 선반을 따라 자동차를 굴리며 움직인

다. ○○가 자동차를 굴리다가 일부러 자동차를 옆으로 넘어뜨리고 교사와 눈을 맞춘다. 교사가 "아이쿠~" 하고 ○○의 행동을 소리로 표현해 주며 자동차를 함께 옆으로 넘어뜨린다. ○○가 교사를 보고 웃고는 다시 자동차를 세워 움직이기 시작한다.

• ○○와 △△가 "우와~" 하며 퍼즐 블록을 하나씩 잡는다. △△가 블록 길 위를 따라 자동차를 움직이며 놀이하고 ○○도 블록 위로 자동차를 움직이다가 블록 길이 끊긴 곳에 자동차를 멈추고는 "으아악, 도와주세요~" 하고 외치며 교사를 바라본다. 교사도 "으악, 도와주세요~"라고 ○○의 말을 따라 하며 자동차를 ○○의 자동차 옆에 놓고 모방한다. 그러자 △△가 교사와 ○○를 보고는 블록 하나를 가지고 와 끊어져 있는 길 앞에 블록을 끼워 연결해 준다. 교사가 "우와, 우리 △△가 길을 만들어 줬구나. 정말 고마워요." 하고 반응하자 △△가 미소를 지으며 교사를 바라본다.

• □□가 휴지에 관심을 보이며 풀어진 휴지를 얼굴에 감싸고 교사를 바라보면서 소리 내어 웃는다. 교사가 자세를 낮추어 □□과 눈을 맞추며 □□처럼 휴지를 자신의 머리에 감싼다. □□가 교사의 모습을 보고는 소리 내어 웃는다. □□가 다시 한 번 휴지를 얼굴에 마구 감싸 가리고, 교사는 □□의 얼굴을 휴지로 가려 주며 반응해 준다. △△도 다가와 휴지를 친구의 얼굴에 함께 뿌려 주며 놀이에 참여한다. △△가 길게 풀은 휴지를 잘게 뜯으며 놀이하다 휴지를 뭉쳐서 들고는 코에 대고 "흥흥." 하고 소리를 내며 코 푸는 시늉을 한다. 교사도 휴지를 들고 △△의 행동을 따라 하며 "흥흥." 하고 소리 내며 반응해 준다.

반응성 상호작용 전략: 아동의 행동과 의사소통 모방하기

아동이 선택할 기회를 자주 주기

확장하기

• △△가 여러 가지 종류를 모아 만들어 놓은 퍼즐 매트 길 위에 자동차를 줄줄이 나열한다. 교사도 가지고 있던 자동차를 △△가 나열한 자동차 뒤에 놓으며 △△의 놀이 방식을 모방해 준다. △△가 두리번거리며 주변에 있는 자동차를 가지고 와서 교사가 놓은 자동차 뒤에

이어서 줄지어 세워 놓으며 놀이를 반복한다.

- ○○가 풀어진 두루마리 휴지 위를 따라 자동차를 굴린다. 풀어진 휴지를 길 삼아 자동차를 움직이며 놀이를 확장한다. 교사가 ○○의 행동을 모방하며 "우와, 휴지길이구나. 정말 멋있다." 하고 반응한다.

- 자동차를 가지고 놀던 ○○가 자동차에서 빠져서 분리된 바퀴에 관심을 가진다. 교사에게 가지고 와 "빠져떠!" 하며 보여 주고는 앉아서 바퀴를 스스로 다시 끼워 보려고 시도한다. 여러 번 시도하던 ○○의 옆에 △△가 다가와 자기 자신을 손바닥으로 두드리며 자신이 해 주겠다는 몸짓을 한다. △△가 바퀴를 손에 잡고 끼워 주기를 시도하고는 성공한다. 교사가 △△에게 "우와, 친구 바퀴를 고쳐 줬구나." 하며 칭찬해 주자 △△가 웃으며 교사를 바라본다.
  반응성 상호작용 전략: 아동이 즐거워하는 행동 반복하기

교사의 발견

- 교사가 영아들이 충분히 탐색할 수 있도록 하고, 영아들의 행동을 관찰하고, 영아들이 휴지와 자동차 놀잇감으로 놀이 방식을 주도하여 선택할 수 있도록 하였더니 영아들은 다양한 놀잇감으로 제시된 환경에 관심을 가지며 여러 가지 놀잇감을 하나씩 모두 탐색하는 모습이었다. 또한 자동차 놀잇감 상자에 관심을 가지고 탐색하며 스스로 상자 뚜껑을 열어 보는 것을 시도하기도 하고, 여러 가지 자동차의 모양과 종류에 관심을 가지고 자동차를 이것저것 꺼내어 만져 보거나 자동차를 굴려 보면서 바퀴의 움직임을 탐색하며 놀이를 시작하였다.

- 여러 가지 종류의 자동차를 움직이며 탐색을 하는 중간에 친구의 놀이를 주의 깊게 살펴보기도 하고, 중간에 잠시 참여하여 친구의 행동을 모방하거나, 손짓으로 자신의 의사를 표현하며 공동주의를 가지고 놀이하는 모습이었다. 그리고 영아들은 자동차를 바닥, 벽, 창틀 선반, 휴지길 위 등 다양한 공간에서 굴려 보며 자동차놀이를 확장해 가기도 하였다.

- 영아들은 교사와 함께 행동을 모방하고 반복하며 즐거움을 느끼고, 교사가 자신의 행동을 모방하는지 확인하며 놀이를 주도해 가고, 새로운 놀잇감을 제시해 달라고 요구하며 스스로 놀이 방식을 선택하며 놀이를 즐길 수 있었다. 또한 영아들은 즐거운 행동을 여러 번 반복하기도 하고 새로운 방식의 놀이로 확장해 가며 놀이를 이어 가는 모습이었다.

놀이활동 평가

놀이주제

• 휴지길을 만들어요

발견 목표

• 다양한 놀잇감으로 제시된 환경에 관심을 가지며 여러 가지 놀잇감을 탐색할 수 있다.
• 사물의 용도를 알고 놀이를 할 수 있다.
• 상황에 적절한 의사표현을 할 수 있다.

교육과정 관련 요소

• 신체운동 > 신체활동 즐기기 > 실내외 신체활동을 즐긴다.
• 의사소통 > 듣기와 말하기 > 표정, 몸짓, 말소리로 의사를 표현한다.
• 자연탐구 > 생활 속에서 탐구하기 > 친숙한 물체를 감각으로 탐색한다.

반응성 상호작용 전략 적용

• 관찰하기: 아동의 행동 관찰하기
• 반응하기: 아동의 행동과 의사소통 모방하기/아동이 선택할 기회를 자주 주기
• 확장하기: 아동이 즐거워하는 행동 반복하기

중심축 행동 목표

• 공동주의, 실행

중심축 행동 의미 찾기

• 반복과 실행은 영아의 행동을 숙련시킨다

영아는 새로운 기술을 실행해 보고 반복할 때 별다른 의식 없이도 그러한 기술을 발휘할 수 있게 된다. 그러므로 교사는 영아가 할 수 있는 만큼 자주 실행하고 반복하도록 격려해 줄 필요가 있다. 그러나 교사가 영아에게 시도하고 반복해 보도록 권하는 행동이 아직 영아가 할 수 있는 능력도 안 되고 흥미 있어 하지도 않는 것들이라면 이러한 격려는 영아가 상호작

용하는 것을 방해할 수 있다. 교사는 영아가 할 수 있는 능력 범위 안에서 흥미 있어 하는 것으로 영아와 상호작용을 유지하면서 함께해야 한다.

놀이 지원 및 다음 놀이 계획

- 영아들이 자동차와 블록에 큰 관심을 가지고 놀이를 즐기는 모습이었다.
- 영아들이 자동차를 좀 더 활동적으로 움직이고 다양한 방식으로 자동차 길을 만들어 볼 수 있도록 좀 더 다양한 종류의 블록을 제시하는 등 놀이를 지원해 보아야겠다.

놀이활동 흐름 도표

놀이환경

자동차 놀잇감, 각 휴지, 두루마리 휴지, 퍼즐 블록이 배치되어 있다.

관찰

영아들은 휴지와 자동차에 관심을 보이고, 자동차 놀잇감을 양손에 하나씩 골라 바닥에 내려놓으며 자동차를 손으로 잡고 밀면서 움직여 본다.

반응

자동차가 바퀴로 굴러가는 것에 흥미를 보이며 다양한 길을 만들어 굴려 본다.

교사의 발견

생활용품이 놀잇감으로 활용되며 스스로 상상하여 놀이가 확장되었다. 영아들은 교사와 함께 행동을 모방하고 반복하며 즐거움을 느끼고, 교사가 자신의 행동을 모방하는지 확인하며 놀이를 주도해 가고, 새로운 놀잇감을 제시해 달라고 요구하며 스스로 놀이 방식을 선택하며 놀이를 즐길 수 있었다.

확장

휴지를 긴 길로 생각하고, 휴지길을 따라 자동차를 굴려 본다.

반응

휴지를 가지고 놀이하던 영아는 길게 풀어 놀이한다.

■ 영아 놀이활동 8의 「일일 놀이활동일지」

놀이활동일지(만 1세)

날짜	5월 15일 금요일		날씨	맑음
통합보육	등원(: ~ :) ※ 각 원의 일정에 맞춰 기록하세요.		하원(: ~ :) ※ 각 원의 일정에 맞춰 기록하세요.	
일과(시간)	계획 및 실행			

일상 생활	간식 (: ~ :)	※ 각 원의 일정에 맞춰 기록하세요.	
	점심 식사 (: ~ :)	※ 각 원의 일정에 맞춰 기록하세요.	
	낮잠 및 휴식 (: ~ :)	※ 각 원의 일정에 맞춰 기록하세요.	
활동(: ~ :)		※ 각 원의 일정에 맞춰 기록하세요.	
놀이	실내놀이 (: ~ :)	이전 놀이	• 아침에 등원할 때 손에 자동차를 쥐고 등원을 하기도 하고, 교실에 있는 자동차 장난감을 선택하는 경우가 많았으며, 또래가 놀이하는 장난감에 흥미를 보이는 것이 관찰되었다.	
		놀이준비	• 미리 놀잇감들을 준비하여 비치하고 환경을 구성해 놓는다.	
		놀이주제	• 휴지길을 만들어요	
		관찰	• ○○가 교사를 바라보며 휴지를 두 손에 끼고 "짜잔, 이거 봐요." 하며 교사에게 내민다. △△가 스스로 자동차 놀잇감 상자 뚜껑을 열어 본다. □□는 △△가 연 상자 앞에 앉아 자동차 놀잇감을 잡았다가 놓았다가 하며 살펴본다. △△도 자동차를 하나씩 꺼내어 살펴보며 탐색한다.	• 아동의 행동 관찰하기
		반응	• △△가 교사의 앞으로 다가와 소방차를 손에 들고 이리저리 돌리면서 소방차 전면을 살펴보며 교사에게 보여 준다. 교사도 △△와 같이 소방차 하나를 손에 들고 이리저리 움직이며 모방하니 미소를 지으며 교사를 바라본다. • □□가 휴지에 관심을 보이며 풀어진 휴지를 얼굴에 감싸며 교사를 바라보면서 소리 내어 웃는다. 교사가 자세를 낮추어 □□과 눈을 맞추며 □□처럼 휴지를 자신의 머리에 감싼다. □□가 교사의 모습을 보고는 소리 내어 웃는다.	• 아동의 행동과 의사소통 모방하기 • 아동이 선택할 기회를 자주 주기

놀이		확장	• △△이는 퍼즐 매트 길 위에 자동차를 줄줄이 나열하고, ○○는 풀어진 두루마리 휴지를 따라 자동차를 굴린다. 교사가 영아들의 행동을 모방하니 반복하여 놀이한다. • ○○가 자동차에서 빠져 분리된 바퀴를 교사에게 가지고 와서 "빠져떠!" 하며 보여 주고는 앉아서 바퀴를 스스로 다시 끼워 보려 시도한다. △△가 ○○이 옆에 다가와 바퀴 끼우기를 시도하며 성공한다. ㅁㅁ가 자동차를 손에 잡고 바퀴를 빼 보려고 힘을 주며 "이이잉, 안 대!"라고 한다. 교사가 모방하자 ㅁㅁ가 웃으며 교사의 행동을 보았다가 바퀴를 빼려고 힘 주는 시늉하기를 반복한다.	아동이 즐거워하는 행동 반복하기
	바깥놀이 (: ~ :)		• 실외놀이터에서 미끄럼틀, 동물 시소 등을 타며 자유놀이를 한다.	
	발견 목표		• 다양한 놀잇감으로 제시된 환경에 관심을 가지며 여러 가지 놀잇감을 탐색할 수 있다. • 사물의 용도를 알고 놀이를 할 수 있다. • 상황에 적절한 의사표현을 할 수 있다.	
	교육과정 관련 요소		• 신체운동 > 신체활동 즐기기 > 실내외 신체활동을 즐긴다. • 의사소통 > 듣기와 말하기 > 표정, 몸짓, 말소리로 의사를 표현한다. • 자연탐구 > 생활 속에서 탐구하기 > 친숙한 물체를 감각으로 탐색한다.	
	중심축 행동		• 공동주의, 실행	
	중심축 행동 의미 찾기		• 반복과 실행은 영아의 행동을 숙련시킨다 영아는 새로운 기술을 실행해 보고 반복할 때 별다른 의식 없이도 그러한 기술을 발휘할 수 있게 된다. 그러므로 교사는 영아가 할 수 있는 만큼 자주 실행하고 반복하도록 격려해 줄 필요가 있다. 그러나 교사가 영아에게 시도하고 반복해 보도록 권하는 행동이 아직 영아가 할 수 있는 능력도 안 되고 흥미 있어 하지도 않는 것들이라면 이러한 격려는 영아가 상호작용하는 것을 방해할 수 있다. 교사는 영아가 할 수 있는 능력 범위 안에서 흥미 있어 하는 것으로 영아와 상호작용을 유지하면서 함께해야 한다.	
	교사의 발견		• △△는 자동차 상자 뚜껑을 스스로 열어 보기를 자발적으로 시도하며 놀이를 주도하고, 여러 가지 자동차를 일렬로 줄지어 놓기를 반복하면서 자신이 관심 있는 놀이를 반복·확장해 가는 모습이었다. • ○○은 자동차놀이를 하며 교사의 주의를 공유하고 싶어 하며, 교사가 자신의 행동을 모방하는지 확인하고 자동차를 움직이며 놀이하기를 즐기는 모습이었다. • ㅁㅁ는 자동차에서 바퀴를 빼 보려 시도하고 바퀴를 반복해서 굴려 보는 등 즐거운 행동을 반복하며 확장해 나가는 모습이었다.	
다음날 지원 계획			• 영아들이 자동차와 블록에 큰 관심을 가지고 놀이를 즐기는 모습이었다. • 영아들이 자동차를 좀 더 활동적으로 움직이고 다양한 방식으로 자동차 길을 만들어 볼 수 있도록 좀 더 다양한 종류의 블록을 제시하는 등 놀이를 지원해 보아야겠다.	
반 운영 특이사항			※ 각 원의 학급 운영 시 특이사항을 기록하세요.	

영아
놀이활동
9

카페놀이

놀이활동 계획

날 짜	5월 18일 월요일
참여대상	만 2세
놀이장소	보육실
놀이시간	16:00~16:20
놀이환경	• 교실 내에 소꿉놀이 환경으로 싱크대와 과일 모형, 그릇, 숟가락 등 역할놀이를 위한 놀잇감이 준비되어 있다.
안전지도	• 영아들이 다투며 다치지 않도록 교사의 주의 관찰이 요구된다.
놀이준비	• 과일 모형, 컵, 그릇의 놀잇감을 제공한다.
교 사 의 기 대	• 교실 환경에서 과일 모형, 컵, 그릇의 놀잇감을 이용해 활동한다. • 과일의 이름과 맛에 대해 표현한다. • 교사는 영아들이 준비된 놀잇감을 이용해 역할놀이 활동을 하기를 기대해 본다.
이전 놀이 요 약	• 오전 간식으로 나온 과일을 가지고 어떤 음료를 좋아하는지에 대하여 이야기 나눴다. ♡♡이는 딸기를 좋아한다고 하였고, **이는 사과를 좋아한다고 하였다. 교사는 수박을 좋아하는데 아직 여름이 아니라 못 먹어서 아쉽다고 말해 주니 잘 듣고 있었다. 간식으로 나온 음료를 마시니 ♡♡이가 "그거 커피야?"라고 물었고, 선생님은 커피를 좋아하는데 이거는 커피가 아니고 "사과주스네."라고 대답해 주니 "사과주스야?"라고 말하며 관심을 가지고 자신의 음료도 맛을 보았다. "이것도 사과주스네."라고 말하며 교사를 쳐다보는 등 교사와 주고받는 상호작용을 이어 나갔다.

놀이활동 기록

관찰하기

• ♡♡이와 **이가 과일 모형에 관심을 가지고 다가간다.

　　♡♡: (딸기 모형을 높이 들어 올리며) 딸기!!!

　　교사: (♡♡이를 보며) 딸기~

　　**: (버섯 모형을 교사 앞에서 높이 들어 올리며) 버섯!!

　　교사: 버섯~

　　♡♡, **: (반복해서 과일 모형을 꺼내 들어 올리고 이름을 말한다. 교사는 ♡♡이와 **이의 눈을 마주
　　　　　치며 이름을 따라 말해 준다.)

　　♡♡: (과일 모형 바구니에 있는 것을 바구니 밖으로 꺼내고 집어넣는다.)

　　교사, **: (모형을 밖으로 꺼냈다가 다시 바구니 안으로 집어넣는다.)

　　♡♡: (과일 바구니를 들고 교구장에 정리하며) 이거 그만해.

　　교사: (♡♡이를 보며) 이거 그만해~

　　**: (컵과 그릇을 바구니에서 꺼내며) 이거 같이 해.

　　교사: 이거랑(과일이랑 컵이랑) 같이 해~

　　**: (컵을 꺼내고 컵 안에 과일 모형을 넣으며) 이렇게 해서 이렇게 하면 커피가 돼.

　　반응성 상호작용 전략: 아동의 행동 관찰하기

반응하기

• **이가 컵 안에 과일을 넣고 커피라고 이야기한다.

　　교사: (**이의 행동을 따라 하며) 이렇게 하면 커피가 되는구나~

　　**: (컵을 흔들며) 응. 이렇게 흔들면서 섞으면 커피가 돼.

♡♡: (컵 바구니에서 계속 컵을 꺼내서 옆에 나열한다.)

교사: (♡♡이 옆에서 컵을 나열한다.)

♡♡: (나열한 컵 안에 과일 모형을 넣으며) 이것도 커피 만드는 거야.

교사: (♡♡이를 보며) 아~ ♡♡이도 커피 만드는 거구나.

♡♡, **: (컵과 그릇에 과일 모형을 넣는다.)

**: (컵을 들고 교사를 보며) 커피 많이 만들자.

교사: (♡♡이와 **이를 보며) 커피 만들자~

**: 아이스커피를 만들면 어때?

교사: 좋아, 아이스커피 만들자~

♡♡: (싱크대 밑에 커피를 넣으며) 여기다 넣어 부웅우웅 띠~ 다 됐어요.

교사: 아~ 거기에 하는 거구나? 다 됐네요~

**: (소스병 놀잇감을 가져와서 커피에 뿌리는 흉내를 낸다.)

교사: (**이를 보며) 와~ 그것도 뿌리는 거예요? 맛있겠다.

**, ♡♡: (먹는 흉내를 내며 "꿀꺽 꿀걱 꿀꺽"이라고 말한다.)

반응성 상호작용 전략: 아동의 방식대로 행동하기
　　　　　　　　　　　아동의 행동과 의사소통 모방하기

확장하기

- 영아들이 바구니에 있는 모든 컵에 과일을 넣고 커피라고 이
  야기하며 놀이한다.

♡♡: (싱크대 밑에 컵을 넣으며) 나는 요리사야.

교사: 그렇구나~ ♡♡이는 요리사고 **이는 아이스커피 파는 거예요?

**: (교사를 보며) 어, 맞아. 뭐 드릴까요?

교사: (수박이 들어 있는 컵을 가리키며) 이거 주세요.

**: 안 됩니다. 수박커피는.

교사: 음, 그러면 딸기커피 주세요.

**: 네.

♡♡: (교사에게 싱크대 밑에서 꺼낸 컵을 가져와서 준다.)

교사: (컵을 받으며) 고맙습니다.

**: (교사를 보며) 딸기 아이스커피 드릴까요?

♡♡: (계속해서 컵을 싱크대 밑에 넣으며 음식을 굽는 흉내를 낸다.)

• **이는 컵에 과일을 넣어 흔들기도 하고 일상에서 경험한 것들을 놀이로 표현하는 모습을 보이며, 놀이 중 교사에게 '~하자, ~만들자' 등 다양한 놀이활동을 제안하기도 하였다.

　　반응성 상호작용 전략: 아동이 즐거워하는 행동 반복하기
　　　　　　　　　　　　 아동의 의도를 확장하기

교사의 발견

• 영아들이 처음에는 과일 이름을 말해 보며 놀이했지만 점차 과일과 컵 놀잇감을 함께 사용하며 놀이를 스스로 확장할 수 있었다. 영아들이 과일만 가지고 놀이하거나 컵만 가지고 놀이하기보다 컵과 과일을 함께 사용해 놀이하는 모습을 보였으며, 과일과 컵을 이용해 음료를 만들고, 그 음료 위에 소스를 뿌리는 흉내를 내거나, 싱크대 밑에 컵을 넣고 음식을 굽거나 데우는 모습을 표현하는 등 다양한 역할놀이를 스스로 만들어 냈다.

• 교사가 영아들이 관심을 보이는 활동에 함께 관심을 기울여 주고, 영아들의 말과 행동을 모방하며 영아들의 방식대로 인정해 주고 반응해 주며 확장할 수 있도록 조력해 주자 영아들은 스스로 역할을 분담하여 일상 역할놀이 활동으로 놀이가 확장되었고, 이전의 경험을 바탕으로 한 카페놀이를 시작할 수 있었다.

놀이활동 평가

놀이주제

• 카페놀이

발견 목표

• 경험을 바탕으로 역할놀이를 할 수 있다.
• 또래와 함께 놀이에 참여할 수 있다.

교육과정 관련 요소

- 사회관계 > 더불어 생활하기 > 다른 사람의 감정과 행동에 반응한다.
- 예술경험 > 창의적으로 표현하기 > 일상생활 경험을 상상놀이로 표현한다.

반응성 상호작용 전략 적용

- 관찰하기: 아동의 행동 관찰하기
- 반응하기: 아동의 방식대로 행동하기/아동의 행동과 의사소통 모방하기
- 확장하기: 아동이 즐거워하는 행동 반복하기/아동의 의도를 확장하기

중심축 행동 목표

- 공동주의, 사회적 놀이

중심축 행동 의미 찾기

- 교사와 함께하는 사회적 놀이는 영아의 발달을 촉진하는 결정적 요인이다

  영아는 사물을 조작하고 탐색하는 것과 같은 놀이 과정을 통하여 인지적 기술을 습득해 간다. 교사가 영아의 학습과 발달을 도울 수 있는 가장 좋은 방법은 영아와 함께 사회적 놀이에 참여하는 것이다. 교사가 영아가 하는 놀이에 빈번하게 참여하면서 제공하는 환경이나 언어적 상호작용은 영아에게 더욱 풍부한 학습경험을 갖게 한다.

놀이 지원 및 다음 놀이 계획

- 다양한 음식 모형을 이용해 놀이를 할 수 있도록 놀잇감을 준비해야겠다.
- 카페나 음식점 사진 자료 등을 제공할 수 있으며, 앞치마나 실제 카페에서 사용하는 일회용 컵 등을 비치하여 흥미를 유발해야겠다.
- 지역의 카페 등을 방문하여 견학할 수 있는 시간을 제공해야겠다.

놀이활동 흐름 도표

놀이환경

교실 내에 소꿉놀이 환경으로 싱크대와 과일 모형, 그릇, 숟가락 등 역할놀이를 위한 놀잇감이 준비되어 있다.

관찰

영아는 소꿉놀이에 관심을 보이고, 반복해서 과일 모형을 꺼내 들어 올리며 이름을 말한다.

반응

컵에 과일 모형을 넣으며 역할놀이를 한다.

교사의 발견

- 소꿉놀이를 다양한 역할놀이로 표현하며 스스로 확장할 수 있었다.
- 교사가 영아들이 관심을 보이는 활동에 맞추어 조력자가 되어 줄 때 영아들은 스스로 놀이를 확장하기도 하고, 역할을 분담하여 일상 역할놀이 활동(예: 카페놀이)을 만들어 냈다.

확장

수박커피, 딸기커피 등 다양한 커피를 만들어 파는 카페놀이를 한다.

반응

컵에 넣으며 커피를 생각해 냈고, 이를 가지고 반복하며 카페놀이를 한다.

■ 영아 놀이활동 9의 「일일 놀이활동일지」

놀이활동일지(만 1세)

날짜	5월 18일 월요일	날씨	맑음
통합보육	등원(: ~ :) ※ 각 원의 일정에 맞춰 기록하세요.	하원(: ~ :) ※ 각 원의 일정에 맞춰 기록하세요.	

일과(시간)		계획 및 실행	
일상 생활	간식 (: ~ :)	※ 각 원의 일정에 맞춰 기록하세요.	
	점심 식사 (: ~ :)	※ 각 원의 일정에 맞춰 기록하세요.	
	낮잠 및 휴식 (: ~ :)	※ 각 원의 일정에 맞춰 기록하세요.	
활동(: ~ :)		※ 각 원의 일정에 맞춰 기록하세요.	
놀이	실내놀이 (: ~ :)	**이전 놀이** • 오전 간식으로 나온 과일을 가지고 어떤 음료를 좋아하는지에 대하여 이야기 나눴다.	
		놀이준비 • 과일 모형, 컵, 그릇의 놀잇감을 제공한다.	
		놀이주제 • 카페놀이	
		관찰 • ♡♡이와 **이가 과일 모형에 관심을 가지고 다가가 딸기, 포도 등 과일 모형을 꺼내 반복해서 이름을 말하였고, 교사는 영아의 눈을 마주치며 이름을 따라 말해 주었다. • **이가 컵과 그릇을 바구니에서 꺼내서 같이 하자고 하였으며, 커피가 된다고 말하였다. 영아들이 컵 안에 과일을 넣으며 놀이하였다.	• 아동의 행동 관찰하기
		반응 • **이가 컵 안에 과일을 넣고 "커피."라고 말하여 교사가 영아의 행동과 "커피~"를 모방하였더니 "이렇게 흔들면서 섞으면 커피가 돼."라고 하였다. ♡♡이는 컵 바구니에서 계속 컵을 꺼내서 옆에 나열하였고, 교사도 ♡♡이 옆에서 컵을 나열하였더니 "이것도 커피 만드는 거야."라고 교사에게 말하였다. 커피를 만들고 먹는 흉내를 내며 주고받으며 놀이하였다.	• 아동의 방식대로 행동하기 • 아동의 행동과 의사소통 모방하기
		확장 • 영아들이 바구니에 있는 모든 컵에 과일을 넣고 커피라고 이야기하며 놀이하였고, ♡♡이는 싱크대 밑에 컵을 넣으며 "나는 요리사야."라고 말하였다. 교사가 "♡♡이는 요리사야~"라고 말하니 **이와 ♡♡이는 준비한 것을 손님이 된 교사에게 건네주었다.	• 아동이 즐거워하는 행동 반복하기 • 아동의 의도를 확장하기

놀이	바깥놀이 (: ~ :)	• 텃밭에 있는 여러 가지 자연물을 만져 보며 관심을 보였다.
	발견 목표	• 경험을 바탕으로 역할놀이를 할 수 있다. • 또래와 함께 놀이에 참여할 수 있다.
	교육과정 관련 요소	• 사회관계 > 더불어 생활하기 > 다른 사람의 감정과 행동에 반응한다. • 예술경험 > 창의적으로 표현하기 > 일상생활 경험을 상상놀이로 표현한다.
	중심축 행동	• 공동주의, 사회적 놀이
	중심축 행동 의미 찾기	• 교사와 함께하는 사회적 놀이는 영아의 발달을 촉진하는 결정적 요인이다 　영아는 사물을 조작하고 탐색하는 것과 같은 놀이 과정을 통하여 인지적 기술을 습득해 간다. 교사가 영아의 학습과 발달을 도울 수 있는 가장 좋은 방법은 영아와 함께 사회적 놀이에 참여하는 것이다. 교사가 영아가 하는 놀이에 빈번하게 참여하면서 제공하는 환경이나 언어적 상호작용은 영아에게 더욱 풍부한 학습경험을 갖게 한다.
	교사의 발견	• 영아들이 처음에는 과일 이름을 말해 보며 놀이했지만 점차 과일과 컵 놀잇감을 함께 사용하며 놀이를 스스로 확장할 수 있었다. 영아들이 과일만 가지고 놀이하거나 컵만 가지고 놀이하기보다 컵과 과일을 함께 사용해 놀이하는 모습을 보였으며, 과일과 컵을 이용해 음료를 만들고, 그 음료 위에 소스를 뿌리는 흉내를 내거나, 싱크대 밑에 컵을 넣고 음식을 굽거나 데우는 모습을 표현하는 등 다양한 역할놀이를 스스로 만들어 냈다. • 교사가 영아들이 관심을 보이는 활동에 함께 관심을 기울여 주고, 영아들의 말과 행동을 모방하며 영아들의 방식대로 인정해 주고 반응해 주며 확장할 수 있도록 조력해 주자 영아들은 스스로 역할을 분담하여 일상 역할놀이 활동으로 놀이가 확장되었고, 이전의 경험을 바탕으로 한 카페놀이를 시작할 수 있었다.
다음날 지원 계획		• 다양한 음식 모형을 이용해 놀이를 할 수 있도록 놀잇감을 준비해야겠다. • 카페나 음식점 사진 자료 등을 제공할 수 있으며, 앞치마나 실제 카페에서 사용하는 일회용 컵 등을 비치하여 흥미를 유발해야겠다. • 지역의 카페 등을 방문하여 견학할 수 있는 시간을 제공해야겠다.
반 운영 특이사항		※ 각 원의 학급 운영 시 특이사항을 기록하세요.

영아
놀이활동
10

냠냠 아이스크림

놀이활동 계획

날　　짜	5월 19일 화요일
참여대상	만 1세
놀이장소	보육실
놀이시간	10:30~10:45
놀이환경	• 각 영역별로 다양한 소꿉놀이 놀잇감이 비치되어 있다.
안전지도	• 영아들의 키에 맞는 책상을 준비하고, 영아들이 놀이하기에 안전한 재질의 음식 모형을 준비한다.
놀이준비	• 영아들이 충분히 사용할 수 있도록 넉넉하게 놀잇감을 비치하였고, 놀이 공간을 넓게 마련해 주었다.
교 사 의 기　　대	• 다양한 색과 모양에 관심을 가질 수 있다. • 역할놀이에 관심을 가지고 교사, 또래와 상호작용할 수 있다.
이전 놀이 요　　약	• ★★이와 ♥♥이가 새로운 장난감에 호기심이 많아 탐색하는 것이 가능하였고, 같은 영역에서 놀이하는 영아들의 경우 서로의 놀이에 관심이 많아졌다.

놀이활동 기록

관찰하기

• 영아와 마주 볼 수 있도록 자리를 잡고 영아의 눈을 바라보며 시선을 따라가 영아의 관심을 이해하고 같은 방식으로 함께 놀이를 시작하였다.

★★: (음식 모형 상자를 보며) 우와~ 많이 있다.

♥♥: (옆에 뚜껑이 있는 소프트아이스크림 상자를 열며) 뭐지?

★★: 아이스크림이네. 많이 있네.

♥♥ : 많아.

교사: 많이 있네.

• ★★이는 음식 모형 상자를, ♥♥이는 소프트아이스크림 상자를 들고 책상으로
이동한다.

♥♥ : (상자에서 소프트아이스크림을 하나 꺼내어 먹는 시늉을 하며) 냠냠. (교사에게 주
며) 아~

교사: 아~ 암, 음~ (★★이에게 먹여 주는 시늉을 하며) 아~

★★ : 아~ 냠냠 맛있다. (상자를 뒤적여 아이스크림 모형 3개를 꺼낸다.)

♥♥ : (★★이에게 손바닥을 내밀며) 주세요. 1개.

★★ : (3개의 아이스크림 중에 1개를 주며) 여기.

♥♥ : 고마워. (한 손에는 아이스크림을, 한 손에는 소프트아이스크림을 든다.) 2개야.

★★ : (2개의 아이스크림을 들고) 나는 1개밖에 없네.

교사: ★★이는 1개밖에 없네.

♥♥ : (양손의 아이스크림을 보여 주며) 2개야~

교사: (소프트 아이스크림을 양손에 쥐고) 2개야~

★★ : (아이스크림을 나눠 들며) 2개야~

반응성 상호작용 전략: 아동의 세계로 들어가기

반응하기

★★ : (아이스크림을 부딪치며 소리를 낸다.)

교사: (★★이를 따라 부딪치며 소리를 낸다.)

♥♥ : (교사를 보고 따라서 부딪치며 소리를 낸다.)

♥♥ : (아이스크림을 책상에 두드리며 소리를 낸다.)

교사, ★★ : (아이스크림을 책상에 두드리며 소리를 낸다.)

♥♥ : (아이스크림을 정리한다.)

★★ : (♥♥이가 정리한 아이스크림을 꺼내어 3개의 아이스크림을 한 손에 든다.)

♥♥ : 햄버거~ 햄버거~ (음식 모형 바구니에서 햄버거 빵을 꺼내어 먹는 시늉을 하며) 앙

~ (교사에게 먹여 주며) 아~

교사: (먹는 시늉을 하며) 아~ (햄버거 빵을 들고 ★★이에게 먹여 주는 시늉을 하며) 아~

★★: (먹는 시늉을 하며) 냠. (소시지 빵 모형을 꺼내며) 케첩이네? (오이를 꺼내어 뿌리는 시늉을 한다.)

♥♥: (빵을 상자에 넣고 ★★이의 아이스크림을 1개 가져오며) 주세요. (상자 속에서 머핀 모형을 꺼낸다.)

교사: (소프트아이스크림 모형과 머핀 모형을 꺼내어 하나씩 든다.)

★★: (아이스크림을 한 손씩 나눠 들고 아이스크림을 책상에 부딪쳐 소리를 낸다.) 와~

교사, ♥♥: 와~ (손에 들고 있는 것을 책상에 부딪쳐 소리를 낸다.)

♥♥: (일어나 양쪽으로 양손과 몸을 좌우로 흔들며) 와~

교사: (똑같이 몸과 양손을 흔들며) 와~

★★: (아이스크림끼리 부딪쳐 소리를 낸다.)

교사, ♥♥: (아이스크림과 머핀 모형을 부딪치며 소리를 낸다.)

반응성 상호작용 전략: 아동의 행동과 의사소통 모방하기

　　　　　　　　　　　아동의 방식대로 행동하기

확장하기

• 영아들이 사용하는 언어, 행동을 주시하며 모방하여 이야기하고, 영유아가 만든 방식대로 반복해서 놀이하였다.

★★: 케첩 있어요~ (상자에서 소시지 빵을 꺼내려 하다가 상자가 엎어지면서 상자 속 음식 모형의 절반이 책상 위에 쏟아진다.)

♥♥: (손에 있던 모형들을 정리하고, 햄버거 빵을 들어 책상 위에 두고, 재료 이름을 하나씩 말하며 쌓는다.) 치즈~ 상추~ 매워(양파)~ 꼬이(고기)

교사: (♥♥이와 같은 재료를 말하며 재료를 하나씩 쌓는다.)

★★: (한 손에 3개의 아이스크림을 들고 나머지 한 손으로 햄버거를 쌓는다.)

♥♥: (햄버거가 무너지자) 아~

★★: (햄버거를 무너뜨리며) 무너졌다~

교사: (햄버거를 무너뜨리며) 무너졌다~

♥♥: (소프트아이스크림을 먹는 시늉을 하며) 앙~ (아이스크림 부분이 분리되어 입에 물고 있고, 과자 부분은 손에 든 채 교사를 보고 웃는다.)

교사: (아이스크림을 먹는 시늉을 하며) 앙~ (아이스크림을 입에 물고 과자 부분을 들고 있는다.)

★★: (아이스크림 2개를 합쳐 입을 크게 벌리고 입에 넣는다.) 아~앙~

♥♥: (웃으며 입에 있던 아이스크림을 꺼내어 과자에 붙이고 다시 먹는 시늉을 하며 분리하고 교사를 보고 웃는다.)

교사, ★★: 아~앙~ (따라서 먹는 시늉을 한다.)

반응성 상호작용 전략: 아동이 즐거워하는 행동 반복하기

교사의 발견

- 처음에는 각자 관심 있는 놀잇감만 탐색하는 모습을 보였으나 점차 서로 먹여 주기, 나눠 주기를 통해 상호작용하는 모습을 보였고, 놀잇감을 두드려 소리 내기를 통해 서로의 모습을 모방하며 놀이를 확장해 나갔다.
- 햄버거 재료를 쌓고 무너뜨리거나 아이스크림이 분리되는 것을 발견하여 아이스크림을 분리시키고 붙이기를 반복하며 놀이가 확장되었다.
- 교사가 영아들의 말과 행동을 모방하였더니 놀이를 반복하며 즐거워하였고, 영아들이 놀이의 흐름을 주도해 갔다.

놀이활동 평가

놀이주제

- 냠냠 아이스크림

발견 목표

- 놀잇감을 다양한 방식으로 탐색할 수 있다.
- 같이 놀이를 하고 있는 또래에게 관심을 가질 수 있다.

교육과정 관련 요소

- 신체운동 > 감각과 신체 인식하기 > 감각기관으로 탐색한다.
- 사회관계 > 더불어 생활하기 > 또래에게 관심을 가진다.
- 자연탐구 > 탐구 과정 즐기기 > 사물과 자연 탐색하기를 즐긴다.

반응성 상호작용 전략 적용

- 관찰하기: 아동의 세계로 들어가기
- 반응하기: 아동의 행동과 의사소통 모방하기/아동의 방식대로 행동하기
- 확장하기: 아동이 즐거워하는 행동 반복하기

중심축 행동 목표

- 탐색, 공동주의

중심축 행동 의미 찾기

- 영아는 스스로 경험해 보면서 사물을 인식할 수 있게 된다

  영아가 사물에 대해 경험해 보지 않았다면, 그것들에 대한 직접적인 이해도, 인식도 어렵다. 이때 영아가 직접적인 지식을 얻는 유일한 방법은 탐색이다. 교사는 영아가 직접 탐색하는 과정에서 외부 세상을 다차원적으로 이해한다는 것을 인식하고 영아가 자신의 모든 감각을 이용하여 구체물을 가지고 만져 보거나 조작해 보는 직접적인 경험을 할 수 있도록 한다.

놀이 지원 및 다음 놀이 계획

- 다양한 음식 모형이 있었음에도 영아들이 아이스크림에 많은 관심을 보이며 대부분 아이스크림 모형으로만 놀이하는 모습을 보였다.
- 놀이를 확장시킬 수 있도록 그릇, 식사도구, 컵 등 다양한 주방용품을 비치해 주려고 한다.

놀이활동 흐름 도표

놀이환경

각 영역별로 다양한 소꿉놀이 놀 잇감이 비치되어 있다.

관찰

아이스크림 놀잇감에 관심을 가지 며 다가가 옆에 있는 친구와 주고 받으며 아이스크림놀이를 한다.

반응

아이스크림에 관심을 가지고 보여 주며 먹는 시늉을 하면서 가장놀 이를 한다.

교사의 발견

처음에는 각자 관심 있는 놀 잇감만 탐색하는 모습을 보였 으나 점차 서로 먹여 주기, 나 눠 주기를 통해 상호작용하는 모습을 보였고, 놀잇감을 두 드려 소리 내기를 통해 서로 의 모습을 모방하며 놀이를 확장해 나갔다.

확장

아이스크림, 햄버거 등 놀잇감의 모양에 따라 먹어 보는 놀이를 한다.

반응

같은 모양 찾기, 아이스크림 모형 을 부딪쳐 소리 내기 등 놀잇감을 가지고 다양한 방법으로 놀이한다.

■ 영아 놀이활동 10의 「일일 놀이활동일지」

놀이활동일지(만 1세)

날짜	5월 19일 화요일		날씨	맑음
통합보육	등원(: ~ :) ※ 각 원의 일정에 맞춰 기록하세요.		하원(: ~ :) ※ 각 원의 일정에 맞춰 기록하세요.	
일과(시간)	계획 및 실행			
일상 생활	간식 (: ~ :)	※ 각 원의 일정에 맞춰 기록하세요.		
	점심 식사 (: ~ :)	※ 각 원의 일정에 맞춰 기록하세요.		
	낮잠 및 휴식 (: ~ :)	※ 각 원의 일정에 맞춰 기록하세요.		
활동(: ~ :)	※ 각 원의 일정에 맞춰 기록하세요.			
놀이	실내놀이 (: ~ :)	이전 놀이	• ★★이와 ♥♥이가 새로운 장난감에 호기심이 많아 탐색하는 것이 가능하였고, 같은 영역에서 놀이하는 영아들의 경우 서로의 놀이에 관심이 많아졌다.	
		놀이준비	• 영아들이 충분히 사용할 수 있도록 넉넉하게 놀잇감을 비치하였고, 놀이 공간을 넓게 마련해 주었다.	
		놀이주제	• 냠냠 아이스크림	
		관찰	• ★★이가 음식 모형 상자를 보며 "우와~ 많이 있다."라고 하고, ♥♥이는 옆에 뚜껑이 있는 소프트아이스크림 상자를 열며 "뭐지?"라고 말하며 놀잇감을 쳐다본다. ★★이는 음식 모형 상자를, ♥♥이는 소프트아이스크림 상자를 들고 책상으로 이동하고, ♥♥이가 상자에서 소프트아이스크림을 하나 꺼내어 먹는 시늉을 하며 "냠냠, 아~" 하고 교사에게 주어 "아~" 했더니 ♥♥이와 ★★이가 아이스크림 모형을 나눠 가지고 놀이를 계속하였다.	• 아동의 세계로 들어가기
		반응	• 영아들이 사용하는 언어(햄버거, 아~ 냠~, 케첩이네? 등), 수행하는 행동을 주시하며 모방하듯 반응하였고, 영아가 만든 방식대로 반복해서 놀이한다. • ★★이가 아이스크림을 부딪치며 소리를 내어 교사가 따라 하였더니 ♥♥이도 따라서 부딪치며 소리를 낸다. 이후 영아들은 햄버거 빵을 만들고 서로 먹여 주는 시늉을 하는 등 새로운 놀이를 시작하였다.	• 아동의 행동과 의사소통 모방하기 • 아동의 방식대로 행동하기

놀이		확장	• ♥♥이가 햄버거를 만들 때 "치즈~ 상추~ 매워(양파)~ 꼬이(고기)"라고 말하며 재료를 쌓아서 교사도 똑같은 재료를 말하며 재료를 하나씩 쌓았다. 햄버거가 무너지자 "아~ 무너졌다~"라고 하여 교사도 이를 모방해 주자 반복하며 놀이하였다. 아이스크림을 먹는 흉내를 내거나 아이스크림을 분리했다가 붙이는 것을 반복하여 놀이하였다.	• 아동이 즐거워하는 행동 반복하기
	바깥놀이 (: ~ :)	• 놀이터에서 풍선을 가지고 놀이한다.		
	발견 목표	• 놀잇감을 다양한 방식으로 탐색할 수 있다. • 같이 놀이를 하고 있는 또래에게 관심을 가질 수 있다.		
	교육과정 관련 요소	• 신체운동 > 감각과 신체 인식하기 > 감각기관으로 탐색한다. • 사회관계 > 더불어 생활하기 > 또래에게 관심을 가진다. • 자연탐구 > 탐구 과정 즐기기 > 사물과 자연 탐색하기를 즐긴다.		
	중심축 행동	• 탐색, 공동주의		
	중심축 행동 의미 찾기	• 영아는 스스로 경험해 보면서 사물을 인식할 수 있게 된다 영아가 사물에 대해 경험해 보지 않았다면, 그것들에 대한 직접적인 이해도, 인식도 어렵다. 이때 영아가 직접적인 지식을 얻는 유일한 방법은 탐색이다. 교사는 영아가 직접 탐색하는 과정에서 외부 세상을 다차원적으로 이해한다는 것을 인식하고 영아가 자신의 모든 감각을 이용하여 구체물을 가지고 만져 보거나 조작해 보는 직접적인 경험을 할 수 있도록 한다.		
	교사의 발견	• 처음에는 각자 관심 있는 놀잇감만 탐색하는 모습을 보였으나 점차 서로 먹여 주기, 나눠 주기를 통해 상호작용하는 모습을 보였고, 놀잇감을 두드려 소리 내기를 통해 서로의 모습을 모방하며 놀이를 확장해 나갔다. • 햄버거 재료를 쌓고 무너뜨리거나 아이스크림이 분리되는 것을 발견하여 아이스크림을 분리시키고 붙이기를 반복하며 놀이가 확장되었다. • 교사가 영아들의 말과 행동을 모방하였더니 놀이를 반복하며 즐거워하였고, 영아들이 놀이의 흐름을 주도해 갔다.		
다음날 지원 계획		• 다양한 음식 모형이 있었음에도 영아들이 아이스크림에 많은 관심을 보이며 대부분 아이스크림 모형으로만 놀이하는 모습을 보였다. • 놀이를 확장시킬 수 있도록 그릇, 식사도구, 컵 등 다양한 주방용품을 비치해 주려고 한다.		
반 운영 특이사항		※ 각 원의 학급 운영 시 특이사항을 기록하세요.		

영아 놀이활동 11

나 잡아 봐라

놀이활동 계획

날 짜	5월 20일 수요일
참여대상	만 2세
놀이장소	보육실
놀이시간	16:10~16:30
놀이환경	• 교실 내 신체놀이 환경으로서 매트로 터널을 만든다.
안전지도	• 신체놀이를 하며 영아들끼리 부딪히거나 다치지 않도록 주의 관찰이 요구된다.
놀이준비	• 책상을 모두 벽으로 밀어 신체활동에 필요한 넓은 공간을 준비해 주었다. • 영아들이 안전하게 놀이할 수 있도록 양말을 벗고 놀이하게 하였다.
교 사 의 기 대	• 터널놀이를 하며 다양한 신체 움직임을 경험할 수 있다. • 또래, 교사와 함께 즐거운 신체놀이를 경험하도록 기대해 본다.
이전 놀이 요 약	• 유희실에서 터널놀이를 하고 점심을 먹기 위하여 이동하려는데 ★★이가 아쉬운 마음에 교실에 터널을 가져가도 되는지 물어보았다. ★★이와 교실에서 터널놀이를 할 수 있는 방법을 생각해 보기로 하였고, 교실의 매트를 터널 모양으로 만들었다.

놀이활동 기록

관찰하기

- ★★이가 교실에 들어와 "와~ 터널이다."라고 말하며 터널로 달려간다. 뒤따라온 ♥♥이는 "노란색 터널이네." 하며 웃는다.

  ★★: 선생님이 ★★이 잡아.

  교사: 선생님이 ★★이 잡아~

  ★★: 응, ♥♥이도 와. (♥♥이에게 오라고 손짓을 한다.)

  교사: ♥♥이도 와. (따라서 손짓을 한다.)

  ★★: 선생님~ ★★이랑 ♥♥이 잡아.

  교사: ★★이랑 ♥♥이 잡자.

- 교사가 따라가자 "아~" 하고 소리를 지르며 터널을 통과한다.

  ★★, ♥♥: (터널을 통과하다 교사와 마주치자) 악~ 도망가자~ 무서워~

- 터널을 통과하며 교사와 마주치며 소리 지르기를 반복한다.

  ♥♥: (숨을 거칠게 쉬며) 아~ 이제 못 뛰어가겠다.

  교사: (옆에 앉으며) 아~ 나도 이제 못 뛰어가겠다.

  ♥♥: ★★아, 같이 가~(★★이를 따라간다.)

  교사: 같이 가 ★★아~

  ★★: 이제 우리 다시 잡아.

  교사: 선생님이 다시 잡아? ♥♥이도 다시 잡아?

  ♥♥: (고개를 끄덕이며) 응!

  ★★: 얼른 다시 뛰어. 같이 가면 안 돼.

  교사: 같이 가면 안 돼. (영아들을 따라간다.)

- 다시 뛰어다니며 터널 통과하기를 반복한다.

  반응성 상호작용 전략: 아동의 세계로 들어가기

반응하기

- 영아들이 사용하는 언어, 수행하는 행동을 주시하며 교사도 함께 놀이한다.

    교사: 잡았다. (영아들을 잡는다.)

    ★★, ♥♥: (빠져나가며) 안 잡혔다.

    ★★: 아, 나 목마르다. 물 마실래.

    ♥♥: 나도.

    교사: 나도.

    ★★: ★★이가 따라 줄게.

    ♥♥: 난 조금만 따라 줘.

    교사: 나도 조금만 줘.

    ♥♥: 다시 놀자.

    ★★: (교사를 보며) 꼼짝 마!

    교사: 꼼짝 마! (팔을 감싸 몸을 안는다.)

- 교사가 멈추자 도망간다.

    ★★: 몰래 잡아야지.

- 교사가 멈춰 있다가 영아들이 움직이면 잡기를 반복한다.

    ♥♥: 아, 힘들다 난 좀 쉴래. (터널 안에 눕는다.)

    교사: 나도 쉴래. ★★아, 우리 여기서 쉬게.

    ★★: 나도 쉬어야겠다.

    ♥♥: 꼬끼오~

    교사: 아~ 잘 잤다.

    ★★: 다시 잡자.

• 반복해서 잡기놀이를 한다.

반응성 상호작용 전략: 아동의 행동과 의사소통 모방하기

아동의 방식대로 행동하기

확장하기

• 영아가 만든 방식대로 반복해서 놀이하였다.

★★: (터널 안에 있는 교사에게 손바닥을 내밀며) 얍얍!

♥♥: (교사에게) 얍얍!!

교사: (영아들에게) 얍얍!

★★: (♥♥이와 함께 교사를 터널 안으로 밀며) 여기 안에 있으세요.

♥♥: (교사를 잡아끌며) 이제 밖으로 나와.

★★: 난 이제 변신했다! 빨간색이다!

♥♥: 나도 변신했다! 파란색이다!

교사: 나도 변신했다! 나는 검정색이다!

★★: 공격! 피융 피융~ (총 쏘는 시늉을 한다.)

♥♥: 싸움놀이 하지 마세요.

교사: 싸움놀이 하지 마세요~

★★: 그럼 다시 가자~ 선생님이 ★★이 잡아 봐~

♥♥: 난 잡지 말고!

교사: ★★이는 잡고 ♥♥이는 잡지 말고? 알았어~

• 교사와 ♥♥이가 ★★이를 따라가며 반복해서 터널을 통과한다.

반응성 상호작용 전략: 아동이 즐거워하는 행동 반복하기

교사의 발견

- 영아들이 행동하는 것을 관찰하며 영아들과 함께 반복하여 놀이하였다. 터널을 통과하며 교사와 잡기놀이 하기를 원하여 잡기놀이를 하다가 힘들면 영아들이 터널 안에서 쉬거나 물 먹는 것을 제안하기도 하여 잠깐 동안 휴식 시간을 가지는 등 다양한 놀이를 만들어 나갔다.
- ★★이는 평소 달리기, 점프하기, 구르기 등의 다양한 신체놀이를 즐기고, 체력이 좋아 오랜 시간 동안 뛰며 놀이하여도 지치지 않고 놀이를 주도해 나갔으며, ♥♥이는 중간에 힘들어하는 모습을 보이기도 하고 휴식을 원하기도 하였다.
- 영아들은 변신놀이, 공격놀이에 흥미를 보여 함께 공격놀이를 하기도 하였으며 원하는 놀이를 자유롭게 충분히 경험할 수 있었다.

놀이활동 평가

놀이주제

- 나 잡아 봐라

발견 목표

- 대근육을 조절하여 잡기놀이를 할 수 있다.
- 계획한 놀이에 교사의 참여를 요구할 수 있다.
- 놀이 중 스스로 안전하게 놀이하는 방법을 알고 조절할 수 있다.

교육과정 관련 요소

- 신체운동 > 신체활동 즐기기 > 대근육을 조절한다.
- 신체운동 > 신체활동 즐기기 > 실내외 신체활동을 즐긴다.
- 사회관계 > 나를 알고 존중하기 > 내가 좋아하는 것을 한다.

반응성 상호작용 전략 적용

- 관찰하기: 아동의 세계로 들어가기
- 반응하기: 아동의 행동과 의사소통 모방하기/아동의 방식대로 행동하기
- 확장하기: 아동이 즐거워하는 행동 반복하기

중심축 행동 목표

• 공동주의, 협력

중심축 행동 의미 찾기

• 교사와 무엇을 할지에 대해 선택권을 가질 때 더 잘 협력하게 된다

 영아가 선택하는 능력은 학습과 발달에 가장 근본적인 동기를 촉진하며, 교사가 유동적으로 영아의 행동 유형이나 흥미에 맞추어 무엇인가를 하도록 요청할 때, 영아는 협력하는 습관을 잘 형성하게 될 것이다. 교사가 덜 엄격하고 요구 횟수를 줄일수록 영아는 교사와 더욱 쉽게 협력하게 된다.

놀이 지원 및 다음 놀이 계획

• 터널을 통과하는 것에 많은 흥미를 보여 다른 종류의 터널을 함께 비치하여 여러 개의 터널을 통과해 볼 수 있도록 준비해 주어야겠다.

• 공간이 한정되어 있는 교실보다 넓은 실외에서 자유롭게 신체활동을 해 보는 것도 시도해 볼 수 있다.

• ♥♥이의 경우 신체활동을 오래하면 힘들어하며 쉬고 싶어 하기 때문에 쉴 수 있는 공간도 마련해 주어야 한다.

놀이활동 흐름 도표

놀이환경

교실 내 신체놀이 환경으로서 매트로 터널을 만든다.

관찰

매트의 다른 모양에 신기해하며 관심을 보였다.

반응

터널을 통과하는 놀이를 번갈아 하며 놀이를 한다.

교사의 발견

영아의 흥미를 고려하여 놀이하였더니 관심을 가지고 놀이에 참여하였다. 처음에는 목적대로 터널을 통과하는 놀이를 하다가 점차 잡기놀이, 쉬는 장소 등으로 확장하여 터널 이용자가 되었다. 영아들은 적극적으로 놀이를 제안하며 교사를 끌어들여 놀이의 주체가 되었다.

확장

잡기놀이를 하다가 힘들어서 누워서 쉬거나 물을 마시면서 쉬었다.

반응

잡기놀이로 변화하여 놀이를 한다.

■ 영아 놀이활동 11의 「일일 놀이활동일지」

놀이활동일지(만 2세)

날짜	5월 20일 수요일		날씨	맑음
통합보육	등원(: ~ :) ※ 각 원의 일정에 맞춰 기록하세요.		하원(: ~ :) ※ 각 원의 일정에 맞춰 기록하세요.	
일과(시간)	계획 및 실행			
일상 생활	간식 (: ~ :)	※ 각 원의 일정에 맞춰 기록하세요.		
	점심 식사 (: ~ :)	※ 각 원의 일정에 맞춰 기록하세요.		
	낮잠 및 휴식 (: ~ :)	※ 각 원의 일정에 맞춰 기록하세요.		
활동(: ~ :)	※ 각 원의 일정에 맞춰 기록하세요.			
놀이	실내놀이 (: ~ :)	이전 놀이	• 유희실에서 터널놀이를 하고 점심을 먹기 위하여 이동하려는데 ★★이가 아쉬운 마음에 교실에 터널을 가져가도 되는지 물어보았다. ★★이와 교실에서 터널놀이를 할 수 있는 방법을 생각해 보기로 하였고, 교실의 매트를 터널 모양으로 만들었다.	
		놀이준비	• 책상을 모두 벽으로 밀어 신체활동에 필요한 넓은 공간을 준비해 주었다. • 영아들이 안전하게 놀이할 수 있도록 양말을 벗고 놀이하도록 하였다.	
		놀이주제	• 나 잡아 봐라	
		관찰	• ★★이가 교실에 들어와 "와~ 터널이다."라고 말하며 터널로 달려간다. 뒤따라온 ♥♥이는 "노란색 터널이네." 하며 웃는다. 2~3분가량 터널 통과하기를 반복해서 놀이하였다. ★★이가 "선생님이 ★★이 잡아."라고 하여 "선생님이 ★★이 잡아~"라고 말하니 "응, ♥♥이도 와."라고 하며 두세 번 반복해서 터널을 통과한다.	• 아동의 세계로 들어가기
		반응	• 잡기놀이를 영아들의 방식(잡았다가 놓치기)대로 반복하였고, ★★이가 교사를 보며 "꼼짝 마!"라고 말해 교사가 "꼼짝 마~" 하며 멈추자 도망간다. ★★이가 "몰래 잡아야지."라고 말해 교사가 멈춰 있다가 영아들이 움직이면 잡기를 반복한다. • ♥♥이가 "아, 힘들다 난 좀 쉴래."라고 말하며 터널 안에 눕자 교사가 이를 모방하였더니 쉬고 난 후 ♥♥이가 "꼬끼오~" 하며 일어나 다시 반복해서 잡기놀이를 한다.	• 아동의 행동과 의사소통 모방하기 • 아동의 방식대로 행동하기

놀이		확장	• 영아가 만든 방식대로 터널 안에 있는 교사에게 손바닥을 내밀며 "얍얍!" 하는 것을 모방하였더니 웃으며 놀이를 반복하였고, ★★이가 색깔로 변신하여 "공격! 피융 피융~" 하며 총 쏘는 시늉을 하면서 놀이하였더니 ♥♥이가 "싸움놀이 하지 마세요."라고 말하였다. • ★★이가 "그럼 다시 가자~ 선생님이 ★★ 잡아 봐~"라고 말하면서 반복해서 터널을 통과하며 잡기놀이를 하였다.	• 아동이 즐거워하는 행동 반복하기
	바깥놀이 (: ~ :)		• 유희실에서 놀이할 때 다른 연령에서 놀이하였던 터널을 발견하고 놀이를 시작하였다. 터널을 통과하며 놀이한다.	
	발견 목표		• 대근육을 조절하여 잡기놀이를 할 수 있다. • 계획한 놀이에 교사의 참여를 요구할 수 있다. • 놀이 중 스스로 안전하게 놀이하는 방법을 알고 조절할 수 있다.	
	교육과정 관련 요소		• 신체운동 > 신체활동 즐기기 > 대근육을 조절한다. • 신체운동 > 신체활동 즐기기 > 실내외 신체활동을 즐긴다. • 사회관계 > 나를 알고 존중하기 > 내가 좋아하는 것을 한다.	
	중심축 행동		• 공동주의, 협력	
	중심축 행동 의미 찾기		• 교사와 무엇을 할지에 대해 선택권을 가질 때 더 잘 협력하게 된다 영아가 선택하는 능력은 학습과 발달에 가장 근본적인 동기를 촉진하며, 교사가 유동적으로 영아의 행동 유형이나 흥미에 맞추어 무엇인가를 하도록 요청할 때, 영아는 협력하는 습관을 잘 형성하게 될 것이다. 교사가 덜 엄격하고 요구 횟수를 줄일수록 영아는 교사와 더욱 쉽게 협력하게 된다.	
	교사의 발견		• 영아들이 행동하는 것을 관찰하며 영아들과 함께 반복하여 놀이하였다. 터널을 통과하며 교사와 잡기놀이 하기를 원하여 잡기놀이를 하다가 힘들면 영아들이 터널 안에서 쉬거나 물 먹는 것을 제안하기도 하여 잠깐 동안 휴식 시간을 가지는 등 다양한 놀이를 만들어 나갔다. • ★★이는 평소 달리기, 점프하기, 구르기 등의 다양한 신체놀이를 즐기고, 체력이 좋아 오랜 시간 동안 뛰며 놀이하여도 지치지 않고 놀이를 주도해 나갔으며, ♥♥이는 중간에 힘들어하는 모습을 보이기도 하고 휴식을 원하기도 하였다. • 영아들은 변신놀이, 공격놀이에 흥미를 보여 함께 공격놀이를 하기도 하였으며 원하는 놀이를 자유롭게 충분히 경험할 수 있었다.	
다음날 지원 계획			• 터널을 통과하는 것에 많은 흥미를 보여 다른 종류의 터널을 함께 비치하여 여러 개의 터널을 통과해 볼 수 있도록 준비해 주어야겠다. • 공간이 한정되어 있는 교실보다 넓은 실외에서 자유롭게 신체활동을 해 보는 것도 시도해 볼 수 있다. • ♥♥의 경우 신체활동을 오래하면 힘들어하며 쉬고 싶어 하기 때문에 쉴 수 있는 공간도 마련해 주어야 한다.	
반 운영 특이사항			※ 각 원의 학급 운영 시 특이사항을 기록하세요.	

영아 놀이활동 12 　 빨대가 젓가락이 되었어요

놀이활동 계획

날　　짜	5월 21일 목요일
참여대상	만 2세
놀이장소	보육실
놀이시간	11:00~11:20
놀이환경	• 보육실 미술 영역에 색종이, 동물 그림 인쇄물, 스티커, 색연필, 가위 등이 준비되어 있다.
안전지도	• 가위 사용 시 가위 날 부분을 조심해서 사용할 수 있도록 안전지도가 필요하다.
놀이준비	• 동물 그림 인쇄물, 색종이, 빨대 등 미술활동 재료를 준비한다.
교 사 의 기　　대	• 영아는 여러 가지 미술활동 재료를 탐색한다. • 영아가 가위로 오린 동물 그림 인쇄물로 동물놀이를 할 수 있다.
이전 놀이 요　　약	• 최근 아이들의 놀이주제가 동물, 바다생물인 경우가 많았으며, 한 명이 놀이를 시작하면 다른 친구들도 관심을 보이며 같은 놀잇감을 가지고 놀이하는 것을 좋아하였다.

놀이활동 기록

관찰하기

**: (가위에 관심을 보인다.) (교사를 보며) 가위가 여기 있네?

교사: (**이와 눈을 맞추며) 가위가 거기 있네.

＊＊: (가위 바구니를 들고 책상에 앉으며) 이거로 뭐 자르지?

○○: (인쇄물이 들어 있는 바구니를 들어 올리며) 여기 있다. 이거 잘라. (○○이가 인쇄물 바구니를 들
    고 책상으로 온다.)

＊＊: (바구니를 살펴보며 상어 그림 인쇄물을 찾는다.) 어? 내가 좋아하는 거다. (교사를 쳐다본다.)

＊＊: (옆에서 지켜보다가 말 그림 인쇄물을 보며) 난 말 할 거야, 말.

교사: (책상에 ＊＊이를 마주 보고 앉아) ＊＊이는 말 할 거야? 선생님도 말 해야지. (교사가 웃자 ＊＊이도 활
    짝 웃는다.)

• 교사와 ＊＊이, ○○이가 가위로 자신이 선택한 인쇄물을 오린다.

＊＊: (색종이를 가지고 와서) 나는 이번엔 이거 잘라야지. (색종이를 보여 준다.)

교사: (＊＊이를 보며) 이번엔 색종이 할 거구나~ (＊＊이와 눈을 맞춘다.)

반응성 상호작용 전략: 아동의 세계로 들어가기
                    아동의 행동 관찰하기

반응하기

• 영아들은 한참 동안 자신이 선택한 동물 그림 인쇄물과 색종이를 오린다. 교사도 같이 오리
  는 놀이를 한다.

＊＊: (자신이 오린 갈매기 그림 인쇄물을 교사에게 건네며) 자~ 이거 줄게. 선생님 선물이야. (웃는다.)

교사: (＊＊이가 준 인쇄물을 받으며) 고마워요~

교사: (자신이 오린 물고기 그림 인쇄물을 ＊＊이에게 건네며) 자~ 선생님도 이거 줄게. ＊＊이 선물이야.

＊＊: (교사가 준 선물을 받으며) 이게 뭐야. 히히. 물고기잖아~

○○: (자신이 오린 호랑이 그림 인쇄물을 교사에게 주며) 자~ 선물 줄게.

교사: (○○이가 주는 선물을 받으며) 고마워요~

교사: (자신이 오린 말 그림 인쇄물을 ○○이에게 건네며) 자~ 선물 줄게~

○○: (교사가 건네준 선물을 받으며) 고마워.

○○: (미술 재료 중 빨대를 들어 올리며) 이거는 뭐야?

교사: (○○이를 보며) 음~ 이거는 뭐지?

○○: (빨대 껍질 비닐을 잡아당기며) 이거 어떻게 빼?

교사: (빨대 비닐을 잡아당기며) 이거 어떻게 빼지?

○○: (잡아당기던 빨대 껍질이 벗겨지자) 오! 됐다.

교사: (빨대 껍질을 벗기고) 오! 됐다~

**: (옆에서 지켜보다가 빨대를 보여 주며) 어떻게 벗기는 거야?

교사: (빨대를 들어 올리며) 이거 어떻게 벗기는 걸까?

**: (빨대 껍질을 잡아당겨 비닐이 벗겨지자) 아 됐다! (교사를 쳐다본다.)

교사: **이도 됐네. (웃는다.)

반응성 상호작용 전략: 아동의 행동과 의사소통 모방하기

　　　　　　　　　　　　아동이 선택할 기회를 자주 주기

확장하기

○○: (빨대를 흔들며 혼잣말로) 이거 뭐 하는 거지?

**: (빨대를 들고) 이거로 뭐 하지?

교사: (빨대를 보며) 그러게~ 이거로 뭐 하는 거지~

○○: (빨대 2개를 들어 보이며) 어~ 젓가락 같아, 젓가락.

○○: (빨대 2개를 젓가락질하듯이 잡아 보인다.)

교사: (○○이를 따라 젓가락처럼 빨대 2개를 들고) 정말 젓가락 같다. (○○이를 따라 젓가락질하듯 빨대를 움직인다.)

**: (빨대 2개를 들고) 나도 집에 젓가락 있어. (젓가락을 잡듯이 빨대를 잡는디. 빨대가 잘 잡히지 않자

주먹을 쥐어 빨대를 잡는다.)

○○: (빨대를 젓가락 잡듯이 잡고 가위 구멍에 빨대를 넣어서 가위를 들어 올리며) 잡았다~

교사: (빨대로 가위를 들어 올리며) 나도 잡았다~

**: 나도 잡을래. (빨대에 가위를 걸어 들어 올린다.)

반응성 상호작용 전략: 아동이 즐거워하는 행동 반복하기

아동의 의도를 확장하기

교사의 발견

- 만 2세가 되니 소근육의 발달로 인해 그림을 따라 가위로 자르는 놀이를 능숙하게 수행하였고, 교사가 영아의 관심을 따라 기다려 줌으로써 자신이 흥미 있는 재료를 선택하여 놀이하는 시간이 지속되는 것을 볼 수 있었다.
- 영아들은 자신이 좋아하는 인쇄물을 가위로 잘라 교사에게 선물해 주는 등 친사회적 행동을 보이며 즐거워하였다. 교사는 동물 그림 인쇄물을 오려 동물놀이를 하는 모습을 기대하였으나 영아들은 빨대를 탐색하다가 빨대 2개를 이용해 젓가락처럼 사용하는 새로운 놀이를 발견하였다.
- 인쇄물과 종이에 관심을 보이던 영아는 또래가 빨대를 이용해 놀이하는 것을 보고 빨대에 관심을 보이게 되었으며, 또래의 놀이를 모방하며 즐거워하는 모습을 보였다.
- 교사가 영아의 요구에 따라 도와주지 않아도 반응을 통해 빨대의 껍질을 스스로 벗기는 실행을 하며 스스로 할 수 있는 자율성을 볼 수 있었다.

놀이활동 평가

놀이주제

- 빨대가 젓가락이 되었어요

발견 목표

- 소근육을 조절하어 문체를 조자할 수 있다.
- 스스로 문제를 해결해 내기 위한 방법을 생각할 수 있다.

교육과정 관련 요소

• 기본생활 > 안전하게 생활하기 > 일상에서 안전하게 놀이하고 생활한다.

• 신체운동 > 신체활동 즐기기 > 대 · 소근육을 조절한다.

• 자연탐구 > 생활 속에서 탐구하기 > 친숙한 물체의 특성과 변화를 감각으로 탐색한다.

반응성 상호작용 전략 적용

• 관찰하기: 아동의 세계로 들어가기/아동의 행동 관찰하기

• 반응하기: 아동의 행동과 의사소통 모방하기/아동이 선택할 기회를 자주 주기

• 확장하기: 아동이 즐거워하는 행동 반복하기/아동의 의도를 확장하기

중심축 행동 목표

• 탐색, 실행

중심축 행동 의미 찾기

• 호기심은 학습 성취를 위해 가장 중요한 시작이다

영아의 탐색은 어떻게 자신이 세상과 개인적으로 관계되어 있는지에 대한 궁금증으로부터 시작된다. 영아는 사물 자체보다는 어떻게 개인이 사물에 영향을 미칠 수 있는가에 더욱 큰 관심을 갖고 있다. 그래서 영아는 자신이 직접 영향을 미칠 수 있는 사물과 경험에 대해 더욱 호기심을 갖고 탐색하려는 경향이 있다. 교사가 영아의 탐색하는 과정을 관찰하면서 영아가 어디에 호기심을 가지고 있는지, 영아가 어떻게 사물과 세상에 대해 이해하고 사고하는지 알게 되면 영아에게 직접적인 영향을 미칠 수 있는 환경을 제공하도록 한다.

놀이 지원 및 다음 놀이 계획

• 영아들이 다양한 재료를 탐색하며 새로운 놀이를 만들어 내고 함께하는 놀이를 즐거워하였다. 다음 놀이에는 영아들이 다양한 재료로 탐색활동을 할 수 있도록 수수깡이나 여러 색의 빨대 등을 다양하게 준비하여 환경을 조성해 주어야겠다.

• 영아들이 가위 사용을 능숙하게 하는 모습을 보여 다양한 재질의 종이나 모양가위 등을 제공해 줘도 좋겠다.

놀이활동 흐름 도표

놀이환경

보육실 미술 영역에 색종이, 동물 그림 인쇄물, 스티커, 색연필, 가위 등이 준비되어 있다.

관찰

자신에게 흥미로운 인쇄물, 매체 (예: 가위, 젓가락)를 선택하여 가지고 온다.

반응

선호하는 자료를 선택하여 오리며 놀이하고 이를 가지고 상호작용을 한다.

교사의 발견

교사가 제안하지 않아도 스스로 소근육을 조작하는 놀이를 즐기며 교사, 또래와 공유하는 활동에 대한 흥미와 관심을 통해 의도적 의사소통이 늘어났다.

확장

빨대로 앞에 있는 미술용품을 들어 올리며 낚시놀이를 한다.

반응

교사도 같이 오리는 놀이를 한다.

■ **영아 놀이활동 12의 「일일 놀이활동일지」**

놀이활동일지(만 2세)

날짜	5월 21일 목요일		날씨	맑음
통합보육	등원(： ～ ：) ※ 각 원의 일정에 맞춰 기록하세요.		하원(： ～ ：) ※ 각 원의 일정에 맞춰 기록하세요.	
일과(시간)	계획 및 실행			
일상 생활	간식 (： ～ ：)	※ 각 원의 일정에 맞춰 기록하세요.		
	점심 식사 (： ～ ：)	※ 각 원의 일정에 맞춰 기록하세요.		
	낮잠 및 휴식 (： ～ ：)	※ 각 원의 일정에 맞춰 기록하세요.		
활동(： ～ ：)	※ 각 원의 일정에 맞춰 기록하세요.			
놀이	실내놀이 (： ～ ：)	이전 놀이	• 최근 아이들의 놀이주제가 동물, 바다생물인 경우가 많았으며, 한 명이 놀이를 시작하면 다른 친구들도 관심을 보이며 같은 놀잇감을 가지고 놀이하는 것을 좋아하였다.	
		놀이준비	• 동물 그림 인쇄물, 색종이, 빨대 등 미술활동 재료를 준비한다.	
		놀이주제	• 빨대가 젓가락이 되었어요	
		관찰	• **이가 교사에게 "가위가 여기 있네?"라고 말한다. **이는 가위 바구니를 들고 책상에 앉으며 "이거로 뭐 자르지?"라고 말한다. ㅇㅇ이가 인쇄물이 들어 있는 바구니를 들어 올리며 "여기 있다. 이거 잘라."라고 말한다. ㅇㅇ이가 인쇄물 바구니를 들고 책상으로 온다. 교사와 **, ㅇㅇ이가 가위로 자신이 선택한 인쇄물을 오린다. **이는 색종이를 가지고 와서 "나는 이번엔 이거 잘라야지."라고 말하며 색종이를 보여 준다.	• 아동의 세계로 들어가기 • 아동의 행동 관찰하기
		반응	• **이는 자신이 오린 갈매기 그림 인쇄물을 교사에게 건네며 "자～ 이거 줄게. 선생님 선물이야."라고 말하며 웃는다. 교사가 "이거 줄 거야～ 고마워요～"라고 말하고, 교사가 오린 물고기 그림 인쇄물을 **이에게 건네며 "자～ 선생님도 이거 줄게. **이 선물이야."라고 말한다. • ㅇㅇ이는 자신이 오린 호랑이 그림 인쇄물을 교사에게 주며 "자～ 선물 줄게."라고 말한다. 교사는 ㅇㅇ이가 주는 선물을 받고 "고마워요～"라고 말하고 교사가 오린 말 그림 인쇄물을 건네며 "자～ 선물 줄게～"라고 말한다. ㅇㅇ이는 교사가 건네준 선물을 받으며 "고마워."라고 말한다.	• 아동의 행동과 의사소통 모방하기 • 아동이 선택할 기회를 자주 주기

놀이		확장	• ○○이는 빨대를 흔들며 "이거 뭐 하는 거지?"라고 혼잣말을 한다. 옆에 있던 **이도 빨대를 들고 "이거로 뭐 하지?"라고 말한다. 교사도 빨대를 보며 "그러게~ 이거로 뭐 하는 거지~"라고 말한다. • ○○이는 빨대 2개를 들어 보이며 "어~ 젓가락 같아, 젓가락."이라고 말한다. ○○이가 빨대 2개를 젓가락질하듯이 잡아 보인다. 교사도 ○○이를 따라 젓가락처럼 빨대 2개를 들고 "정말 젓가락 같다."라고 말한다. • **이도 빨대 2개를 들고 "나도 집에 젓가락 있어."라고 말하며 젓가락을 잡듯이 빨대를 잡는다. 빨대가 잘 잡히지 않자 주먹을 쥐어 빨대를 잡는다. 빨대로 가위를 들어 올리는 행동을 즐거워하며 계속 반복한다.	• 아동이 즐거워하는 행동 반복하기 • 아동의 의도를 확장하기
	바깥놀이 (: ~ :)		• 모래놀이터에서 자유롭게 놀이하였다. 나뭇가지를 주워 와서 모래에 그림을 그리며 무슨 그림인지 이야기 나눴다.	
	발견 목표		• 소근육을 조절하여 물체를 조작할 수 있다. • 스스로 문제를 해결해 내기 위한 방법을 생각할 수 있다.	
	교육과정 관련 요소		• 기본생활 > 안전하게 생활하기 > 일상에서 안전하게 놀이하고 생활한다. • 신체운동 > 신체활동 즐기기 > 대·소근육을 조절한다. • 자연탐구 > 생활 속에서 탐구하기 > 친숙한 물체의 특성과 변화를 감각으로 탐색한다.	
	중심축 행동		• 탐색, 실행	
	중심축 행동 의미 찾기		• 호기심은 학습 성취를 위해 가장 중요한 시작이다 영아의 탐색은 어떻게 자신이 세상과 개인적으로 관계되어 있는지에 대한 궁금증으로부터 시작된다. 영아는 사물 자체보다는 어떻게 개인이 사물에 영향을 미칠 수 있는가에 더욱 큰 관심을 갖고 있다. 그래서 영아는 자신이 직접 영향을 미칠 수 있는 사물과 경험에 대해 더욱 호기심을 갖고 탐색하려는 경향이 있다. 교사가 영아의 탐색하는 과정을 관찰하면서 영아가 어디에 호기심을 가지고 있는지, 영아가 어떻게 사물과 세상에 대해 이해하고 사고하는지 알게 되면 영아에게 직접적인 영향을 미칠 수 있는 환경을 제공하도록 한다.	
	교사의 발견		• 만 2세가 되니 소근육의 발달로 인해 그림을 따라 가위로 자르는 놀이를 능숙하게 수행하였다. • 교사는 동물 그림 인쇄물을 오려 동물놀이를 하는 모습을 기대하였으나 영아들은 빨대를 탐색하다가 빨대 2개를 이용해 젓가락처럼 사용하는 새로운 놀이를 발견하였다. • 교사가 영아의 요구에 따라 도와주지 않아도 반응을 통해 빨대의 껍질을 스스로 벗기는 실행을 하며 스스로 할 수 있는 자율성을 볼 수 있었다.	
다음날 지원 계획			• 영아들이 다양한 재료를 탐색하며 새로운 놀이를 만들어 내고 함께하는 놀이를 즐거워하였다. 다음 놀이에는 영아들이 다양한 재료로 탐색활동을 할 수 있도록 수수깡이나 여러 색의 빨대 등을 다양하게 준비하여 환경을 조성해 주어야겠다. • 영아들이 가위 사용을 능숙하게 하는 모습을 보여 다양한 재질의 종이나 모양가위 등을 제공해 줘도 좋겠다.	
반 운영 특이사항			※ 각 원의 학급 운영 시 특이사항을 기록하세요.	

우리 집에 놀러 오세요

놀이활동 계획

날   짜 5월 22일 금요일

참여대상 만 2세

놀이장소 보육실

놀이시간 16:20~16:40

놀이환경 • 각 영역별로 다양한 놀잇감이 비치되어 있다.

안전지도 • 책상을 모두 벽으로 밀어 자유로운 놀이에 필요한 넓은 공간을 준비해 준다.

• 무거운 놀잇감은 아래로, 가벼운 놀잇감은 위로 비치한다.

놀이준비 • 영아들이 충분히 사용할 수 있도록 넉넉하게 놀잇감을 비치하였고, 놀이 공간을 넓게 마련해 주었다.

교 사 의 기   대 • 쌓기 놀잇감에 관심을 가진다.

• 블록을 이용한 다양한 구성놀이를 경험하도록 기대해 본다.

이전 놀이 요   약 • 지난 시간에 벽돌 블록을 가지고 의자 만들기를 했었던 후로 아이들이 벽돌 블록에도 흥미를 보이기 시작하였다. 벽돌 블록을 가지고 다양한 영역에서 놀이하는 것을 인정해 주었더니 벽돌 블록을 가지고 다양한 방법으로 놀이하였다.

놀이활동 기록

관찰하기

★★: 우리 이거(벽돌 블록) 꺼내자.

♥♥: 그래 좋아.

- 1개씩 손바닥으로 밀어 떨어뜨리다가 ♥♥이가 한 번에 한 줄씩 떨어뜨린다.

♥♥: 와~ 많이 떨어진다.

★★: (♥♥이와 똑같이 한 줄씩) ★★이가 더 많이 떨어뜨리지?

♥♥: 우리 다 꺼내자.

★★: 그래.

♥♥, ★★: 와~ 다 꺼낸다. (소리 지르며 벽돌 블록을 모두 바닥으로 꺼낸다.)

★★: (자리에 앉아 벽돌 블록을 자신의 쪽으로 가져오며) 이거 만들 거야. 선생님, 이거 잡아 줘.

교사: 이거 잡아 줘~ (★★이의 방식대로 행동을 모방한다.)

♥♥: 나도 만들래.

- 영아가 세운 블록을 교사가 잡아 주면 영아는 그 위에 블록을 올리거나 옆으로 세운다.

반응성 상호작용 전략: 아동의 행동 관찰하기

반응하기

★★: 세워서 집 만들자.

♥♥: 같이 하자.

교사: 같이 세워서 집 만들자.

- 블록을 세로로 세워 옆으로 연결한다.

★★: (블록이 계속 쓰러지자) 아! 왜 계속 쓰러지는 거야!

교사: 왜 계속 쓰러지지~

♥♥: 내가 도와줄게.

• 영아들과 교사는 함께 블록을 세워 집을 구성한다.

★★: (앉으면서 뒤에 있던 블록이 무너지자) 무너졌잖아!!!

♥♥: 어? 여기도 무너졌네.

교사: 무너졌네.

★★: (양발을 휘저으며) 무너뜨리자.

♥♥: 무너뜨리자.

교사: 무너뜨리자.

♥♥: 다시 만들까?

교사: 다시 만들까~

★★: 계속 무너져서 싫어!

♥♥: (블록을 가로로 놓으며) 옆으로 하면 되잖아.

교사: 옆으로 놓으면 되잖아.

반응성 상호작용 전략: 아동의 행동과 의사소통 모방하기

아동이 선택할 기회를 자주 주기

확장하기

♥♥: 누구세요?

교사: 선생님입니다.

♥♥: 들어오세요.

교사: 감사합니다. (옆을 보며) 어? 옆집에 ★★이가 사네요.

★★: 안녕~ 우리 집에도 놀러 와.

교사: 알았어. 놀러 갈게. ♥♥아, ★★이 집에 놀러 갔다 올게.

♥♥: 응, 갔다 와.

교사: (블록 밖으로 나가 벽돌을 손가락으로 누르며) 띵동띵동~

★★: 누구세요?

교사: 선생님이에요.

★★: 들어오세요. (교사가 들어가자) 이제 코~ 잘 시간이에요. (벽돌 하나를 바닥에 두며) 여기 누워요.

교사: (벽돌 블록에 머리를 대고 누우며) 네.

♥♥: 나도 코~ 잘게요.

- 영아들과 교사가 자는 시늉을 한다.

♥♥: 꼬끼오~

★★, 교사: 아~ 잘 잤다.

교사: 이제 갈게요.

★★: 또 놀러 오세요.

♥♥: 선생님~ 이번에는 우리 집에 놀러 와.

교사: 이번에는 ♥♥이 집에 놀러 가 볼까?

교사: (블록 밖으로 나가 벽돌을 손가락으로 누르며) 띵동띵동~

- 양쪽 집에 놀러 가는 놀이를 하며 누워서 잠 자는 흉내를 내다가 영아들이 '꼬끼오~' 하면 일어나기를 반복해서 놀이하였다.

반응성 상호작용 전략: 아동이 즐거워하는 행동 반복하기

교사의 발견

- 벽돌 블록을 꺼낼 때 떨어지거나 쌓고 싶은 대로 쌓아지지 않을 경우 영아들의 행동을 관찰하고 행동과 말을 모방하였더니 스스로 방법을 생각해 의견을 조율해 나가는 과정을 경험하였다.
- 평소에 역할놀이에 관심이 없었던 영아들이었는데도 흥미와 관심이 있는 벽돌 블록을 가지고 놀이가 확장됨에 따라 놀이가 다양해지고 역할극을 하며 즐거워하였다.

놀이활동 평가

놀이주제

• 우리 집에 놀러 오세요

발견 목표

• 종이 벽돌 블록을 세울 수 있다.
• 구성품을 만들어 역할놀이를 할 수 있다.

교육과정 관련 요소

• 신체운동 > 신체활동 즐기기 > 대·소근육을 조절한다.
• 사회관계 > 나를 알고 존중하기 > 내가 좋아하는 것을 한다.
• 자연탐구 > 탐구 과정 즐기기 > 사물과 자연을 반복하며 탐색하기를 즐긴다.

반응성 상호작용 전략 적용

• 관찰하기: 아동의 행동 관찰하기
• 반응하기: 아동의 행동과 의사소통 모방하기/아동이 선택할 기회를 자주 주기
• 확장하기: 아동이 즐거워하는 행동 반복하기

중심축 행동 목표

• 탐색, 문제해결, 공동주의

중심축 행동 의미 찾기

• 교사는 문제해결사가 아니라 협력자가 되어 주어야 한다

교사는 영아가 혼자 힘으로 해결하도록 격려해 주기보다는 영아에게 문제를 해결하는 방식을 보여 주고 문제해결 과정에 간섭하기 쉽다. 교사는 영아가 스스로 다양한 해결책을 시도할 때 격려해 주며 영아 혼자 힘으로 문제해결을 주도하도록 가르칠 수 있다. 영아가 도움을 요청할 때마다 교사가 영아의 문제를 해결해 주면서 개입한다면, 영아는 어려운 상황에서 혼자 힘으로 해결하기보다는 다른 사람에게서 도움을 청하는 법을 먼저 배울 것이다.

놀이 지원 및 다음 놀이 계획

• 블록집이 완성되자 자연스럽게 역할놀이가 이루어지는 모습이 관찰되었다. 역할놀이 교구를 활용하여 블록집 안에서 다양한 역할놀이가 이루어질 수 있도록 준비해 주도록 한다.

• 다른 블록을 함께 사용하여 더욱 다양한 형태의 집을 구성해 볼 수 있도록 한다.

놀이활동 흐름 도표

놀이환경

각 영역별로 다양한 놀잇감이 비치되어 있다.

관찰

벽돌 블록에 관심을 가지고 꺼낸다.

반응

꺼낸 벽돌 블록으로 집을 만들고자 했는데 벽돌 블록이 자꾸 쓰러지자 벽돌 블록을 무너뜨리면서 놀이하는 것을 인정하기도 하며 기차놀이를 진행하였다.

교사의 발견

다수의 영아가 놀이를 하다가 문제가 일어났을 경우에 영아들의 모습을 관찰하고 지지해 주었더니 영아들 스스로 방법을 생각해 냈다. 또한 자연스럽게 놀이가 확장되며 주고받는 상호작용이 늘어났다.

확장

만들어진 집을 이용하여 집에서 하는 행동 등을 놀이로 나타낸다.

반응

기차놀이를 반복하고는 커다란 원을 만들어 집이라고 표현하며 놀이한다.

■ 언어 놀이활동 13의 「일일 놀이활동일지」

놀이활동일지(만 2세)

날짜	5월 22일 금요일	날씨	맑음
통합보육	등원(: ~ :) ※ 각 원의 일정에 맞춰 기록하세요.	하원(: ~ :) ※ 각 원의 일정에 맞춰 기록하세요.	
일과(시간)	계획 및 실행		

일상 생활	간식 (: ~ :)	※ 각 원의 일정에 맞춰 기록하세요.	
	점심 식사 (: ~ :)	※ 각 원의 일정에 맞춰 기록하세요.	
	낮잠 및 휴식 (: ~ :)	※ 각 원의 일정에 맞춰 기록하세요.	
활동(: ~ :)		※ 각 원의 일정에 맞춰 기록하세요.	
놀이	실내놀이 (: ~ :)	이전 놀이	• 지난 시간에 벽돌 블록을 가지고 의자 만들기를 했던 이후로 아이들이 벽돌 블록에도 흥미를 보이기 시작하였다. 벽돌 블록을 가지고 다양한 영역에서 놀이하는 것을 인정해 주었더니 벽돌 블록을 가지고 다양한 방법으로 놀이하였다.
		놀이준비	• 영아들이 충분히 사용할 수 있도록 넉넉하게 놀잇감을 비치하였고, 놀이 공간을 넓게 마련해 주었다.
		놀이주제	• 우리 집에 놀러 오세요
		관찰	• ★★이가 "우리 이거(벽돌 블록) 꺼내자."라고 말하니 ♥♥이가 "그래 좋아."라고 하며 1개씩 손바닥으로 밀어 떨어뜨리다가 ♥♥이가 한 번에 한 줄씩 떨어뜨린다. • ♥♥이가 "우와~ 많이 떨어진다."라고 하니 ★★이가 ♥♥이와 똑같이 한 줄씩 떨어뜨리며 "★★이가 더 많이 떨어뜨리지?"라고 말하며 꺼낸다. 벽돌 블록을 다 꺼내고 ★★이가 자리에 앉아 벽돌 블록을 자신의 쪽으로 가져오며 "이거 만들 거야. 선생님, 이거 잡아 줘."라고 말한다. *• 아동의 행동 관찰하기*
		반응	• ★★이와 ♥♥이가 같이 세워서 집을 만들기로 했는데 블록이 계속 쓰러지자 ★★이가 "아! 왜 계속 쓰러지는 거야!"라고 말하였다. 교사가 "왜 계속 쓰러지지~"라고 말하니 ♥♥가 "내가 도와줄게."라고 하며 함께 블록을 세워 집을 구성한다. *• 아동의 행동과 의사소통 모방하기* *• 아동이 시대할 기회를 자주 주기*

> • 아동의 행동 관찰하기
>
> • 아동의 행동과 의사소통 모방하기
> • 아동이 시대할 기회를 자주 주기

놀이	*		• ♥♥이와 ★★이가 들어가 "선생님도 들어와."라고 하여 "선생님도 들어갈게~"라고 말하며 함께 들어간다. 뒤에 있던 블록이 무너지자 벽돌 블록을 모두 무너뜨리고 다시 만들며 다른 방법으로 놓아 무너지지 않게 하기도 하였다. 교사를 자신들이 만들 집에 초대해 주었다.	
		확장	• 영아가 만든 방식(자신의 집에 초대하고 교사가 손님이 되어 방문)대로 반복해서 놀이하였다. 두 명이 서로 지은 집의 양쪽 집에 놀러 가는 놀이를 하며 누워서 잠자는 흉내를 내다가 영아들이 "꼬끼오~" 하면 일어나기를 반복해서 놀이하였다.	• 아동이 즐거워하는 행동 반복하기
	바깥놀이 (: ~ :)	• 종이비행기를 날려 보며 놀이를 한다.		
	발견 목표	• 종이 벽돌 블록을 세울 수 있다. • 구성품을 만들어 역할놀이를 할 수 있다.		
	교육과정 관련 요소	• 신체운동 > 신체활동 즐기기 > 대·소근육을 조절한다. • 사회관계 > 나를 알고 존중하기 > 내가 좋아하는 것을 한다. • 자연탐구 > 탐구 과정 즐기기 > 사물과 자연을 반복하며 탐색하기를 즐긴다.		
	중심축 행동	• 탐색, 문제해결, 공동주의		
	중심축 행동 의미 찾기	• 교사는 문제해결사가 아니라 협력자가 되어 주어야 한다 교사는 영아가 혼자 힘으로 해결하도록 격려해 주기보다는 영아에게 문제를 해결하는 방식을 보여 주고 문제해결 과정에 간섭하기 쉽다. 교사는 영아가 스스로 다양한 해결책을 시도할 때 격려해 주며 영아 혼자 힘으로 문제해결을 주도하도록 가르칠 수 있다. 영아가 도움을 요청할 때마다 교사가 영아의 문제를 해결해 주면서 개입한다면, 영아는 어려운 상황에서 혼자 힘으로 해결하기보다는 다른 사람에게서 도움을 청하는 법을 먼저 배울 것이다.		
	교사의 발견	• 벽돌 블록을 꺼낼 때 떨어지거나 쌓고 싶은 대로 쌓아지지 않을 경우 영아들의 행동을 관찰하고 행동과 말을 모방하였더니 스스로 방법을 생각해 의견을 조율해 나가는 과정을 경험하였다. • 평소에 역할놀이에 관심이 없었던 영아들이었는데도 흥미와 관심이 있는 벽돌 블록을 가지고 놀이가 확장됨에 따라 놀이가 다양해지고 역할극을 하며 즐거워하였다.		
다음날 지원 계획		• 블록집이 완성되자 자연스럽게 역할놀이가 이루어지는 모습이 관찰되었다. 역할놀이 교구를 활용하여 블록집 안에서 다양한 역할놀이가 이루어질 수 있도록 준비해 주도록 한다. • 다른 블록을 함께 사용하여 더욱 다양한 형태의 집을 구성해 볼 수 있도록 한다.		
반 운영 특이사항		※ 각 원의 학급 운영 시 특이사항을 기록하세요.		

영아
놀이활동
14

자동차 경주놀이

놀이활동 계획

날　　짜	4월 22일 수요일
참여대상	만 2세
놀이장소	보육실
놀이시간	16:00~16:30
놀이환경	• 보육실에 중장비 놀잇감, 벽돌 블록, 레고 블록, 놀이매트, 와플 블록 등이 준비되어 있다.
안전지도	• 영아들이 서로 몸을 부딪히거나 다치지 않도록 교사의 안전지도가 필요하다.
놀이준비	• 중장비 놀잇감과 벽돌 블록 등의 놀잇감을 제공한다.
교 사 의 기　　대	• 자동차 놀잇감을 이용해 놀이한다. • 교사는 영아들이 자동차 놀잇감과 벽돌 블록을 이용해 주차장놀이를 하기를 기대한다.
이전 놀이 요　　약	• **이와 아침 등원 맞이 시간에 어린이집 오는 길에 있는 공사장에 대해서 이야기를 나눴다. 평소에도 중장비 놀잇감을 자주 선택하여 놀이하였고, 가정에서도 비슷한 장난감을 가지고만 놀이한다고 하였다. 다른 아이들도 교사와 **이의 이야기를 관심 있게 듣고 자신의 경험을 이야기하며 관심을 공유하였다.

놀이활동 기록

관찰하기

- **이와 ○○이가 중장비에 관심을 보인다. 특히 **이는 차와 수레를 연결하는 끌차에 관심을 보인다.

    **: (끌차를 연결하며) 짐 실을 때 이거 있어야 돼.

    교사: (**이와 눈을 맞추며) 아~ 짐 실을 때 끌차가 있어야 되는구나.

    **: (끌차 2개를 나란히 세우며) 응, 부웅~ 같이 출발하자~ (끌차를 앞으로 민다.)

    ○○: (**이가 끄는 끌차를 가리키며) 끌차 하나는 파란색이고 하나는 초록색이네. 왜 그런 거야? (친구를 쳐다본다.)

    **: (끌차로 놀이매트 안에서 원을 그리고 돌며) 우웅~ 이건 더 빠르고 이건 더 안 빨라.

    ○○: (색이 다른 두 끌차를 가리키며) 이거는 초록색이고 이거는 파란색이야. 왜 그런 거야? (교사를 쳐다본다.)

    교사: (○○이를 보며) 왜 그런 걸까?

    ○○: 모르겠어.

- **이와 ○○이가 모두 끌차 중장비에 관심을 보였다. **이는 끌차의 실제 쓰임에 대해 이야기하는 모습을 보였으며, ○○이는 끌차의 색에 관심을 보였고, 같은 놀잇감이 서로 다른 색을 가지고 있는 이유에 대해 궁금해하는 모습을 보였다.

    반응성 상호작용 전략: 아동의 행동 관찰하기

반응하기

○○: (파란색 끌차와 초록색 끌차를 가리키며) 왜 색깔이 달라? 누가 이렇게 색칠한 거야?

교사: (○○이를 보며) 누가 이렇게 색칠한 거지?

○○: (웃는다.)

○○: (교사를 보다가 파란색 끌차를 잡으며) 나는 파란색~ 파란색 할래.

**: (들고 있는 파란색 끌차를 들어 올리며) 나도 파란색~

교사: (나머지 초록색 끌차를 잡으며) 나는 초록색~

○○: 나도 파란색. 그럼 나는 **팀이잖아.

교사: 아~ 파란색~ 파란색끼리 팀이구나?

○○: (교사의 끌차에 자신의 끌차를 부딪치며) 쿵쿵

교사: (○○이를 따라 하며) 쿵쿵

**: (중장비 놀잇감을 끌고 매트 위를 기어 다닌다.)

○○: (교사를 보며) 나는 **팀이야. 우리 누가 더 빠른지 시합해 보자.

교사: (○○, **이와 눈을 맞추며) 시합해 볼까?

**, ○○: 어, 쫓아가자. (끌차를 굴리면서 빠르게 간다.)

교사: 그래, 쫓아가자~ (뒤를 따라간다.)

• 모두 함께 매트 위를 빙글빙글 돌며 끌차를 굴리다가 매트 밖으로 간다.

○○: (다시 매트 안으로 들어가며) 다시 매트로 돌아오면 여기까지 오면 도착이야.

교사: (○○이를 보며) 아, 거기로 가면 다시 도착이구나. (끌차를 끌고 다시 매트 안으로 돌아간다.)

• **이는 끌차를 밀며 빙글빙글 도는 놀이를 즐긴다.

○○: (교사에게) 누가 더 빠른지 경주해 보자.

교사: (○○이와 **이를 보며) 그래. 우리 누가 더 빠른지 경주해 보자.

• 빙글빙글 혼자 놀이하던 **이에게 교사와 ○○이가 가까이 다가온다.

○○: (자신의 중장비를 들고) 얼른 해~

○○, **: (자신의 끌차를 바닥에 대고 굴리며) 내가 일등! 못 잡을 걸~

반응성 상호작용 전략: 아동의 방식대로 행동하기

소리 주고받으며 놀이하기

아동이 선택할 기회를 자주 주기

확장하기

교사: (영아들을 보며) 그러면 우리 경주를 어디서 시작해서 어디로 도착하는 거로 할까?

**: (매트 위에 앉아) 여기 여기. 여기에서.

교사: (**이를 보며) **이 있는 데서부터 시작할까?

교사, ○○: (**이가 앉아 있는 쪽으로 이동한다.)

교사: (○○이와 **이를 보며) 그러면 여기서 어디까지 가는 경주를
　　　할까?

**: (정면에 보이는 벽을 가리키며) 음~ 저기, 저기요.

교사: (정면의 벽을 가리키며) 저기 앞에 벽.

○○: (벽 앞의 바구니를 가리키며) 저기까지 가자~

교사: 그래, 저기까지 가자.

○○: 출발~

○○, **: (둘이 동시에 바구니가 있는 곳까지 중장비 차를 끌고 기어간다.)

**: (교사를 보며) 또 해자 또.

교사: (**이를 보며) 또 해 볼까? 이번엔 어디까지 가 볼까?

○○: 음. 원장 선생님 있는 데까지.

교사: (○○이와 **이를 보며) 출발~

○○, **: 와~ (중장비 차를 끌고 빠르게 기어간다.)

• 영아들이 중장비 차를 끌고 앞으로 경주하는 놀이를 반복한다.

　반응성 상호작용 전략: 아동이 즐거워하는 행동 반복하기
　　　　　　　　　　　 발달에 적합한 기대와 규칙 가지기
　　　　　　　　　　　 아동의 의도를 확장하기

교사의 발견

• 영아들은 모두 중장비 놀잇감인 끌차에 관심을 보였으나 속도, 색깔 등 다른 특성에 대한
　관심으로 흥미가 나뉘기도 하였다.

• 교사가 자연스럽게 영아들의 관심을 공유할 수 있도록 반응해 주었더니 영아들 간의 놀이
　가 진행되었고, 교사가 모방해 주고 의견을 물어 관심을 표현하니 놀이가 확장되었다.

놀이활동 평가

놀이주제

• 자동차 경주놀이

발견 목표

• 간단한 규칙이 있는 놀이를 할 수 있다.
• 자동차가 하는 일을 알 수 있다.

교육과정 관련 요소

• 사회관계 > 더불어 생활하기 > 또래와 놀이한다.
• 자연탐구 > 생활 속에서 탐구하기 > 주변 공간과 모양을 탐색한다.
• 자연탐구 > 생활 속에서 탐구하기 > 주변 사물을 같고 다름에 따라 구분한다.

반응성 상호작용 전략 적용

• 관찰하기: 아동의 행동 관찰하기
• 반응하기: 아동의 방식대로 행동하기/소리 주고받으며 놀이하기/아동이 선택할 기회를 자주 주기
• 확장하기: 아동이 즐거워하는 행동 반복하기/발달에 적합한 규칙과 기대 가지기/아동의 의도를 확장하기

중심축 행동 목표

• 공동주의, 탐색

중심축 행동 의미 찾기

• 탐색은 가르쳐서 되는 것이 아니라 영아 주도로 이루어진다

교사가 영아의 탐색을 이끌어 나가면, 영아는 탐색을 위해 집중해서 활동에 참여할 수 없게 된다. 교사는 영아가 개별적이고 직접적으로 세상을 이해하기 위해 탐색해 보도록 허기보다는 수동적인 참여자가 되도록 해야 한다. 교사는 영아의 인지 발달을 촉진하기 위해 영아

에게 특정 정보나 어려움에 대한 해결책을 제공하기보다는 영아에게 탐색과 발견학습의 기회를 자주 제공해야 한다.

놀이 지원 및 다음 놀이 계획

- 중장비의 실제 쓰임에 대해 관심을 보이는 영아의 모습이 관찰되었다. 실제 중장비 사진이나 책 등을 제공하여 영아들이 다양한 중장비의 쓰임을 접할 수 있도록 지원해야겠다.
- 놀잇감의 색에 관심을 보이는 영아를 위해 다양한 색을 직접 경험할 수 있는 놀이 기회를 제공하고, 영아와 더 많은 의사소통을 할 수 있도록 기다려 주어야겠다.
- 중장비 놀잇감을 이용해 자동차 경주놀이로 확장할 수 있으니 교실 바닥에 테이프로 길을 만들어 놓는 등 환경을 준비해 주어야겠다.

놀이활동 흐름 도표

놀이환경

보육실에 중장비 놀잇감, 벽돌 블록, 레고 블록, 놀이매트, 와플 블록 등이 준비되어 있다.

관찰

끌차에 관심을 보이며 선택하여 놀이를 시작한다.

반응

자동차를 굴리며 놀이한다.

교사의 발견

영아는 일상생활에서 평범한 사물과 경험들을 통해서 동일한 개념을 배운다. 교사는 영아들이 중장비 놀잇감을 보고 나타내는 각기 다른 반응(중장비의 쓰임에 관심을 보인 영아, 중장비의 색깔에 관심을 보인 영아)에 대해 적절하게 언어화함으로써 행동을 공유하였다.

확장

상호작용을 통해 규칙을 정하고 규칙에 따라 놀이에 참여한다.

반응

색깔별로 팀을 나누고 자동차 경주 놀이를 한다.

■ 영아 놀이활동 14의 「일일 놀이활동일지」

놀이활동일지(만 2세)

날짜	4월 22일 수요일	날씨	맑음
통합보육	등원(: ~ :) ※ 각 원의 일정에 맞춰 기록하세요.	하원(: ~ :) ※ 각 원의 일정에 맞춰 기록하세요.	

일과(시간)		계획 및 실행	
일상 생활	간식 (: ~ :)	※ 각 원의 일정에 맞춰 기록하세요.	
	점심 식사 (: ~ :)	※ 각 원의 일정에 맞춰 기록하세요.	
	낮잠 및 휴식 (: ~ :)	※ 각 원의 일정에 맞춰 기록하세요.	
활동(: ~ :)		※ 각 원의 일정에 맞춰 기록하세요.	
놀이	실내놀이 (: ~ :)	이전 놀이	• 어린이집 오는 길에 있는 공사장에 대해서 이야기를 나눴다. 평소에도 중장비 놀잇감을 자주 선택하여 놀이하였고, 가정에서도 비슷한 장난감을 가지고만 놀이한다고 하였다. 다른 아이들도 교사와 **이의 이야기를 관심 있게 듣고 자신의 경험을 이야기하며 관심을 공유하였다.	
		놀이준비	• 중장비 놀잇감과 벽돌 블록 등의 놀잇감을 제공한다.	
		놀이주제	• 자동차 경주놀이	
		관찰	• **이는 차와 수레를 연결하는 끌차에 관심을 보인다. 끌차를 연결하며 "짐 실을 때 이거 있어야 돼."라고 말한다. 교사는 "아~ 짐 실을 때 끌차가 있어야 되는구나."라고 말한다. **이는 끌차 2개를 나란히 세우며 "응, 부웅~ 같이 출발하자~"라고 말하며 끌차를 앞으로 민다. • ○○이는 색이 다른 두 끌차를 가리키며 "이거는 초록색이고 이거는 파란색이야. 왜 그런 거야?"라고 하며 교사를 쳐다본다.	• 아동의 행동 관찰하기
		반응	• ○○이는 파란색 끌차와 초록색 끌차를 가리키며 "왜 색깔이 달라? 누가 이렇게 색칠한 거야?"라고 말한다. 교사가 ○○이를 보며 "누가 이렇게 색칠한 거지?"라고 말하자 웃는다. • ○○이는 교사를 보다가 파란색 끌차를 잡으며 "나는 파란색~ 파란색 할래."라고 말한다. • **이도 들고 있는 파란색 끌차를 들어 올리며 "나도 파란색~"이라고 말한다. 교사는 나머지 초록색 끌차를 잡으며 "나는 초록색~"이라고 말한다. ○○이는 "나도 파란색, 그럼 나는 **팀이잖아."라고 말한다.	• 아동의 방식대로 행동하기 • 소리 주고받으며 놀이하기 • 아동이 선택할 기회를 자주 주기

놀이		확장	• ○○이는 교사를 보며 "나는 **팀이야. 우리 누가 더 빠른지 시합해 보자."라고 말한다. • 영아들이 끌차를 굴리며 각자 자동차 경주놀이를 한다. 교사는 영아들을 보며 "우리 그러면 경주를 어디서 시작해서 어디로 도착하는 거로 할까?"라고 물어보니 **이는 매트 위에 앉아 "여기 여기. 여기에서."라고 말한다. • ○○이가 출발선에서 "출발~"이라고 말하자 ○○이와 **이가 동시에 바구니가 있는 곳까지 중장비 차를 끌고 기어간다. **이는 교사를 보며 "또 해자 또."라고 말한다. 영아들이 중장비 차를 끌고 앞으로 경주하는 놀이를 반복한다.	• 아동이 즐거워하는 행동 반복하기 • 발달에 적합한 규칙과 기대 가지기 • 아동의 의도를 확장하기
	바깥놀이 (： ~ ：)		• 놀이터에서 탈것 장난감(다양한 자동차 모양의 장난감)을 선택하여 자유롭게 놀이한다.	
	발견 목표		• 간단한 규칙이 있는 놀이를 할 수 있다. • 자동차가 하는 일을 알 수 있다.	
	교육과정 관련 요소		• 사회관계 > 더불어 생활하기 > 또래와 놀이한다. • 자연탐구 > 생활 속에서 탐구하기 > 주변 공간과 모양을 탐색한다. • 자연탐구 > 생활 속에서 탐구하기 > 주변 사물을 같고 다름에 따라 구분한다.	
	중심축 행동		• 공동주의, 탐색	
	중심축 행동 의미 찾기		• 탐색은 가르쳐서 되는 것이 아니라 영아 주도로 이루어진다 교사가 영아의 탐색을 이끌어 나가면, 영아는 탐색을 위해 집중해서 활동에 참여할 수 없게 된다. 교사는 영아가 개별적이고 직접적으로 세상을 이해하기 위해 탐색해 보도록 하기보다는 수동적인 참여자가 되도록 해야 한다. 교사는 영아의 인지 발달을 촉진하기 위해 영아에게 특정 정보나 어려움에 대한 해결책을 제공하기보다는 영아에게 탐색과 발견학습의 기회를 자주 제공해야 한다.	
	교사의 발견		• 영아들은 모두 중장비 놀잇감인 끌차에 관심을 보였으나 속도, 색깔 등 다른 특성에 대한 관심으로 흥미가 나뉘기도 하였다. • 교사가 자연스럽게 영아들의 관심을 공유할 수 있도록 반응해 주었더니 영아들 간의 놀이가 진행되었고, 교사가 모방해 주고 의견을 물어 관심을 표현하니 놀이가 확장되었다.	
다음날 지원 계획			• 중장비의 실제 쓰임에 대해 관심을 보이는 영아의 모습이 관찰되었다. 실제 중장비 사진이나 책 등을 제공하여 영아들이 다양한 중장비의 쓰임을 접할 수 있도록 지원해야겠다. • 놀잇감의 색에 관심을 보이는 영아를 위해 다양한 색을 직접 경험할 수 있는 놀이 기회를 제공하고, 영아와 더 많은 의사소통을 할 수 있도록 기다려 주어야겠다. • 중장비 놀잇감을 이용해 자동차 경주놀이로 확장할 수 있으니 교실 바닥에 테이프로 길을 만들어 놓는 등 환경을 준비해 주어야겠다.	
반 운영 특이사항			※ 각 원의 학급 운영 시 특이사항을 기록하세요.	

영아 놀이활동 15 도넛 촛불을 불어요

놀이활동 계획

날 짜	4월 23일 목요일
참여대상	만 2세
놀이장소	별꽃반 교실
놀이시간	10:30~10:40
놀이환경	• 교실 내에 소꿉놀이 환경으로 모형케이크, 접시, 다양한 음식 모형 등이 준비되어 있다.
안전지도	• 아이들끼리 부딪치며 다치지 않도록 교사의 주의 관찰이 요구된다.
놀이준비	• 생일 축하 가랜다, 선물상자, 선물 그림카드를 교실에 배치해 둔다.
교 사 의 기 대	• 생일의 의미를 알고 기쁜 마음을 함께 나눈다. • 친구들과 생일잔치 경험을 나눈다. • 교사는 영아들이 준비된 재료를 가지고 극놀이를 만들어 보기를 기대해 본다.
이전 놀이 요 약	• 월 1회 어린이집에서 생일잔치를 하며, 이번 달에는 다음 주에 계획되어 있다. 영아들의 경우 생일잔치를 할 때 케이크에 관심이 많으며, 노래를 불러 주고 촛불을 끄는 행동을 즐거워하여 생일잔치가 있을 때마다 자신이 주인공이 되고 싶어 하였다.

놀이활동 기록

관찰하기

교사: (○○의 옆에 다가가 눈을 맞추며) 이거 선물이야?

○○: (교사가 고개를 갸우뚱하고 웃자 선물상자를 열어 본다.)

△△: (생일캘린더를 보고 혼잣말로) 이거 생일인데. 누구 생일이지? 나 선물 안 갖고 왔는데. (바구니에 있는 선물상자를 꺼내며) 이거 뭐야? 무슨 선물이지? 열어 볼래. (교사에게 선물상자를 내민다.)

교사: (웃으며) 이게 뭘까?

△△: (상자를 열어 보고 상자 속을 보이게 내밀며) 여기 뭐가 있어. 봐 봐.

교사: 이게 뭐지?

△△: 선물이야. △△이 선물이야. (바구니에 있는 다른 상자들도 열어 본다.)

○○: (교사의 옆에 몸을 바짝 붙이고 앉아 선물상자에 음식 모형을 넣고 교사에게 내밀며) 선생님. 선물 줄까?

교사: 선생님 선물 줄 거야~

○○: (상자 속에 다른 음식 모형을 넣어 본다. 초콜릿 모형을 상자에 넣고 눌러 보았다가 뚜껑이 닫히지 않자 음식 모형 중 작은 컵케이크를 상자에 넣어 보고 뚜껑을 닫는다.)

♡♡: (블록을 가져와 선물상자에 넣었다가 뺐다를 반복한다.)

반응성 상호작용 전략: 아동의 행동 관찰하기

반응하기

• 영아들이 책상에 둘러앉아 음식 모형과 선물상자로 놀이를 한다.
• 교사는 영아들과 함께 책상에 둘러앉아 눈을 맞추며 놀이에 반응한다.

○○: (그릇에 음식을 쌓고 교사에게 도넛 모형을 내밀며) 먹어 봐.

교사: 이거 먹어 봐?

○○: (교사를 쳐다보며) 응.

교사: (도넛 먹는 흉내를 내며) 냠냠.

ㅇㅇ: (교사를 바라보며) 냠냠 맛있다. (웃는다.)

ㅇㅇ: (도넛을 양손에 쥐고 앞을 가린 후 교사가 자신을 모방하는지 본다.) (교사가 도넛으로 똑같이 눈을 가리자) 냠냠, 아 맛있다. (도넛 먹는 흉내를 내며 교사를 본다.)

교사: (ㅇㅇ이를 바라보며) 냠냠, 빨간 도넛 맛있네.

ㅇㅇ: (깔깔 웃으며 즐거워한다.)

• ♡♡가 ㅇㅇ이와 교사가 놀이하는 것을 바라본다. 교사가 ♡♡를 바라보며 웃어 주자 선물상자에 넣은 블록을 보여 준다.

♡♡: ♡♡이가 만든 거야.

교사: (♡♡이와 눈을 맞추며) ♡♡이가 만든 거구나.

♡♡: (접시에 음식 모형을 담으며) ♡♡이도 할래.

• △△이는 선물상자에 납작한 치즈 모형을 넣고 교사에게 내밀어 보여 준다.

△△: 선물이야. △△이 선물이야.

교사: △△아, △△이 선물이구나.

반응성 상호작용 전략: 아동의 방식대로 행동하기
　　　　　　　　　　　　아동의 행동과 의사소통 모방하기

확장하기

• ㅇㅇ이가 바구니에 남아 있던 선물상자를 모두 자신의 앞에 둔다.

ㅇㅇ: (☆☆이가 다가와 ㅇㅇ이의 앞에 있는 선물상자를 만지자) 내 건데. 하지 마. (선물상자를 자신의 앞으로 모은다.)

교사: ㅇㅇ이가 선물상자를 가지고 많이 놀고 싶었구나.

ㅇㅇ: 응. (입술을 내민다.)

교사: (몸을 낮춰 고개 숙인 ㅇㅇ이의 눈을 보며) ㅇㅇ이가 속상했구나. 그런데 ㅇㅇ이가 선물상자를 모두 가져가서 다른 친구들이 선물상자가 없대. 어떻게 하면 좋을까?

☆☆: 하나씩 하는 거야. 하나씩 하면 되잖아요.

교사: 하나씩 해도 좋겠다.

ㅇㅇ: 하나씩 나눠 줄 거야.

교사: ㅇㅇ이가 나눠 주니깐 친구들하고 더 많이 같이 놀 수 있겠다.

ㅇㅇ: 응, 같이 놀자. (웃는다.)

△△: 그런데 누구 생일이지? (며칠 전 생일이었던 ♡♡이의 생일이 떠오른 듯 자리에서 일어나 ㅁㅁ 이를 손짓하며) ㅁㅁ이 생일이었잖아! 생일 축하해 줘야지!

교사: △△이가 ㅁㅁ이 생일을 기억했구나. 어떻게 축하해 줄까?

ㅁㅁ: 생일 축하해 해 줘.

• 박수를 치며 "생일 축하합니다. 생일 축하합니다. 사랑하는 ㅁㅁ의 생일 축하합니다." 노래 를 부른다. 교사도 영아들과 둘러앉아 눈을 맞추며 노래를 불러 본다.

ㅇㅇ: 케이크.

☆☆: (모형 케이크 위에 도넛을 올린다. ☆☆이가 도넛을 쌓기 시작하자 ㅇㅇ도 함께 도넛을 쌓는다.)

☆☆: (교사가 도넛 1개를 올리자) 이제 후~ 하는 거야.

교사: 이제 촛불 끄는 거야?

• 그러자 ☆☆이가 도넛을 향해 "후~" 분다. ㅇㅇ이도 함께 "후~" 분다.

반응성 상호작용 전략: 아동이 즐거워하는 행동 반복하기
발달에 적합한 규칙과 기대 가지기

교사의 발견

• 영아들은 교사가 새롭게 제공한 환경인 선물상자, 생일 축하 가랜드, 선물 그림카드를 능 동적으로 탐색하였다. 영아는 환경을 통해 자신의 경험 중 '생일'을 떠올리고 놀이하였다. 특히 '선물상자'라는 실제적 소재에 관심을 보였고, 생일축하놀이가 점차 확장해 나가는 모 습이었다.

• 영아들의 놀이는 선물상자놀이 → 소꿉놀이 → 생일축하놀이로 연계 · 확장되었고, 교사와 소통하며 놀이하던 것에서 점차 또래 친구들과의 놀이로 변화하였다.

• 교사가 상황을 간단히 설명해 주고 문제해결을 할 수 있도록 기회를 주었을 때 자기조절을 하려고 시도하고 문제를 해결할 수 있다는 점을 발견할 수 있었다.

놀이활동 평가

놀이주제

• 도넛 촛불을 불어요

발견 목표

• 자신의 경험을 바탕으로 놀이를 할 수 있다.

• 또래의 놀이에 관심을 공유할 수 있다.

교육과정 관련 요소

• 사회관계 > 더불어 생활하기 > 또래와 놀이한다.

• 예술경험 > 창의적으로 표현하기 > 일상생활 경험을 상상놀이로 표현한다

반응성 상호작용 전략 적용

• 관찰하기: 아동의 행동 관찰하기

• 반응하기: 아동의 방식대로 행동하기/아동의 행동과 의사소통 모방하기

• 확장하기: 아동이 즐거워하는 행동 반복하기/발달에 적합한 규칙과 기대 가지기

중심축 행동 목표

• 공동주의, 탐색, 실행, 협력

중심축 행동 의미 찾기

• 교사가 현재 영아의 능력 범위 안에 있는 것을 하도록 요구할 때 영아는 교사의 요구에 순응할 수 있다

교사가 영아의 행동을 관찰하고 발달적 수준에서 수행이 가능한 수준의 행동을 요구할 때, 영아는 성공적으로 반응할 수 있다. 영아의 능력 범위 내에서 잘할 수 있는 활동과 행동을 따르도록 요청하는 것이 영아의 협력하는 습관을 강화하는 데 중요하다.

놀이 지원 및 다음 놀이 계획

- 영아들이 선물상자와 같은 실제적인 재료로 놀이하는 것에 흥미를 많이 보였다. 실제적인 재료(선물상자, 포장지, 고깔모자, 생일 테이블보 등)를 다양하게 준비하여 제공해야겠다.
- 실제 영아들의 생일에 직접 생일상을 차려 볼 수 있도록 지지해 주어 함께 놀이하며 즐기는 생일잔치를 만들어 봐야겠다.

놀이활동 흐름 도표

놀이환경

교실 내에 소꿉놀이 환경으로 모형케이크, 접시, 다양한 음식 모형 등이 준비되어 있다.

관찰

새로운 선물꾸러미를 발견하고 "이게 뭐예요?"라고 질문한다.

반응

음식 모형으로 선물상자를 만들었다. 도넛 모형, 치즈 모형, 다양한 선물상자를 만들고 놀이하였다.

교사의 발견

생일축하놀이를 설정하고 준비했지만, 영아들은 도넛이라는 재료로 촛불을 만들었다. 영아들은 스스로 주도할 때 일상에서 창의적 놀이를 만들어 낸다.

확장

영아들이 만든 케이크에 도넛을 쌓아 촛불이 되었다.

반응

선물을 보며 생일인 친구를 생각하고 케이크 만들기를 시작한다. 그리고 생일 축하 노래를 부른다.

■ 영아 놀이활동 15의 「일일 놀이활동일지」

<table>
<tr><td colspan="5" align="center">놀이활동일지(만 2세)</td></tr>
<tr><td colspan="2" align="center">날짜</td><td>4월 23일 목요일</td><td align="center">날씨</td><td>맑음</td></tr>
<tr><td colspan="2" align="center">통합보육</td><td>등원(: ~ :)
※ 각 원의 일정에 맞춰 기록하세요.</td><td colspan="2">하원(: ~ :)
※ 각 원의 일정에 맞춰 기록하세요.</td></tr>
<tr><td colspan="2" align="center">일과(시간)</td><td colspan="3" align="center">계획 및 실행</td></tr>
<tr><td rowspan="3" align="center">일상
생활</td><td align="center">간식
(: ~ :)</td><td colspan="3">※ 각 원의 일정에 맞춰 기록하세요.</td></tr>
<tr><td align="center">점심 식사
(: ~ :)</td><td colspan="3">※ 각 원의 일정에 맞춰 기록하세요.</td></tr>
<tr><td align="center">낮잠 및 휴식
(: ~ :)</td><td colspan="3">※ 각 원의 일정에 맞춰 기록하세요.</td></tr>
<tr><td colspan="2" align="center">활동(: ~ :)</td><td colspan="3">※ 각 원의 일정에 맞춰 기록하세요.</td></tr>
<tr><td rowspan="6" align="center">놀이</td><td rowspan="6" align="center">실내놀이
(: ~ :)</td><td align="center">이전 놀이</td><td colspan="2">• 다음 주에 생일잔치가 계획되어 있다. 영아들의 경우 생일잔치를 할 때 케이크에 관심이 많으며, 노래를 불러 주고 촛불을 끄는 행동을 즐거워하여 생일잔치가 있을 때마다 자신이 주인공이 되고 싶어 하였다.</td></tr>
<tr><td align="center">놀이준비</td><td colspan="2">• 생일 축하 가랜다, 선물상자, 선물 그림카드를 교실에 배치해 둔다.</td></tr>
<tr><td align="center">놀이주제</td><td colspan="2">• 도넛 촛불을 불어요</td></tr>
<tr><td align="center">관찰</td><td>• ○○이와 △△이가 상자에 관심을 보이며 "이거 뭐야? 무슨 선물이지? 열어 볼래."라고 말하고 교사에게 선물상자를 내민다. 교사가 "이게 뭘까?"라고 대답하는 중에 △△이가 상자를 열어 보고 상자 속을 보이게 내밀며 "여기 뭐가 있어 봐 봐."라고 한다. 교사가 "이게 뭐지?" 하자 △△이가 "선물이야. △△이 선물이야." 하며 바구니에 있는 다른 상자들도 열어 본다. 음식 모형을 선물로 주고받는다.</td><td>• 아동의 행동 관찰하기</td></tr>
<tr><td align="center">반응</td><td>• ○○이는 도넛을 양손에 쥐고 앞을 가린 후 교사가 자신을 모방하는지 본다. 교사가 도넛으로 똑같이 눈을 가리자 "냠냠, 아 맛있다." 하고 도넛 먹는 흉내를 내며 교사를 본다. 교사도 ○○이를 바라보며 "냠냠, 빨간 도넛 맛있네." 하자 ○○이는 깔깔 웃으며 즐거워한다.
• ♡♡이가 ○○이와 교사가 놀이하는 것을 바라본다. 교사가 ♡♡이를 바라보며 웃어 주자 선물상자에 넣은 블록을 보여 준다. "♡♡이가 만든 거야."라고 말해 교사가 ♡♡이와 눈을 맞추고 "♡♡이가 만든 거구나." 하자 접시에 음식 모형을 담으며 "♡♡이도 할래."라고 말한다.
• △△는 선물상자에 납작한 치즈 모형을 넣고 교사에게 내밀어 보여 준다. "선물이야. △△이 선물이야."</td><td>• 아동의 방식대로 행동하기
• 아동의 행동과 의사소통 모방하기</td></tr>
</table>

놀이		확장	• ○○이가 바구니에 남아 있던 선물상자를 모두 자신의 앞에 둔다. ☆☆이가 다가와 ○○이의 앞에 있는 선물 상자를 만지자 ○○이가 "내 건데. 하지 마." 하고 선물 상자를 자신의 앞에 모은다. 교사가 "그런데 ○○이가 선물상자를 모두 가져가서 다른 친구들이 선물상자가 없대. 어떻게 하면 좋을까?"라고 말한다. ☆☆이가 "하 나씩 하면 돼."라고 말하자 ○○이도 "하나씩 나눠 줄 거야."라고 말한다. 교사가 "○○이가 나눠 주니깐 친 구들하고 더 많이 같이 놀 수 있겠다." 하자 "응, 같이 놀자." 하며 웃어 본다. • △△이와 ♡♡이가 누구의 생일인지 이야기를 나누 며 "ㅁㅁ이 생일이었잖아! 생일 축하해 줘야지."라고 말하며 박수를 치며 생일 축하 노래를 부른다. 교사도 영아들과 둘러앉아 눈을 맞추며 노래를 불러 본다. ☆ ☆이가 모형 케이크 위에 도넛을 쌓기 시작하자 ○○ 이도 함께 도넛을 쌓는다. ☆☆이가 "이제 후~ 하는 거야." 하며 촛불을 끄는 놀이를 반복한다.	• 아동이 즐거워 하는 행동 반복 하기 • 발달에 적합한 규칙과 기대 가 지기
	바깥놀이 (: ~ :)		• 산책을 할 때 만난 강아지에게 관심을 보였으며, ○○이는 무섭다며 교사의 손을 잡 고 이동하였다.	
	발견 목표		• 자신의 경험을 바탕으로 놀이를 할 수 있다. • 또래의 놀이에 관심을 공유할 수 있다.	
	교육과정 관련 요소		• 사회관계 > 더불어 생활하기 > 또래와 놀이한다. • 예술경험 > 창의적으로 표현하기 > 일상생활 경험을 상상놀이로 표현한다.	
	중심축 행동		• 공동주의, 탐색, 실행, 협력	
	중심축 행동 의미 찾기		• 교사가 현재 영아의 능력 범위 안에 있는 것을 하도록 요구할 때 영아는 교사의 요구에 순응 할 수 있다 교사가 영아의 행동을 관찰하고 발달적 수준에서 수행이 가능한 수준의 행동을 요구 할 때, 영아는 성공적으로 반응할 수 있다. 영아의 능력 범위 내에서 잘할 수 있는 활 동과 행동을 따르도록 요청하는 것이 영아의 협력하는 습관을 강화하는 데 중요하다.	
	교사의 발견		• 영아들은 교사가 새롭게 제공한 환경인 선물상자, 생일 축하 가랜드, 선물 그림카드 를 능동적으로 탐색하였다. 영아는 환경을 통해 자신의 경험 중 '생일'을 떠올리고 놀이하였다. 특히 '선물상자'라는 실제적 소재에 관심을 보였고, 생일축하놀이가 점 차 확장해 나가는 모습이었다. • 영아들의 놀이는 선물상자놀이 → 소꿉놀이 → 생일축하놀이로 연계 · 확장되었고, 교사와 소통하며 놀이하던 것에서 점차 또래 친구들과의 놀이로 변화하였다. • 교사가 상황을 간단히 설명해 주고 문제해결을 할 수 있도록 기회를 주었을 때 자기 조절을 하려고 시도하고 문제를 해결할 수 있다는 점을 발견할 수 있었다.	
다음날 지원 계획			• 영아들이 선물상자와 같은 실제적인 재료로 놀이하는 것에 흥미를 많이 보였다. 실 제적인 재료(선물상자, 포장지, 고깔모자, 생일 테이블보 등)를 다양하게 준비하여 제공해야겠다. • 실제 영아들의 생일에 직접 생일상을 차려 볼 수 있도록 지지해 주어 함께 놀이하며 즐기는 생일잔치를 만들어 봐야겠다.	
반 운영 특이사항			※ 각 원의 학급 운영 시 특이사항을 기록하세요.	

제6장

만 3~5세 유아 놀이활동
관찰 및 기록

유아
놀이활동
1 💬 **자연물로 놀이를 해요**

놀이활동 계획

날 짜 4월 6일 월요일

참여대상 만 3, 4세

놀이장소 어린이집 놀이터

놀이시간 10:50~11:30

놀이환경
- 어린이집 놀이터에 미끄럼틀이 있고, 주변에 작은 화단이 있어 식물이 심어져 있다.
- 계단을 오르면 나무로 된 데크 공간과 탈 수 있는 놀잇감, 공놀이, 모래놀이 공간이 있다. 주변에는 나무들이 있다.

안전지도
- 뛰어 놀다가 친구와 부딪혀 다치지 않도록 위험한 상황에 대해 안내한다.

놀이준비
- 바깥놀이를 나갈 때 필요한 물건(비상약품, 가방)을 미리 준비한다.

교사의 기대
- 놀이터에서 안전하게 탈 수 있는 놀잇감을 이용하여 놀이하거나 모래놀이를 한다.

이전 놀이 요약
- 놀이터에서 미끄럼틀을 타거나, 자동차를 타거나, 모래를 가지고 채로 흔들어 내려 보거나, 삽으로 모래를 담는 놀이를 하였다.

놀이활동 기록

관찰하기

- 놀이터로 이동하여 각자 흥미 있는 공간에서 놀이를 시작한다. 1층에서 미끄럼틀을 타고 싶은 유아는 자유롭게 미끄럼틀을 타고, 화단에 있는 방울토마토를 관찰하는 유아도 있었다. 2층 데크 공간에서 자동차를 타고 싶어 하는 유아는 자유롭게 자동차를 탄다.
- ◆◆이가 데크 의자에 주워 온 잣방울을 일렬로 놓아두자 교사

가 같은 방식으로 다른 유아들이 주워 온 잣방울을 옆에 놓는다. ◆◆이가 다시 달려가 떨어진 잣방울들을 모은다. 친구들과 서로 잣방울의 크기를 비교한다. 다른 유아가 바닥에 떨어진 솔잎들을 만진다. 교사가 옆으로 다가와 쳐다보자 웃으며 솔잎들을 바닥으로 떨어뜨리고 줍기를 반복한다. 다른 유아가 교사에게 다가와 벚꽃 잎을 보여 준다.

반응성 상호작용 전략: 아동의 세계로 들어가기

반응하기

- 모래놀이 공간에 있는 나무 공간으로 간 유아가 잣방울을 주워서 교사에게 가져온다. ◆◆이가 "이게 뭐예요?"라고 물어본다. 교사가 "잣방울이야. 나무에서 떨어졌나 봐."라고 말하자 다른 유아도 관심을 보인다.
- 자연스럽게 잣방울에 관심을 보이며 주변에 떨어진 잣방울들을 주워 교사에게 가져다준다. 교사가 옆에서 솔잎을 같이 주워서 떨어뜨리자 웃는다. 교사에게 솔잎을 던진다. 교사도 솔잎을 주워 유아에게 던져 준다. 다른 유아들도 달려와 함께 떨어진 솔잎과 낙엽들을 머리 위로 던지고 낙엽들을 뿌리고 던지며 놀이한다.
- 교사가 무엇인지 물어보자 "저기에 있어요."라고 말하며 떨어진 꽃잎을 가리킨다. 교사가 꽃잎을 주워 같이 탐색하자 ◆◆이도 꽃잎을 줍는다. 교사가 꽃잎을 손바닥 위에 놓고 입으로 바람을 불어 날린다. 유아도 따라 하며 꽃잎을 날린다.
- 큰 잣방울을 주운 □□이가 가져와 보여 준다. 교사가 "정말 크네."라고 반응하자 웃으며 자신이 주운 잣방울을 쥐고 다닌다.

반응성 상호작용 전략: 비의도적 발성, 몸짓, 표정에 의미 있는 것처럼 반응하기

확장하기

- 잣방울을 만지다 손에 끈적한 진액이 묻자 교사에게 와서 "이게 끈적거려요."라고 말한다. 교사가 느낌이 싫은지 물어보자 고개를 끄덕이며 얼굴을 찡그린다. 물티슈를 건네주자 손을 열심히 닦아내며 "계속 끈적여요."라고 말한다. 교사는 "잣방울 진액이 끈적거리네. 교실에서 비누로 씻어 보자."라고 말한다.

- 한쪽에서는 한 유아가 얼굴에 낙엽을 맞고 있다. 얼굴을 찡그리며 "히이잉" 소리를 내어 교사가 괜찮은지 물어보자 대답하지 않고 눈을 감고 있다. 다른 유아들에게 안전에 대해 이야기한다.

반응성 상호작용 전략: 두려움을 의미 있게 대하기

교사의 발견

- 예전에는 나무들이 있는 공간까지 가지 않고 놀이하도록 제한을 두었다. 그러나 제한 없이 놀이를 시작하자 평소에 매번 나오던 공간에서 자연물에 관심을 보이고 탐색을 하며 이것이 자연스럽게 놀이로 이어졌다. 잣방울의 크기를 서로 비교하며 친구와 의사소통을 하고, 잣을 만지면 끈끈하다는 것도 탐색과 관찰을 통해 경험하고, 교사에게 자신의 느낌을 말하고 질문을 하였다. 아이들은 교사가 주도하지 않았음에도 대부분의 유아가 같은 놀이에 관심을 보이며 자의적으로 참여하였다.

놀이활동 평가

놀이주제

- 자연물로 놀이를 해요

발견 목표

- 유아는 자유롭게 신체놀이를 한다.
- 어린이집 놀이터에 있는 다양한 자연물을 탐색해 볼 수 있다.

교육과정 관련 요소

- 사회관계 > 더불어 생활하기
- 자연탐구 > 자연과 더불어 살기
- 신체운동 · 건강 > 신체활동 즐기기

반응성 상호작용 전략 적용

- 관찰하기: 아동의 세계로 들어가기
- 반응하기: 비의도적인 발성, 몸짓, 표정에 의미 있는 것처럼 반응하기
- 확장하기: 두려움을 의미 있게 대하기

중심축 행동 목표

- 공동주의, 주도성, 사회적 놀이

중심축 행동 의미 찾기

- 유아는 자신이 주도하는 활동과 관련된 가르침과 지시에 반응하기 쉽다

  교사는 자주 유아와 함께하며, 유아가 가장 관심 있어 하고 주도하는 활동을 격려해 주는 것
  이 중요하다. 유아가 주의를 집중하는 상황에서 활동을 주도하는 경험을 하게 되므로 교사
  는 유아가 주의집중을 보이고 흥미 있어 하는 놀이에 대해 적극적으로 지지해 준다.

놀이 지원 및 다음 놀이 계획

- 어린이집 근처에 있는 더 넓은 공원으로 연계하여 다양한 자연물로 자유롭게 탐색하고 놀
  이할 수 있는 기회를 제공한다.
- 관심을 보였던 잣방울과 솔잎을 교실로 가져와 놀이가 이어지도록 한다.

놀이활동 흐름 도표

놀이환경

어린이집 놀이터에 미끄럼틀과 작은 화단이 있고, 계단을 오르면 나무로 된 데크 공간과 탈 수 있는 놀잇감, 공놀이, 모래놀이 공간이 있다.

관찰

1층에서 미끄럼틀을 타거나 화단에 있는 방울토마토를 관찰한다. 2층 데크 공간에서 자동차를 타거나 떨어진 잣방울들을 모으고, 친구들과 서로 잣방울의 크기를 비교한다.

반응

모래놀이 공간에 있는 나무 공간에서 잣방울을 주워 교사에게 가져온다. 다른 유아도 관심을 보이며 주변에 떨어진 잣방울들을 주워 교사에게 가져다준다.

교사의 발견

놀이장소의 제한을 두지 않아 자연물에 관심을 보이고 탐색을 하며 자연스럽게 놀이로 이어졌다. 유아들은 잣방울의 크기를 서로 비교하며 친구와 의사소통을 하고, 잣방울에서 나오는 진액을 스스로 경험하며 느낌을 이야기한다. 교사가 주도하지 않았음에도 대부분의 유아가 같은 놀이에 관심을 보이며 자의적으로 참여하였다.

확장

잣방울을 만지다 손이 끈적해지는 것을 싫어하였고, 닦기 위한 방법에 대해 이야기 나눈다. 잣방울에서 풀 같은 진액이 나오는 것을 관찰한다.

반응

꽃잎을 주워 떨어뜨리는 행동을 교사가 모방해 주니 웃으며 반복한다. 머리 위로 낙엽들을 뿌리고 던지며 놀이한다.

■ 유아 놀이활동 1의 「일일 놀이활동일지」

놀이활동일지(만 3세)

날짜	4월 6일 월요일	날씨	맑음
통합보육	등원(: ~ :) ※ 각 원의 일정에 맞춰 기록하세요.	하원(: ~ :) ※ 각 원의 일정에 맞춰 기록하세요.	

일과(시간)		계획 및 실행	
일상 생활	간식 (: ~ :)	※ 각 원의 일정에 맞춰 기록하세요.	
	점심 식사 (: ~ :)	※ 각 원의 일정에 맞춰 기록하세요.	
	낮잠 및 휴식 (: ~ :)	※ 각 원의 일정에 맞춰 기록하세요.	
활동(: ~ :)		※ 각 원의 일정에 맞춰 기록하세요.	
놀이	바깥놀이 (: ~ :)	이전 놀이	• 1층에서 미끄럼틀을 타거나, 자동차를 타거나, 모래를 가지고 채로 흔들어 내려 보거나, 삽으로 모래를 담는 놀이를 하였다.	
		놀이준비	• 바깥놀이를 나갈 때 필요한 물건(비상약품, 가방)을 미리 준비한다.	
		놀이주제	• 자연물로 놀이를 해요	
		관찰	• 1층에서 미끄럼틀을 타거나 화단에 있는 방울토마토를 관찰하는 유아도 있다. 2층 데크 공간에서 자동차를 타거나 ◆◆이가 달려가 떨어진 잣방울들을 모으고, 친구들과 서로 잣방울의 크기를 비교한다. 다른 유아가 바닥에 떨어진 솔잎들을 바닥으로 떨어뜨리고 줍기를 반복하고, 벚꽃 잎을 보여 주는 유아도 있다.	• 아동의 세계로 들어가기
		반응	• 자연스럽게 잣방울에게 관심을 보이며 주변에 떨어진 잣방울들을 주워 교사에게 가져다준다. 교사가 옆에서 솔잎을 같이 주워서 떨어뜨리자 웃는다. 교사에게 솔잎을 던진다. 교사도 솔잎을 주워 유아에게 던져 준다. 다른 유아들도 달려와 떨어진 솔잎과 낙엽들을 머리 위로 함께 던지고 낙엽들을 뿌리고 던지며 놀이한다. • 큰 잣방울을 주운 ◆◆이가 가져와 보여 준다. 교사가 "정말 크네."라고 반응하자 웃으며 자신이 주운 잣방울을 쥐고 다닌다.	• 비의도적 발성, 몸짓, 표정에 의미 있는 것처럼 반응하기

놀이		확장	• 잣방울을 만지다 손에 끈적한 진액이 묻자 교사에게 와서 "이게 끈적거려요."라고 말한다. 교사가 그 느낌이 싫은지 물어보자 고개를 끄덕이며 얼굴을 찡그린다. 물티슈를 건네주자 손을 열심히 닦아 내며 "계속 끈적여요. 뭐가 나와요. 풀 같아요."라고 말한다. 그러자 교사는 "잣방울에서 하얀 액체가 나오네. 풀 만졌을 때 같이 끈적거린다, 그치? 교실에서 비누로 씻어 보자."라고 말한다.	• 두려움을 의미 있게 대하기
	실내놀이 (: ~ :)		• 놀이터에서 미끄럼틀을 타거나, 화단에서 방울토마토를 관찰하거나, 2층 데크에서 자동차를 타거나, 잣방울이나 솔잎을 관찰하였다.	
	발견 목표		• 유아는 자유롭게 신체놀이를 한다. • 어린이집 놀이터에 있는 다양한 자연물을 탐색해 볼 수 있다.	
	교육과정 관련 요소		• 사회관계 > 더불어 생활하기 • 자연탐구 > 자연과 더불어 살기 • 신체운동 · 건강 > 신체활동 즐기기	
	중심축 행동		• 공동주의, 주도성, 사회적 놀이	
	중심축 행동 의미 찾기		• 유아는 자신이 주도하는 활동과 관련된 가르침과 지시에 반응하기 쉽다 교사는 자주 유아와 함께하며, 유아가 가장 관심 있어 하고 주도하는 활동을 격려해 주는 것이 중요하다. 유아가 주의를 집중하는 상황에서 활동을 주도하는 경험을 하게 되므로 교사는 유아가 주의집중을 보이고 흥미 있어 하는 놀이에 대해 적극적으로 지지해 준다.	
	교사의 발견		• 예전에는 나무들이 있는 공간까지 가지 않고 놀이하도록 제한을 두었다. 그러나 제한 없이 놀이를 시작하자 평소에 매번 나오던 공간에서 자연물에 관심을 보이고 탐색을 하며 이것이 자연스럽게 놀이로 이어졌다. 잣방울의 크기를 서로 비교하며 친구와 의사소통을 하고, 잣방울에서 나오는 진액을 스스로 경험하며 느낌을 이야기한다. 교사가 주도하지 않았음에도 대부분의 유아가 같은 놀이에 관심을 보이며 자의적으로 참여하였다.	
다음날 지원 계획			• 어린이집 근처에 있는 더 넓은 공원으로 연계하여 다양한 자연물로 자유롭게 탐색하고 놀이할 수 있는 기회를 제공한다. • 관심을 보였던 잣방울과 솔잎을 교실로 가져와 놀이가 이어지도록 한다.	
반 운영 특이사항			※ 각 원의 학급 운영 시 특이사항을 기록하세요.	

유아 놀이활동 2

수수깡은 테이프랑 친해요

놀이활동 계획

날 짜	4월 7일 화요일
참여대상	만 3, 4세
놀이장소	교실
놀이시간	9:50~11:00
놀이환경	• 미술놀이 재료가 교실에 다양하게 준비되어 있다. • 유아들이 다양한 재료를 탐색하며 창의적인 만들기 활동을 할 수 있는 공간이 있다.
안전지도	• 재료를 사용할 때 가위, 테이프 커터 등으로 다치지 않도록 지도가 필요하다.
놀이준비	• 기존에 제공된 놀이 재료 외에 다른 재료(스팽글, 폼폼이, 반짝이 모루 등)도 준비해 놓는다.
교 사 의 기 대	• 반짝이 모루로 고리를 만들어 수수깡에 끼워 넣는다.
이전 놀이 요 약	• 반짝이 모루로 고리를 만들어 이어 가는 놀이를 하였다.

놀이활동 기록

관찰하기

• 아이들은 점토놀이를 하고 있다. 케이크, 공, 빵 등 다양하게 만들기를 한다.
• ○○이가 수수깡에 관심을 보이며 하나씩 꺼내어 점토 위에 꽂아 본다.

- 이 모습을 보던 **이가 점토 대신 수수깡에 관심을 보인다. 수수깡을 하나씩 꺼내어 부러뜨린다. 몇 개를 꺼내어 부러뜨리며 교사의 얼굴을 살핀다. 교사는 말없이 잘하고 있다는 표정으로 미소를 지어 주었다.
  반응성 상호작용 전략: 아동의 행동 관찰하기

반응하기

- 옆에 있던 다른 유아들도 다가와 관심을 보이며 같이 수수깡을 부러뜨린다. 시간이 지나고 **이가 다른 놀이를 하려고 일어나다가 멈칫하더니 같이 앉아서 수수깡을 연결한다.
- ◇◇이가 테이프와 스티커, 폼폼이를 활용하여 수수깡으로 만들기 활동을 한다. 테이프로 길게 연결하는 유아, 옆으로 연결하는 유아, 색테이프로 수수깡을 둘러 장식하는 유아, 투명 테이프와 마스킹테이프 등으로 깃발을 만드는 유아 등 각자 생각한 대로 만들기를 한다.
- 교사는 유아들 옆에 옥수수콘, 수수깡을 더 가져다 놓았다. 아이들은 더 다양한 색깔의 수수깡을 보고 즐거워한다. 아이들은 자신들의 생각대로 놀이하다가 교사의 눈을 쳐다보는데, 이때 교사가 "수수깡 부러뜨리는 게 재밌어?"라고 물어보자 "네."라고 대답한다.
  반응성 상호작용 전략: 비의도적 발성, 몸짓, 표정에 의미 있는 것처럼 반응하기

확장하기

- 교사는 유아들 옆에서 테이프를 길게 늘어뜨려 테이프 위에 수수깡을 붙여 길게 연결하거나 옆으로 연결하는 방법, 스티커로 붙여서 꾸밀 수 있는 방법을 보여 준다. 자연스럽게 교사의 행동을 관찰한 유아는 테이프를 책상 가장자리에 붙이고 길게 늘어뜨린 다음 수수깡을 일렬로 붙인다. 유아는 교사에게 "와, 이렇게 하니까 쉬워요."라고 말한다.

  반응성 상호작용 전략: 아동의 의도를 확장하기

교사의 발견

- 수수깡을 탐색하며 놀이하는 모습을 관찰할 수 있었다. 한 유아가 부러뜨리기를 시작하자 다른 유아도 관심을 보이며 함께 참여하는 모습을 보였다. 부러뜨리기 외에 다른 재료인 테이프를 이용하여 만들기를 할 수 있다는 것을 알려 주자 바로 다양한 만들기 활동을 하는 모습을 보였다. 부러뜨리기를 하던 유아의 놀이를 모방하여 같이 하던 유아와 ●●이를 비롯한 함께 놀이하던 유아들이 각자 다 다르게 만들기를 하는 모습을 보였다. 그 전에는 유아의 놀이에서 모방이 많이 나타난다고 생각했으나 이번에 수수깡 만들기 놀이를 관찰하면서 유아 각자가 생각하고 표현하는 것들이 다 다르다는 것을 알 수 있었다.

놀이활동 평가

놀이주제

- 수수깡은 테이프랑 친해요

발견 목표

- 유아는 다양한 미술 재료를 탐색한다.
- 재료들로 새로운 놀이 혹은 만들기를 시도해 볼 수 있다.

교육과정 관련 요소

- 예술경험 > 창의적으로 표현하기
- 사회관계 > 나를 알고 존중하기

반응성 상호작용 전략 적용

- 관찰하기: 아동의 행동 관찰하기
- 반응하기: 비의도적 발성, 몸짓, 표정에 의미 있는 것처럼 반응하기
- 확장하기: 아동의 의도를 확장하기

중심축 행동 목표

- 탐색, 실행

중심축 행동 의미 찾기

• 호기심은 학습 성취를 위해 가장 중요한 시작이다

유아의 탐색은 어떻게 자신이 세상과 개인적으로 관계되어 있는지에 대한 궁금증으로부터 시작된다. 유아는 사물 자체보다는 어떻게 개인이 사물에 영향을 미칠 수 있는가에 더욱 큰 관심을 갖고 있다. 유아는 자신이 직접 영향을 미칠 수 있는 사물과 경험에 대해 더욱 호기심을 갖고 탐색하려는 경향이 있다. 교사가 유아가 탐색하는 과정을 관찰하면서 유아가 어디에 호기심을 가지고 있는지, 유아가 어떻게 사물과 세상에 대해 이해하고 사고하는지 알게 되면 유아에게 직접적으로 영향을 미치는 환경을 제공한다.

놀이 지원 및 다음 놀이 계획

• 유아가 수수깡을 부러뜨리고, 테이프로 연결하는 것에 흥미를 보였다.

• 수수깡을 쉽게 테이프에 붙여 길게 연결하는 방법을 알게 되었으므로 길게 늘어진 알록달록한 색깔의 수수깡 줄로 무엇을 만들어 볼 수 있을지 브레인스토밍을 해 보아야겠다.

• 유아가 붙이는 것에 계속 흥미를 보이면 수수깡을 우드락 본드로 붙여 보는 것도 소개해 보고자 한다.

놀이활동 흐름 도표

놀이환경

다양한 미술 재료가 있고, 창의적 만들기를 할 수 있는 공간이 있다.

관찰

점토로 만들기를 하다가 수수깡에 관심을 보이며 하나씩 꺼낸다. 수수깡을 꺼내어 점토 위에 꽂아 본다.

반응

수수깡을 하나씩 꺼내어 부러뜨린다. 몇 개를 꺼내어 부러뜨리며 교사의 얼굴을 살핀다. 다른 유아도 관심을 보이며 같이 수수깡을 부러뜨린다.

교사의 발견

수수깡에 관심을 가진 한 유아가 부러뜨리기를 시작하자 다른 유아도 관심을 보이며 함께 참여하는 것을 알 수 있었다. 부러뜨리기 외에 다른 재료를 제공하자 테이프를 이용하여 다양한 만들기를 하였다. 수수깡 부러뜨리기 등 새로운 놀이 방법을 수용해 주니 친구들과 다양하게 놀이하는 것이 가능했으며, 관찰을 통해 유아들이 수행할 수 있는 방법을 고려하여 제안하였더니 이를 바탕으로 더 적극적인 태도로 스스로 시도하였다.

확장

테이프를 책상 가장자리에 붙이고 길게 늘어뜨린 다음 수수깡을 일렬로 붙인다.

반응

옆에 있던 다른 유아들도 수수깡을 부러뜨린다. 유아들은 더 다양한 색깔의 수수깡을 보고 즐거워한다.

■ 유아 놀이활동 2의 일일 놀이활동일지

놀이활동일지(만 3, 4세)

날짜	4월 7일 화요일		날씨	맑음
통합보육	등원(: ~ :) ※ 각 원의 일정에 맞춰 기록하세요.		하원(: ~ :) ※ 각 원의 일정에 맞춰 기록하세요.	
일과(시간)	계획 및 실행			

일상 생활	간식 (: ~ :)	※ 각 원의 일정에 맞춰 기록하세요.	
	점심 식사 (: ~ :)	※ 각 원의 일정에 맞춰 기록하세요.	
	낮잠 및 휴식 (: ~ :)	※ 각 원의 일정에 맞춰 기록하세요.	
활동(: ~ :)		※ 각 원의 일정에 맞춰 기록하세요.	

놀이	실내놀이 (: ~ :)	이전 놀이	• 반짝이 모루로 고리를 만들어 이어 가는 놀이를 하였다.	
		놀이준비	• 기존에 제공된 놀이 재료 외에 다른 재료(스팽글, 폼폼이, 반짝이 모루 등)도 준비해 놓는다.	
		놀이주제	• 수수깡은 테이프랑 친해요	
		관찰	• 점토로 만들기를 하다가 수수깡에 관심을 보이며 하나씩 꺼낸다. 수수깡을 꺼내어 점토 위에 꽂아 본다. 수수깡을 하나씩 꺼내어 부러뜨린다. 몇 개를 꺼내어 부러뜨리며 교사의 얼굴을 살핀다. 다른 유아도 관심을 보이며 같이 수수깡을 부러뜨린다.	• 아동의 행동 관찰하기
		반응	• "수수깡 부러뜨리는 게 재밌어?"라고 교사가 물어보자 유아가 "네."라고 대답한다. 교사가 부러뜨리는 것을 허용하자 수수깡을 작게 조각 내어 부러뜨린다. 다양한 색깔의 수수깡을 보고 유아들이 즐거워한다.	• 비의도적 발성, 몸짓, 표정에 의미 있는 것처럼 반응하기
		확장	• 교사의 시범을 보고 유아가 테이프를 책상 가장자리에 붙이고 길게 늘어뜨린 다음 수수깡을 일렬로 붙인다.	• 아동의 의도를 확장하기

놀이	바깥놀이 (: ~ :)	• 1층에서 미끄럼틀을 타거나, 화단에서 방울토마토를 관찰하거나, 2층 데크에서 자동차를 타거나, 잣방울이나 솔잎을 관찰하였다.
	발견 목표	• 유아는 다양한 미술 재료를 탐색한다. • 재료들로 새로운 놀이 혹은 만들기를 시도해 볼 수 있다.
	교육과정 관련 요소	• 예술경험 > 창의적으로 표현하기 • 사회관계 > 나를 알고 존중하기
	중심축 행동	• 탐색, 실행
	중심축 행동 의미 찾기	• 호기심은 학습 성취를 위해 가장 중요한 시작이다 유아의 탐색은 어떻게 자신이 세상과 개인적으로 관계되어 있는지에 대한 궁금증으로부터 시작된다. 유아는 사물 자체보다는 어떻게 개인이 사물에 영향을 미칠 수 있는가에 더욱 큰 관심을 갖고 있다. 유아는 자신이 직접 영향을 미칠 수 있는 사물과 경험에 대해 더욱 호기심을 갖고 탐색하려는 경향이 있다. 교사가 유아가 탐색하는 과정을 관찰하면서 유아가 어디에 호기심을 가지고 있는지, 유아가 어떻게 사물과 세상에 대해 이해하고 사고하는지 알게 되면 유아에게 직접적으로 영향을 미치는 환경을 제공한다.
	교사의 발견	• 수수깡을 탐색하며 놀이하는 모습을 관찰할 수 있었다. 한 유아가 부러뜨리기를 시작하자 다른 유아도 관심을 보이며 함께 참여하는 모습을 보였다. 부러뜨리기 외에 다른 재료인 테이프를 이용하여 만들기를 할 수 있다는 것을 알려 주자 바로 다양한 만들기 활동을 하는 모습을 보였다. 부러뜨리기를 하던 유아의 놀이를 모방하여 같이 하던 유아와 ●●이를 비롯한 함께 놀이하던 유아들이 각자 다 다르게 만들기를 하는 모습을 보였다. 그 전에는 유아의 놀이에서 모방이 많이 나타난다고 생각했으나 이번에 수수깡 만들기 놀이를 관찰하면서 유아 각자가 생각하고 표현하는 것들이 다 다르다는 것을 알 수 있었다.
다음날 지원 계획		• 유아가 수수깡을 부러뜨리고, 수수깡을 테이프로 연결하는 것에 흥미를 보였다. • 수수깡을 쉽게 테이프에 붙여 길게 연결하는 방법을 알게 되었으므로 길게 늘어진 알록달록한 색깔의 수수깡 줄로 무엇을 만들어 볼 수 있을지 브레인스토밍을 해 본다. • 유아가 붙이는 것에 계속 흥미를 보이면 수수깡을 우드락 본드로 붙여 보는 것을 소개한다.
반 운영 특이사항		※ 각 원의 학급 운영 시 특이사항을 기록하세요.

점토는 말랑말랑하고 친구들은 소곤소곤해요

놀이활동 계획

날　　짜　　4월 8일 수요일

참여대상　　만 3, 4세

놀이장소　　교실

놀이시간　　9:50~10:05

놀이환경　　• 유아들이 충분히 사용할 수 있는 점토와 점토 칼이 있다.

안전지도　　• 점토 칼을 사용할 때 조심하도록 사전 안내가 필요하다.

놀이준비　　• 충분히 점토를 사용할 수 있도록 여분의 점토를 준비한다.

교 사 의
기　　대　　• 점토를 가지고 다양한 모양으로 만들어 극놀이를 할 것으로 예상된다.

이전 놀이
요　　약　　• 점토를 가지고 두드리거나 길게 뱀처럼 만들면서 동물 만들기를 하였다.

놀이활동 기록

관찰하기

• 만 4세인 유아가 점토놀이를 시작한다. 다른 유아가 관심을 보이며 옆에 앉아서 놀이한다.
갑자기 모든 유아가 점토놀이를 하고 싶다며 책상 앞으로 몰려든다.

• 책상에 앉지 못한 유아들이 얼굴을 찡그린다. 각자의 점토로 만들기를 시작한다. 만 4세인
유아들이 각자 토끼, 목걸이, 고래, 가오리 등 형태가 있는 것들을 만든다. 만 3세인 유아들
도 관심을 보이며 쳐다본 후에 각자 만드는 것에 집중한다. 먼저 다 만든 유아가 자신의 작

품을 교사에게 보여 준 뒤 창가로 가져가 내려놓고 "저 여기서 말릴래요."라고 말한 뒤 자신이 놀이한 곳을 정리한다.

- 다른 유아들도 조금씩 자신이 만들던 것을 멈추고 놀이한 곳을 정리한다. 다 만들지 않은 유아들도 자신이 가지고 놀던 점토를 창가에 말리거나 가방 안에 넣는다.

  반응성 상호작용 전략: 아동의 행동 관찰하기

반응하기

- 교사가 낮은 책상에 앉아서 놀이할 수 있도록 안내한다. 점토를 원하는 만큼 덜어 낸 뒤 다른 통을 준비하여 낮은 책상에 앉은 유아들에게 주었다. 교사가 "뭐 만드는 거야?"라고 물어보자, 유아들은 점토놀이에 시선을 고정한 채로 "케이크, 공, 피자, 괴물."이라고 각자 대답하며 놀이한다.

  반응성 상호작용 전략: 아동이 선택할 기회를 자주 주기

확장하기

- ○○이가 사인펜으로 점토에 색을 입혀 색 점토를 만들자 다른 유아들도 관심을 보이며 따라 하려는 모습이 보인다. 낮은 책상에 앉은 유아들도 사인펜에 관심을 가진다. 교사가 사인펜을 주자 똑같이 색을 입혀 점토놀이를 한다.

  반응성 상호작용 전략: 아동이 즐거워하는 행동 반복하기

교사의 발견

- 만 4세인 유아가 놀이에 관심을 보이며 따라 놀이하는 모습은 관찰되었으나 오늘처럼 모든 유아가 같은 놀이를 시도한 적은 처음이었다. 유아들의 흥미를 이해하며 모두 점토놀이를 할 수 있도록 점토와 재료들을 제공해 주었다. 점토놀이에 관심을 가졌듯이 만들기 또한

모방하여 할 것이라는 예상과는 다르게 만 3세인 유아들도 자신들이 생각하는 것을 만들어 보며 혼자놀이에 집중하는 모습이었다. 그중에서는 자신이 표현하고 싶은 것이 명확한 유아도 있었으나 그냥 점토를 가지고 놀이 그 자체를 즐기는 유아도 있었다. 또한 자신의 놀이에 몰두하고 있어서 교사의 질문에 대답하지 않는 모습도 보였다. 그럴 때는 다른 유아와 대화를 나누었다.

놀이활동 평가

놀이주제
• 점토는 말랑말랑하고 친구들은 소곤소곤해요

발견 목표
• 점토로 자유롭게 만들고 싶은 것을 표현한다.
• 같은 놀이를 통해 옆에 있는 친구에게 관심을 보이고 상호작용을 시도한다.

교육과정 관련 요소
• 의사소통 > 듣기와 말하기
• 예술경험 > 창의적으로 표현하기

반응성 상호작용 전략 적용
• 관찰하기: 아동의 행동 관찰하기
• 반응하기: 아동이 선택할 기회를 자주 주기
• 확장하기: 아동이 즐거워하는 행동 반복하기

중심축 행동 목표
• 탐색, 대화

중심축 행동 의미 찾기
• 유아가 현재 말할 수 있는 방식으로 반응할 때 더 많이 대화하게 된다
유아에게 모방하도록 요구하고 질문을 통해 확인하는 것은 유아가 대화하지 못하게 방해하

는 것이다. 질문하거나 모방을 유도하는 방법보다는 유아가 하는 활동을 보충해 주는 방법으로 명명하기, 덧붙여 설명하기 또는 감탄소리 내기와 같은 전략을 사용하여 성공적으로 유아의 대화를 촉진할 수 있다. 유아가 할 수 있을 것이라고 예측한 방식보다는 유아가 현재 말할 수 있는 방식으로 유아의 말에 반응할 때 유아는 보다 능동적으로 대화하게 될 것이다.

놀이 지원 및 다음 놀이 계획

- 놀이에 대한 유아들의 흥미와 관심이 어떻게 달라지고 변화할지 모르나, 놀이 재료나 교재 · 교구를 제공할 때는 여러 명의 유아가 점토놀이를 할 수 있도록 충분한 양을 준비해 둔다.
- 유아들이 만든 점토작품을 전시할 공간을 준비하여 자신이 만든 것과 친구들이 만든 것을 살펴볼 수 있게 한다.
- 점토에 꽂아서 구성할 수 있는 재료로 스팽글, 자연물 등 다양한 재료를 준비해 유아들에게 선택권을 주고, 점토가 구성만 하는 재료가 아니라 다양한 재료를 고정시키는 재료가 될 수 있는 경험을 제공해 준다.

놀이활동 흐름 도표

놀이환경

유아들이 충분히 사용할 수 있는 점토와 점토 칼이 있다.

관찰

만 4세인 유아가 점토놀이를 시작한다. 다른 유아가 관심을 보이며 옆에 앉아서 놀이한다. 갑자기 모든 유아가 점토놀이를 하고 싶다며 책상 앞으로 몰려든다.

반응

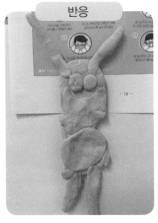

만 4세인 유아들이 각자 토끼, 목걸이, 고래, 가오리 등 형태가 있는 것들을 만든다. 만 3세인 유아들도 관심을 보이며 쳐다본 후에 각자 만드는 것에 집중한다.

교사의 발견

연령통합반에서 높은 연령 유아의 놀이에 관심 보이며 반 전체 놀이로 진행되었다. 단순히 모방하여 놀이할 것이라 예상하였으나 흥미와 관심에 따라 상호작용하였더니 각 유아는 놀이를 스스로 주도하였다.

확장

사인펜으로 점토에 색을 입혀 색점토를 만들어 놀이한다.

반응

점토로 케이크, 공, 피자, 괴물 등 각자 원하는 것을 집중해서 만들며 무엇을 만드는 것인지 이야기한다.

■ 유아 놀이활동 3의 「일일 놀이활동일지」

놀이활동일지(만 3, 4세)

날짜	4월 8일 수요일		날씨	흐림
통합보육	등원(: ~ :) ※ 각 원의 일정에 맞춰 기록하세요.		하원(: ~ :) ※ 각 원의 일정에 맞춰 기록하세요.	
일과(시간)	계획 및 실행			

			계획 및 실행
일상 생활	간식 (: ~ :)		※ 각 원의 일정에 맞춰 기록하세요.
	점심 식사 (: ~ :)		※ 각 원의 일정에 맞춰 기록하세요.
	낮잠 및 휴식 (: ~ :)		※ 각 원의 일정에 맞춰 기록하세요.
활동(: ~ :)			※ 각 원의 일정에 맞춰 기록하세요.
놀이	실내놀이 (: ~ :)	이전 놀이	• 점토를 가지고 두드리거나 길게 뱀처럼 만들면서 동물 만들기를 하였다.
		놀이준비	• 충분히 점토를 사용할 수 있도록 여분의 점토를 준비한다.
		놀이주제	• 점토는 말랑말랑하고 친구들은 소곤소곤해요
		관찰	• 만 4세인 유아가 점토놀이를 시작한다. 다른 유아가 관심을 보이며 옆에 앉아서 놀이한다. 갑자기 모든 유아가 점토놀이를 하고 싶다며 책상 앞으로 몰려든다. 만 4세인 유아들이 각자 토끼, 목걸이, 고래, 가오리 등 형태가 있는 것들을 만든다. 만 3세인 유아들도 관심을 보이며 쳐다본 후에 각자 만드는 것에 집중한다. • 아동의 행동 관찰하기
		반응	• 교사는 만 3세인 유아들은 낮은 책상에 앉아서 놀이할 수 있도록 안내한다. 교사가 "뭐 만드는 거야?"라고 물어보자, 유아들은 점토놀이에 시선을 고정한 채로 "케이크, 공, 피자, 괴물."이라고 각자 대답하며 놀이한다. • 아동이 선택할 기회를 자주 주기
		확장	• ○○이가 사인펜으로 점토에 색을 입혀 색 점토를 만들자 다른 유아들도 관심을 보이며 따라 하려는 모습을 보인다. 밑에 앉은 유아들도 사인펜에 관심을 가진다. 교사가 사인펜을 주자 똑같이 색을 입혀 점토놀이를 한다. • 아동이 즐거워하는 행동 반복하기

놀이	바깥놀이 (: ~ :)	• 방울토마토에 물을 주거나, 분필로 바닥에 그림 그리기를 하거나, '얼음땡'놀이를 하였다.
	발견 목표	• 점토로 자유롭게 만들고 싶은 것을 표현한다. • 같은 놀이를 통해 옆에 있는 친구에게 관심을 보이고 상호작용을 시도한다.
	교육과정 관련 요소	• 의사소통 > 듣기와 말하기 • 예술경험 > 창의적으로 표현하기
	중심축 행동	• 탐색, 대화
	중심축 행동 의미 찾기	• 유아가 현재 말할 수 있는 방식으로 반응할 때 더 많이 대화하게 된다 유아에게 모방하도록 요구하고 질문을 통해 확인하는 것은 유아가 대화하지 못하게 방해하는 것이다. 질문하거나 모방을 유도하는 방법보다는 유아가 하는 활동을 보충해 주는 방법으로 명명하기, 덧붙여 설명하기 또는 감탄소리 내기와 같은 전략을 사용하여 성공적으로 유아의 대화를 촉진할 수 있다. 유아가 할 수 있을 것이라고 예측한 방식보다는 유아가 현재 말할 수 있는 방식으로 유아의 말에 반응할 때 유아는 보다 능동적으로 대화하게 될 것이다.
	교사의 발견	• 만 4세인 유아가 놀이에 관심을 보이며 따라 놀이하는 모습은 관찰되었으나 오늘처럼 모든 유아가 같은 놀이를 시도한 적은 처음이었다. 유아들의 흥미를 이해하며 모두 점토놀이를 할 수 있도록 점토와 재료들을 제공해 주었다. 점토놀이에 관심을 가졌듯이 만들기 또한 모방하여 할 것이라는 예상과는 다르게 만 3세인 유아들도 자신들이 생각하는 것을 만들어 보며 혼자놀이에 집중하는 모습이었다. 그중에서는 자신이 표현하고 싶은 것이 명확한 유아도 있었으나 그냥 점토를 가지고 놀이 그 자체를 즐기는 유아도 있었다. 또한 자신의 놀이에 몰두하고 있어서 교사의 질문에 대답하지 않는 모습도 보였다. 그럴 때는 다른 유아와 대화를 나누었다.
다음날 지원 계획		• 놀이에 대한 유아들의 흥미와 관심이 어떻게 달라지고 변화할지 모르나, 놀이 재료나 교재 · 교구를 제공할 때는 여러 명의 유아가 점토놀이를 할 수 있도록 충분한 양을 준비해 둔다. • 유아들이 만든 점토작품을 전시할 공간을 준비하여 자신이 만든 것과 친구들이 만든 것을 살펴볼 수 있게 한다. • 점토에 꽂아서 구성할 수 있는 재료로 스팽글, 자연물 등 다양한 재료를 준비해 유아들에게 선택권을 주고, 점토가 구성만 하는 재료가 아니라 다양한 재료를 고정시키는 재료가 될 수 있는 경험을 제공해 준다.
반 운영 특이사항		※ 각 원의 학급 운영 시 특이사항을 기록하세요.

유아
놀이활동
4

내가 만드는 놀이공원은 동물들도 이용할 수 있어요

놀이활동 계획

날 짜	4월 9일 목요일
참여대상	만 3, 4세
놀이장소	교실
놀이시간	10:10~10:30
놀이환경	• 교실에 블록, 악기, 공 같은 다양한 놀잇감이 있다.
안전지도	• 공놀이를 하다가 넘어지거나 엎어지지 않도록 사전에 안전약속을 한다.
	• 역할놀이, 쌓기놀이를 하는 유아가 공놀이를 하는 유아와 부딪히지 않도록 공간에 대한 사전 약속을 나눈다.
놀이준비	• 모든 유아가 놀이할 수 있도록 충분히 공간을 확보한 뒤 분리한다.
	• 필요한 놀잇감을 미리 다른 공간에 옮겨 둔다.
교사의 기대	• 준비해 준 골대 앞에서 공을 던지며 놀이한다.
이전놀이 요약	• 공을 팽이처럼 돌리거나 공을 깔고 앉아 이동하는 놀이를 하였다.

놀이활동 기록

관찰하기

• 공놀이를 하는 유아는 자유롭게 공을 던지며 골대에 넣어 본다. ♡♡이는 공을 머리 위로 높이 던지며 역할놀이를 하는 친구들의 모습을 쳐다본다.

• 다시 자신의 공에 눈을 돌리며 "이야!"라고 소리를 치며 달려가 공을 높이 던진다. △△이는 골대를 향해 공을 던진다. 교사가 있는 곳을 쳐다보며 공을 던지려고 한다. 또 다른 친구들은 동물, 곤충 피규어로 놀이를 한다. ○○이는 원목 블록을 구성하고 있다. "동물들이 놀아요."라고 말하며 옆에 있던 호랑이를 들어 원목 블록 위에 올려 둔다. ◇◇이가 놀라며 "그거 내가 하던 거야."라고 말한다. ○○이는 친구의 말을 듣고 호랑이를 다시 건네준다. 옆에 있던 ♣♣이는 ○○이가 만든 원목 블록에 관심을 보인다. ♣♣이가 가지고 놀던 동물 피규어를 가지고 와서 원목 위에서 놀이를 한다. ○○이도 웃으며 다른 피규어를 골라 놀이한다. ◇◇이도 같이 원목 위에서 놀이한다. 세 유아가 동물 피규어로 함께 놀이한다. ◇◇이가 강아지를 집어 ○○이에게 건네준다. ○○이가 웃으며 받고 함께 다시 놀이한다. 잠시 후 공놀이를 하던 △△이가 친구들이 놀이하는 매트로 온다. "나도 같이 놀아도 돼?"라고 물어본다. 친구들이 "그래."라고 말하자 동물 피규어를 잡고 같이 원목 블록 놀이터에서 놀이한다. 교사가 미안하다고 하자 ○○이랑 ◇◇이가 "괜찮아요."라고 말하며 블록을 수습한다.
반응성 상호작용 전략: 아동의 행동 관찰하기

반응하기

• 교사가 눈을 마주치며 웃자 유아들이 다시 몸을 돌려 골대에 공을 넣는다. 다른 친구들에게 교사가 "뭘 만드는 거야?"라고 물어보자 "여긴 놀이공원이에요."라고 말한다.

• 교사가 원목 블록으로 만든 놀이터의 한 부분을 가리키며 "이건 무슨 놀이를 하는 거야?"라고 물어보자 "이거는 이렇게 내려오는 거예요."라고 말한다. ◇◇이는 "여기는 이렇게 뛰어가는 거예요."라고 말한다. 그러자 교사는 "내려오는 것도 있고 뛰어가는 것도 있고 재미있는 놀이공원이 되겠구나."라고 말한다.
반응성 상호작용 전략: 비의도적 발성, 몸짓, 표정에 의미 있는 것처럼 반응하기

확장하기

• 교사도 동물 피규어로 미끄럼틀을 타고, 놀이기구 위를 뛰며 놀이한다. 교사의 모습을 보던 ◇◇이가 "이건 이렇게 하는 거예요."라고 말하며 놀이기구 타는 방법을 다시 알려 준다. 교사가 따라 하며 놀이기구를 탄다.
  반응성 상호작용 전략: 아동이 즐거워하는 행동 반복하기

교사의 발견

• 혼자놀이, 병행놀이를 하는 모습이 보이고 있었으나 함께 놀이하기를 시도하는 한 유아로 인해 자연스럽게 함께 어우러져 놀이하는 모습을 관찰할 수 있었다. 아직 함께 놀이하는 것이나 의사소통하는 것이 자연스럽고 원활하지는 않으나 한 유아가 다른 유아들에게 영향을 주는 모습이었다. 또한 교사들이 갈등 상황이라고 생각할 수 있는 상황에서도 교사의 개입 없이 유아들의 상호작용을 지켜보는 중에 상황이 자연스럽게 무마되거나 해결되기도 하였다.

놀이활동 평가

놀이주제

• 내가 만드는 놀이공원은 동물들도 이용할 수 있어요

발견 목표

• 같은 놀잇감으로 친구와 함께 놀이할 수 있다.
• 친구와의 놀이를 통해 사회관계를 경험한다.
• 교실 안에서 다양한 놀이를 시도해 본다.

교육과정 관련 요소

• 의사소통 > 듣기와 말하기
• 사회관계 > 더불어 생활하기

반응성 상호작용 전략 적용

- 관찰하기: 아동의 행동 관찰하기
- 반응하기: 비의도적 발성, 몸짓, 표정에 의미 있는 것처럼 반응하기
- 확장하기: 아동이 즐거워하는 행동 반복하기

중심축 행동 목표

- 탐색, 공동주의

중심축 행동 의미 찾기

- 교사가 유아에게 세심한 주의를 기울일 때 유아는 교사에게 주의를 기울인다

  교사가 유아가 흥미 있어 하는 활동이나 행동에 주의를 기울이면, 마찬가지로 유아도 교사에게 주의를 주고 협력하게 된다. 유아가 새로운 기술을 학습하는 데 선행조건은 함께 상호작용하는 교사에게 주의를 기울이는 것이다. 유아가 흥미로워하는 활동을 하는 중에 교사에게 성공적으로 주의를 기울인다면, 흥미가 떨어지는 상황에서도 교사에게 주의를 잘 기울이게 될 것이다.

놀이 지원 및 다음 놀이 계획

- 각 유아의 흥미에 따라 공간을 나누어 놀이할 수 있는 점이 좋기도 했으나 공놀이를 하는 유아는 넓은 유희실에서 할 수 있도록 안내한다.
- 원목 블록으로 놀이공원을 만들 때 블록이 부족하여 더 넓게 구성하지 못했으므로 다양한 블록을 준비하여 원하는 만큼 놀이, 표현을 할 수 있도록 지원하고자 한다.

놀이활동 흐름 도표

놀이환경

교실에 블록, 악기, 공 같은 다양한 놀잇감이 있다.

관찰

공놀이를 하는 유아는 자유롭게 공을 던지며 골대에 넣어 본다. ◇◇, ♣♣이가 동물, 곤충 피규어로 놀이하고, ○○이는 원목 블록을 구성하고 있다.

관찰

공놀이를 하던 △△이가 친구들이 놀이하는 매트로 온다. "나도 같이 놀아도 돼?"라고 물어본다. 친구들이 "그래."라고 말하자 동물 피규어를 잡고 같이 원목 블록 놀이터에서 놀이를 한다.

교사의 발견

혼자놀이, 병행놀이를 하는 모습이 보이고 있었으나 함께 놀이하기를 시도하는 한 유아로 인해 자연스럽게 함께 어우러져 놀이하는 모습을 관찰할 수 있었다. 아직 함께 놀이하는 것이나 의사소통하는 것이 자연스럽고 원활하지는 않으나 또래와의 놀이를 통해 영향을 주고받는다.

확장

동물 피규어를 가지고 교사에게 놀이기구 타는 방법을 알려 주며 함께 놀이한다.

반응

친구들과 놀이공원을 만들고, 만든 놀잇감을 가지고 상호작용하며 놀이한다.

■ 유아 놀이활동 4의 「일일 놀이활동일지」

놀이활동일지(만 3, 4세)

날짜		4월 9일 목요일		날씨	맑음
통합보육		등원(　:　～　:　)　 ※ 각 원의 일정에 맞춰 기록하세요.		하원(　:　～　:　)　 ※ 각 원의 일정에 맞춰 기록하세요.	
일과(시간)		계획 및 실행			
일상 생활	간식 (　:　～　:　)	※ 각 원의 일정에 맞춰 기록하세요.			
	점심 식사 (　:　～　:　)	※ 각 원의 일정에 맞춰 기록하세요.			
	낮잠 및 휴식 (　:　～　:　)	※ 각 원의 일정에 맞춰 기록하세요.			
활동(　:　～　:　)		※ 각 원의 일정에 맞춰 기록하세요.			
놀이	실내놀이 (　:　～　:　)	이전 놀이	• 공을 팽이처럼 돌리거나 공을 깔고 앉아 이동하는 놀이를 하였다.		
		놀이준비	• 모든 유아가 놀이할 수 있도록 충분히 공간을 확보한 뒤 분리한다. • 필요한 놀잇감을 미리 다른 공간에 옮겨 둔다.		
		놀이주제	• 내가 만드는 놀이공원은 동물들도 이용할 수 있어요		
		관찰	• 공놀이를 하는 유아는 자유롭게 공을 던지며 골대에 넣어 본다. ◇◇, ♣♣이가 동물, 곤충 피규어로 놀이하고, ○○이는 원목 블록을 구성하고 있다. 공놀이를 하던 △△이가 친구들이 놀이하는 매트로 온다. "나도 같이 놀아도 돼?"라고 물어본다. 친구들이 "그래."라고 말하자 동물 피규어를 잡고 같이 원목 블록 놀이터에서 놀이를 한다.	• 아동의 행동 관찰하기	
		반응	• 교사가 눈을 마주치며 웃자 다시 몸을 돌려 골대에 공을 넣는다. 교사가 "뭘 만드는 거야?"라고 물어보자 "여긴 놀이공원이에요."라고 말한다. 놀이터의 한 부분을 가리키며 "이건 무슨 놀이를 하는 거야?"라고 물어보자 "이거는 이렇게 내려오는 거예요."라고 말한다. ◇◇이는 "여기는 이렇게 뛰어가는 거예요."라고 말한다.	• 비의도적 발성, 몸짓, 표정에 의미 있는 것처럼 반응하기	
		확장	• 교사도 동물 피규어로 미끄럼틀을 타고, 놀이기구 위를 뛰며 놀이한다. 교사의 모습을 본 ◇◇이가 "이건 이렇게 하는 거예요."라고 말하며 놀이기구 타는 방법을 다시 알려 준다. 교사가 따라 하며 놀이기구를 타다가 원목 블록이 무너진다.	• 아동이 즐거워하는 행동 반복하기	

놀이	바깥놀이 (: ~ :)	• 미끄럼틀을 타거나, 공놀이를 하거나, '술래잡기' 놀이를 하였다.
	발견 목표	• 같은 놀잇감으로 친구와 함께 놀이할 수 있다. • 친구와 놀이를 통해 사회관계를 경험한다. • 교실 안에서 다양한 놀이를 시도해 본다.
	교육과정 관련 요소	• 의사소통 > 듣기와 말하기 • 사회관계 > 더불어 생활하기
	중심축 행동	• 탐색, 공동주의
	중심축 행동 의미 찾기	• 교사가 유아에게 세심한 주의를 기울일 때 유아는 교사에게 주의를 기울인다 교사가 유아가 흥미 있어 하는 활동이나 행동에 주의를 기울이면, 마찬가지로 유아도 교사에게 주의를 주고 협력하게 된다. 유아가 새로운 기술을 학습하는 데 선행조건은 함께 상호작용하는 교사에게 주의를 기울이는 것이다. 유아가 흥미로워하는 활동을 하는 중에 교사에게 성공적으로 주의를 기울인다면, 흥미가 떨어지는 상황에서도 교사에게 주의를 잘 기울이게 될 것이다.
	교사의 발견	• 혼자놀이, 병행놀이를 하는 모습이 보이고 있었으나 함께 놀이하기를 시도하는 한 유아로 인해 자연스럽게 함께 어우러져 놀이하는 모습을 관찰할 수 있었다. 아직 함께 놀이하는 것이나 의사소통하는 것이 자연스럽고 원활하지는 않으나 한 유아가 다른 유아들에게 영향을 주는 모습이었다. 또한 교사들이 갈등 상황이라고 생각할 수 있는 상황에서도 교사의 개입 없이 유아들의 상호작용을 지켜보는 중에 상황이 자연스럽게 무마되거나 해결되기도 하였다.
다음날 지원 계획		• 각 유아의 흥미에 따라 공간을 나누어 놀이할 수 있는 점이 좋기도 했으나 공놀이를 하는 유아는 넓은 유희실에서 할 수 있도록 안내한다. • 원목 블록으로 놀이공원을 만들 때 블록이 부족하여 더 넓게 구성하지 못했으므로 다양한 블록을 준비하여 원하는 만큼 놀이, 표현을 할 수 있도록 지원한다.
반 운영 특이사항		※ 각 원의 학급 운영 시 특이사항을 기록하세요.

유아
놀이활동
5
높이 올라가는 길로 운전하고 싶어요

놀이활동 계획

날 짜	4월 10일 금요일
참여대상	만 3, 4세
놀이장소	교실
놀이시간	9:50~11:00
놀이환경	• 각 교구장에 유아들이 흥미를 보이는 블록, 인형, 그림책, 미술도구, 각종 자동차 모형 등 다양한 놀잇감이 준비되어 있다.
안전지도	• 놀잇감으로 놀이할 때 공격놀이를 하다가 친구가 다치지 않도록 사전에 안전 약속이 필요하다.
놀이준비	• 모든 유아가 놀이할 수 있도록 교구를 충분히 준비해 둔다.
교 사 의 기 대	• 자동차의 종류에 따라 다양하게 소리를 만들 수 있다.
이전 놀이 요 약	• 길이 그려진 놀이매트에서 자동차를 끌고 다니면서 부웅~ 소리를 내며 놀이를 한다.

놀이활동 기록

관찰하기

- ●●, □□, △△이가 자동차로 만화놀이를 따라 한다. ●●이가 "하지 마, 그러면 안 돼."라고 말한다. △△이가 "이야~"라고 외치며 ●●이에게 자동차를 가지고 다가가 부딪친다.
- △△이와 ●●이가 서로 부딪치며 공격적인 놀이를 한다. □□이는 주변에서 똑같은 자동

차놀이를 하지만 대화에 끼지는 않고 혼잣말로 "여기로 와."라고 말하며 혼자 자동차 2개를 가지고 놀이한다. 교사가 □□이에게 말을 거는 동안 점점 △△이와 ●●이의 목소리가 커지며 놀이행동도 격해진다. □□이는 계속 자동차를 운전하며 친구들 주변에서 놀이한다. 옆에서 교사의 모습을 보던 □□이가 먼저 자동차를 끌고 와 자동차를 원목 블록 위에 움직이며 놀이한다. 조용히 자동차로 도로를 달리며 놀이하고 있다. 조금 시간이 지나자 △△이와 ●●이가 쳐다본다. 친구가 놀이하는 모습을 보고 함께 원목 도로 위로 운전한다. 세 유아가 자동차를 서로 움직이자 원목 블록이 흩어지며 도로가 무너진다. ●●이가 "괜찮아, 다시 만들면 돼."라고 말한다. △△이와 □□이도 같이 도로를 만든다. 다시 도로를 만들어 운전을 하며 놀이한다. 놀이 중에 도로가 무너져도 다시 고치기를 반복하며 함께 놀이한다.

반응성 상호작용 전략: 아동의 세계로 들어가기

반응하기

• 교사가 옆에서 □□이에게 "어디로 가?"라고 물어보자 "여기요."라고 말하며 자동차를 매트 끝으로 가져간다. 교사도 자동차를 끌고 따라간다. □□이가 매트 테두리 밖을 가리키며 "선생님은 이쪽으로 따라오세요."라고 말한다.

반응성 상호작용 전략: 아동의 방식대로 행동하기

확장하기

• □□이가 자동차를 매트 바닥에서 끌고 다니다가 위로 올려서 움직이는 놀이를 시도한다.

• 교사가 "□□아, 높이 올라가는 길은 매트에서 할 수가 없는데 어떤 것으로 만들어 보면 좋을까?"라고 말하자 □□이는 "아, 종이 블록으로 높이 쌓아서 도로처럼 길게 길을 만들면

돼요. 내가 해 볼래요."라고 말하고 교사가 따라오는지 살피며 놀이한다.

반응성 상호작용 전략: 아동의 의도를 확장하기

교사의 발견

- 만 3세인 남아들은 만화를 보면서 악당, 영웅, 로봇 등에 관심을 보이고, 공격적인 싸움이나 악당을 무찌르는 놀이에 관심을 보인다. 또한 관심을 놀이에 적용하여 어떤 놀잇감이든 악당이나 적을 무찌르는 놀이로 표현하는 모습이 관찰되었다. 이를 제지하고 제한하기보다는 놀이 방식대로 함께 행동해 주었다. 말을 하지 않고 함께해 주니 유아들이 자연스럽게 관심을 보이고 높이 올라가는 길을 상상하여 종이 블록으로 만드는 놀이로 확장되었다. 교사가 함께해 주는 것만으로도 유아는 적극적으로 놀이에 참여하고 스스로 놀이를 이끌어 갈 수 있음을 알게 되었다.

놀이활동 평가

놀이주제

- 높이 올라가는 길로 운전하고 싶어요

발견 목표

- 친구와 함께 놀이하며 즐거움을 느낀다.
- 교구를 이용하여 다양한 역할놀이를 시도해 본다.

교육과정 관련 요소

- 의사소통 > 듣기와 말하기
- 사회관계 > 더불어 생활하기

반응성 상호작용 전략 적용

- 관찰하기: 아동의 세계로 들어가기
- 반응하기: 아동의 방식대로 행동하기
- 확장하기: 아동의 의도를 확장하기

중심축 행동 목표

- 주도성, 탐색

중심축 행동 의미 찾기

• 유아의 인지학습은 능동적인 학습과정을 통해 이루어진다

유아는 자신이 주도한 활동에 더욱 능동적으로 참여하려 하기 때문에 궁극적으로 인지학습을 촉진하기 위해서 교사는 유아가 놀이를 스스로 결정하고 주도할 수 있도록 기회를 자주 제공하는 것이 중요하다. 교사가 유아의 주도에 따르며 상호작용을 할 때 유아는 주도하는 법을 배울 수 있다.

놀이 지원 및 다음 놀이 계획

• 유아가 자동차를 가지고 길이 그려진 매트 위에서 놀이를 하다가 블록으로 구성된 길을 만들면서 놀이가 확장되었다.

• 이 놀이에 계속 흥미를 보이는 경우 레일이 있는 원목 블록을 제공해 주고자 한다. 그리고 도로교통표지판과 다양한 자동차 모형도 준비해 준다. 그림으로 길을 그려서 만들고자 하는 경우를 위해 큰 전지도 마련해 둔다.

• 실제로 운전하는 운전사가 되는 극놀이를 하고자 하면 핸들을 만들어 보는 미술활동으로 소개하는 것을 고려한다.

놀이활동 흐름 도표

놀이환경

각 교구장에 유아들이 흥미를 보이는 블록, 인형, 그림책, 미술도구, 각종 자동차 모형 등 다양한 놀잇감이 준비되어 있다.

관찰

자동차로 만화놀이를 따라 하며 부딪치는 놀이를 한다.

관찰

자동차를 원목 블록 위에 움직이면서 도로를 상상하며 운전놀이를 한다. 놀이 중에 도로가 무너져도 다시 고치기를 반복하며 함께 놀이한다.

교사의 발견

남자 유아들은 악당이나 적을 무찌르는 놀이를 즐겨 한다. 이를 제지하고 제한하기보다는 놀이 방식대로 함께해 주니 유아들이 자연스럽게 관심을 보이고, 블록으로 다양한 도로를 만들기도 하며, 높이 올라가는 길을 상상하여 종이 블록으로 만드는 놀이로 확장되었다. 교사가 함께해 주는 것만으로도 유아는 적극적으로 놀이에 참여하고 스스로 놀이를 이끌어 갈 수 있음을 알게 되었다.

확장

- 자동차를 매트 바닥에서 끌고 다니다가 위로 올려서 움직이는 놀이를 시도한다.
- □□이는 "아, 종이 블록으로 높이 쌓아서 도로처럼 길게 길을 만들면 돼요. 내가 해 볼래요."라고 말한다. 종이 블록으로 높이 쌓아서 도로처럼 길게 만들어 매트 위로 올라가는 방법을 생각해 내서 도로를 만든다.

반응

교사가 유아의 놀이를 모방하며 매트 끝으로 자동차를 끌고 따라가니 "선생님은 이쪽으로 따라오세요."라고 말하며 놀이를 한다.

■ 유아 놀이활동 5의 「일일 놀이활동일지」

<table>
<tr><td colspan="5" align="center">놀이활동일지(만 3, 4세)</td></tr>
<tr><td colspan="2" align="center">날짜</td><td>4월 10일 금요일</td><td align="center">날씨</td><td>맑음</td></tr>
<tr><td colspan="2" align="center">통합보육</td><td>등원(: ~ :)
※ 각 원의 일정에 맞춰 기록하세요.</td><td colspan="2">하원(: ~ :)
※ 각 원의 일정에 맞춰 기록하세요.</td></tr>
<tr><td colspan="2" align="center">일과(시간)</td><td colspan="3" align="center">계획 및 실행</td></tr>
<tr><td rowspan="3">일상
생활</td><td>간식
(: ~ :)</td><td colspan="3">※ 각 원의 일정에 맞춰 기록하세요.</td></tr>
<tr><td>점심 식사
(: ~ :)</td><td colspan="3">※ 각 원의 일정에 맞춰 기록하세요.</td></tr>
<tr><td>낮잠 및 휴식
(: ~ :)</td><td colspan="3">※ 각 원의 일정에 맞춰 기록하세요.</td></tr>
<tr><td colspan="2">활동(: ~ :)</td><td colspan="3">※ 각 원의 일정에 맞춰 기록하세요.</td></tr>
<tr><td rowspan="6">놀이</td><td rowspan="6">실내놀이
(: ~ :)</td><td>이전 놀이</td><td colspan="2">• 길이 그려진 놀이매트에서 자동차를 끌고 다니면서 부웅~ 소리를 내며 놀이를 한다.</td></tr>
<tr><td>놀이준비</td><td colspan="2">• 모든 유아가 놀이할 수 있도록 교구를 충분히 준비해 둔다.</td></tr>
<tr><td>놀이주제</td><td colspan="2">• 높이 올라가는 길로 운전하고 싶어요</td></tr>
<tr><td>관찰</td><td>• ●●, □□, △△이가 자동차로 만화놀이를 따라 한다. △△이가 "이야~"라고 외치며 ●●이에게 자동차로 다가가 부딪친다. △△이와 ●●이가 서로 부딪치며 공격적인 놀이를 한다. □□이가 먼저 자동차를 끌고 와 자동차를 원목 블록 위에서 움직이며 놀이한다. △△이와 □□이도 같이 도로를 만든다. 다시 도로를 만들어 운전을 하며 놀이한다. 놀이 중에 도로가 무너져도 다시 고치기를 반복하며 함께 놀이한다.</td><td>• 아동의 세계로 들어가기</td></tr>
<tr><td>반응</td><td>• 교사가 옆에서 □□이에게 "어디로 가?"라고 물어보자 "여기요."라고 말하며 자동차를 매트 끝으로 가져간다. 교사도 자동차를 끌고 따라간다. □□이가 매트 테두리 밖을 가리키며 "선생님은 이쪽으로 따라오세요."라고 말한다.</td><td>• 아동의 방식대로 행동하기</td></tr>
<tr><td>확장</td><td>• □□이가 자동차를 매트 바닥에서 끌고 다니다가 위로 올려서 움직이는 놀이를 시도한다.
• 교사가 "□□아, 높이 올라가는 길은 매트에서 할 수가 없는데 어떤 것으로 만들어 보면 좋을까?"라고 말하자 □□이는 "아, 종이 블록으로 높이 쌓아서 도로처럼 길게 길을 만들면 돼요. 내가 해 볼래요."라고 말한다.</td><td>• 아동의 의도를 확장하기</td></tr>
</table>

놀이	바깥놀이 (: ~ :)	• 트럭에 모래를 담아 옮기는 모래놀이를 하거나 소꿉놀이를 하였다.
	발견 목표	• 친구와 함께 놀이하며 즐거움을 느낀다. • 교구를 이용하여 다양한 역할놀이를 시도해 본다.
	교육과정 관련 요소	• 의사소통 > 듣기와 말하기 • 사회관계 > 더불어 생활하기
	중심축 행동	• 주도성, 탐색
	중심축 행동 의미 찾기	• 유아의 인지학습은 능동적인 학습과정을 통해 이루어진다 유아는 자신이 주도한 활동에 더욱 능동적으로 참여하려 하기 때문에 궁극적으로 인지학습을 촉진하기 위해서 교사는 유아가 놀이를 스스로 결정하고 주도할 수 있도록 기회를 자주 제공하는 것이 중요하다. 교사가 유아의 주도에 따르며 상호작용을 할 때 유아는 주도하는 법을 배울 수 있다.
	교사의 발견	• 만 3세인 남아들은 만화를 보면서 악당, 영웅, 로봇 등에 관심을 보이고, 공격적인 싸움이나 악당을 무찌르는 놀이에 관심을 보인다. 또한 관심을 놀이에 적용하여 어떤 놀잇감이든 악당이나 적을 무찌르는 놀이로 표현하는 모습이 관찰되었다. 이를 제지하고 제한하기보다는 놀이 방식대로 함께 행동해 주었다. 말을 하지 않고 함께해 주니 유아들이 자연스럽게 관심을 보이고 높이 올라가는 길을 상상하여 종이 블록으로 만드는 놀이로 확장되었다. 교사가 함께해 주는 것만으로도 유아는 적극적으로 놀이에 참여하고 스스로 놀이를 이끌어 갈 수 있음을 알게 되었다.
다음날 지원 계획		• 유아가 자동차를 가지고 길이 그려진 매트 위에서 놀이를 하다가 블록으로 구성된 길을 만들면서 놀이가 확장되었다. • 이 놀이에 계속 흥미를 보이는 경우 레일이 있는 원목 블록을 제공해 주고자 한다. 그리고 도로교통표지판과 다양한 자동차 모형도 준비해 준다. 그림으로 길을 그려서 만들고자 하는 경우를 위해 큰 전지도 마련해 둔다. • 실제로 운전하는 운전사가 되는 극놀이를 하고자 하면 핸들을 만들어 보는 미술활동으로 소개하는 것을 고려한다.
반 운영 특이사항		※ 각 원의 학급 운영 시 특이사항을 기록하세요.

유아 놀이활동 6

한 칸 기차가 여러 칸 기차로 길어졌어요

놀이활동 계획

날   짜   4월 20일 월요일

참여대상   만 4, 5세

놀이장소   유희실

놀이시간   11:00~11:40

놀이환경   • 유희실에 미끄럼틀과 볼풀장, 1인용 트램펄린 2개가 준비되어 있다.

안전지도   • 놀이기구를 이용할 때 과도한 인원이 이용할 시 사고 위험이 있으므로 주의가 요구된다.

                • 여러 종류의 놀이 소재를 한정적인 공간에서 사용해야 하므로 공간 배치를 고려하여 유아들이 부딪히지 않도록 사전 안내를 한다.

놀이준비   • 교사는 놀이 중 만약을 대비할 사고나 유아들의 청결, 관찰을 위해 필요한 물건(의약품, 휴지, 카메라)을 미리 준비한다.

교 사 의 기   대   • 유아들이 유희실의 볼풀장에 들어가서 놀이를 하거나, 트램펄린에 서서 뛰거나 앉아서 뛰는 놀이를 하는 등 다양한 신체놀이를 한다.

이전 놀이 요   약   • 유아들이 볼풀장에 들어가 볼풀공을 뿌리고 던지는 놀이를 하였다.

놀이활동 기록

관찰하기

• 유희실에 줄을 선 순서대로 들어온 유아들이 교사의 놀이 시작 신호에 "선생님, 볼풀장 꺼내 주세요." "저거 놔 주세요."라고 말한다. 교사가 볼풀장을 유희실 중앙에 놓아 주자 6명의 유아가 동시에 볼풀장으로 들어간다.

• 그 후 볼풀장에 들어간 유아들이 "선생님 친구들이 너무 많

아요." "너무 좁아서 숨이 막혀요."라고 말하여 교사가 "친구들이 많이 들어가서 불편하구나. 어떻게 하면 좋을까?"라고 말하자 ◆◆이가 "우리 가위바위보해서 들어가자."라고 말하여 방법을 제안한다. 친구들이 ◆◆이의 제안을 받아들여 볼풀장에서 모두 나와 가위바위보를 하고 4명의 유아가 우선적으로 볼풀장에 들어간다. 볼풀장에 들어간 유아들이 한 명씩 차례대로 눕고 다른 유아들이 공으로 유아의 얼굴과 몸을 가려 주어 교사가 함께 가릴 때 "어, 깊숙이 사라졌네? 땅으로 나오게 물을 줘 볼까?"라고 말하자 유아들이 "씨씨씨를 뿌리고~ 또또 물을 주었죠~"라고 노래를 부르고 볼풀장 안에 누워 파묻혔던 ▲▲이가 노래에 맞춰 자신의 팔과 다리를 위로 뻗고 마지막으로 얼굴을 볼풀장에서 빼내어 보인다.

반응성 상호작용 전략: 아동의 행동 관찰하기

아동의 세계로 들어가기

반응하기

- 볼풀장 주변과 벽돌 블록놀이 주변을 번갈아 가며 이동하면서 혼자놀이를 하던 ♣♣이가 유희실 바닥에 무릎을 꿇고 "칙, 치칙, 뿌뿌."라고 소리를 내며 무릎을 바닥에 댄 채로 양팔을 자신의 몸 앞에 대어 지지한 후 몸을 앞으로 밀며 이동하기를 반복한다. 그러던 중 볼풀장 주변을 이동하던 ♥♥이가 ♣♣이를 3초간 바라보더니 "♣♣아, 뭐 해?"라고 말을 건넨다. ♣♣이가 "나 지금 기차놀이 하고 있어."라고 대답하자 ♥♥이가 "나도 같이 하자."라고 말하고, ♣♣이가 "그래, 좋아."라고 답한다. ♣♣이가 선두에 서서 "띠띠- 기차가 출발한다. 칙, 치칙, 뿌, 칙, 치칙, 뿌뿌."라고 소리를 내며 이전에 했던 행동을 반복하고, ♥♥이가 ♣♣이의 뒤를 따라 동작을 똑같이 따라 하며 유희실을 돌아다니는 모습을 보인다.
- 교사가 유아들이 놀이하는 것을 보고 "저도 타도 돼요?"라고 묻자 유아들이 "좋아요, 같이 타세요." "지금 기차가 운행 중이에요. 따라오세요."라고 말하여 교사도 유아들의 행동을 똑같이 모방한다.
- 교사가 유아들과 함께 놀이를 하자 볼풀장 안에서 놀이하고 있던 유아들이 하나둘씩 밖으

로 나와 "나도 할래. 너도 이거 할래?"와 같은 대화를 나누며 교사 뒤로 붙었고, 6명의 유아가 일어나 모여 다 함께 '칙칙폭폭' 구호를 외치며 놀이한다.

반응성 상호작용 전략: 아동의 방식대로 행동하기

확장하기

• 교사가 2명의 유아와 함께 놀이를 하자 볼풀장 안에서 놀이하고 있던 유아들이 "야, 나 이거 말고 저기 기차놀이 할래. 우리 저기로 갈까?" "그래."와 같은 대화를 나누며 하나둘씩 밖으로 왔다. 교사의 뒤로 붙은 6명의 유아가 일어나 모여 처음 놀이한 ♣♣이를 따라 놀이를 한다.

• ❤❤이가 "우리 이제 이렇게 말고 일어서서도 해 볼까?"라고 말을 꺼내자 교사가 "오, 이제 일어서서 놀이하고 싶나 보구나?"라고 말한다. 앉아서 기어가며 놀이하고 싶은 유아와 서서 기차놀이를 하고 싶은 유아로 의견이 두 갈래로 갈렸다가 다수의 유아가 서로 대화를 거쳐 다 함께 서서 어깨동무를 하고 '칙칙폭폭' 구호를 외치는 방식으로 합의를 하여 놀이한다.

반응성 상호작용 전략: 아동의 의도를 확장하기

교사의 발견

• 볼풀장에서 놀이하던 유아들이 놀이하던 중 공통적인 불편함을 느껴 교사에게 불편을 호소하며 문제를 해결해 줄 것을 요구하는 듯 보일 때 교사가 유아들이 스스로 해결할 수 있도록 개방적 질문을 던져서 유아들이 스스로 해결 방안을 생각해 제시하고 수용해 가며 공통의 문제를 해결해 감을 볼 수 있었다.

• 무리에 속하여 공통의 놀이를 하기보다 혼자놀이를 하고 있던 유아에게 다른 유아가 관심을 보이자 교사가 그에 반응하여 교사를 포함한 3명의 무리가 형성되었다. 볼풀장에서 놀이를 하던 유아들이 새로운 놀이에 주목하며 동참하여 다수의 유아가 놀이하기 더 용이한 형태로 놀이 형태가 자연스럽게 변형되는 모습이 관찰되었다.

놀이활동 평가

놀이주제

• 한 칸 기차가 여러 칸 기차로 길어졌어요

발견 목표

• 유아는 흥미로운 활동 소재나 주제를 선택한다.
• 활동 중 자신에게 맞는 혹은 다양한 활동 방법을 발견하거나 시도할 수 있다.
• 또래 혹은 사물과 여러 형태의 상호작용을 할 수 있다.

교육과정 관련 요소

• 신체운동 > 신체활동 즐기기
• 의사소통 > 듣기와 말하기
• 사회관계 > 더불어 생활하기

반응성 상호작용 전략 적용

• 관찰하기: 아동의 행동 관찰하기/아동의 세계로 들어가기
• 반응하기: 아동의 방식대로 행동하기
• 확장하기: 아동의 의도를 확장하기

중심축 행동 목표

• 주도성, 문제해결, 공동활동

중심축 행동 의미 찾기

• 유아는 일상에서 스스로 경험하는 활동을 통하여 배운다

능동적 학습의 개념은 유아가 능동적으로 참여한다면 어떠한 활동이라도 인지학습의 기회를 제공할 수 있다는 견해를 근거로 하고 있다. 그러므로 교사는 일상생활에서 이루어지는 자연스러운 경험에도 관심을 두고 유아가 능동적으로 수행하는 활동이 있을 때마다 놓치지 않고 자주 함께하며 반응해 준다.

놀이 지원 및 다음 놀이 계획

- 유아들이 자신의 흥미에 따라 주변의 사물과 인물에 대해 흥미를 가지고, 여러 가지 놀이의 종류와 형태를 바꾸어 가며 각자의 흥미와 요구에 따라 주도적으로 놀이하는 모습을 관찰할 수 있었다.

- 다음 놀이에서는 유아들이 동일한 문제를 느끼거나 비슷한 갈등이 발생하지 않도록 사전에 유아들 간의 규칙을 정한 후 놀이를 시작하도록 지원하며 활동을 시작하고자 한다.

- 유아들이 기차놀이에 흥미를 보이므로 박스로 제작한 커다란 기차를 제공하고자 한다.

놀이활동 흐름 도표

놀이환경

유희실에 미끄럼틀과 볼풀장, 1인용 트램펄린 2개가 준비되어 있다.

관찰

볼풀장에 6명의 유아가 동시에 들어간다. 유아들이 "너무 좁아서 숨이 막혀요."라고 말하여 교사가 "어떻게 하면 좋을까?"라고 말하자 ◆◆이가 "우리 가위바위보해서 들어가자."라고 말하며 방법을 제안한다.

반응

볼풀장에 들어간 유아들이 한 명씩 차례대로 눕자 다른 유아들이 공으로 유아의 얼굴과 몸을 가려 주었고, "씨씨씨를 뿌리고~ 또 물을 주었죠~"라고 노래를 부르며 씨앗을 상상하며 놀이한다.

교사의 발견

- 유아들이 스스로 해결할 수 있도록 개방적 질문을 던져서 유아들이 스스로 해결 방안을 생각해 제시하고 수용해 가며 공통의 문제를 해결해 감을 볼 수 있었다.
- 혼자놀이를 하고 있던 유아에게 다른 유아가 관심을 보이고 교사가 이에 반응하였더니 다수의 유아가 놀이하기 더 용이한 형태로 자연스럽게 변형되는 모습이 관찰되었다.

확장

다른 유아들도 기어가며 기차놀이를 함께하다가 일어서서 '칙칙폭폭' 구호를 외치며 기차놀이를 계속한다.

반응

♣♣이가 유희실 바닥에 무릎을 꿇고 "칙, 치칙, 뿌뿌."라고 소리를 내며 기차놀이를 하고 다른 유아도 함께하길 원해 기차놀이를 함께한다.

■ **유아 놀이활동 6의 「일일 놀이활동일지」**

놀이활동일지(만 4, 5세)

날짜	4월 20일 월요일		날씨	맑음
통합보육	등원(: ~ :) ※ 각 원의 일정에 맞춰 기록하세요.		하원(: ~ :) ※ 각 원의 일정에 맞춰 기록하세요.	
일과(시간)	계획 및 실행			

일상 생활	간식 (: ~ :)	※ 각 원의 일정에 맞춰 기록하세요.
	점심 식사 (: ~ :)	※ 각 원의 일정에 맞춰 기록하세요.
	낮잠 및 휴식 (: ~ :)	※ 각 원의 일정에 맞춰 기록하세요.
활동(: ~ :)		※ 각 원의 일정에 맞춰 기록하세요.

놀이	실내놀이 (: ~ :)	이전 놀이	• 유아들이 볼풀장에 들어가 볼풀을 뿌리고 던지는 놀이를 하였다.	
		놀이준비	• 교사는 놀이 중 만약을 대비할 사고나 유아들의 청결, 관찰을 위해 필요한 물건(의약품, 휴지, 카메라)을 미리 준비한다.	
		놀이주제	• 한 칸 기차가 여러 칸 기차로 길어졌어요	
		관찰	• 교사가 볼풀장을 유희실 중앙에 놓아 주자 6명의 유아가 볼풀장으로 동시에 들어간다. 그 후 볼풀장에 들어간 유아들이 "너무 좁아서 숨이 막혀요."라고 말하여 교사가 어떻게 하면 좋을까?"라고 말하자 ◆◆이가 "우리 가위바위보해서 들어가자."라고 말하며 방법을 제안한다. • 가위바위보를 한 4명의 유아가 우선적으로 볼풀장에 들어간다. 볼풀장에 들어간 유아들이 한 명씩 차례대로 눕고 다른 유아들이 공으로 유아의 얼굴과 몸을 가려 주어 교사가 함께 가릴 때 "어, 깊숙이 사라졌네? 땅으로 나오게 물을 줘 볼까?"라고 말하자 유아들이 "씨씨씨를 뿌리고~ 또또 물을 주었죠~"라고 노래를 부른다.	• 아동의 행동 관찰하기 • 아동의 세계로 들어가기
		반응	• 볼풀장 옆에 혼자놀이를 하던 ♣♣이가 유희실 바닥에 무릎을 꿇고 "칙, 치칙, 뿌뿌."라고 소리를 내며 무릎을 바닥에 댄 채로 엎드려 몸을 앞으로 밀며 이동하기를 반복한다. ❤❤이가 ♣♣이에게 뭐 하는지 묻자 기차놀이를 한다고 대답한다. ❤❤이가 "나도 같이 하자."라고 말하자 ♣♣이는 "그래, 좋아."라고 답한다. ♣♣이가 선두에 서서 "띠띠— 기차가 출발한다. 칙, 치칙, 뿌, 칙, 치칙, 뿌뿌."라고 소리를 내며 이전에 했던 행동을 반복한다.	• 아동의 방식대로 행동하기

놀이		확장	• 교사가 2명의 유아와 함께 놀이를 하자 볼풀장에 있던 유아들이 교사의 뒤로 붙어 6명의 유아가 일어나 모여 ♣♣이를 따라 기차놀이를 한다. ❤❤이가 "우리 이제 이렇게 말고 일어서서도 해 볼까?"라고 말을 꺼내어 교사가 "오, 이제 일어서서 놀이하고 싶어 보구나?"라고 말하자 기어가며 놀이하고 싶은 유아와 서서 기차놀이를 하고 싶은 유아로 의견이 두 갈래로 갈렸다. 다함께 서서 어깨동무를 하고 '칙칙폭폭' 구호를 외치면서 놀이한다.	• 아동의 의도를 확장하기
	바깥놀이 (: ~ :)		• 어린이집 주변 텃밭에 나가 방울토마토, 피망, 상추에 물을 주거나 풀을 뽑아 주었다.	
	발견 목표		• 유아는 흥미로운 활동 소재나 주제를 선택한다. • 활동 중 자신에게 맞는 혹은 다양한 활동 방법을 발견하거나 시도할 수 있다. • 또래 혹은 사물과 여러 형태의 상호작용을 할 수 있다.	
	교육과정 관련 요소		• 신체운동 > 신체활동 즐기기 • 의사소통 > 듣기와 말하기 • 사회관계 > 더불어 생활하기	
	중심축 행동		• 주도성, 문제해결, 공동활동	
	중심축 행동 의미 찾기		• 유아는 일상에서 스스로 경험하는 활동을 통하여 배운다 능동적 학습의 개념은 유아가 능동적으로 참여한다면 어떠한 활동이라도 인지학습의 기회를 제공할 수 있다는 견해를 근거로 하고 있다. 그러므로 교사는 일상생활에서 이루어지는 자연스러운 경험에도 관심을 두고 유아가 능동적으로 수행하는 활동이 있을 때마다 놓치지 않고 자주 함께하며 반응해 준다.	
	교사의 발견		• 볼풀장에서 놀이하던 유아들이 놀이하던 중 공통적인 불편함을 느껴 교사에게 불편을 호소하며 문제를 해결해 줄 것을 요구하는 듯 보일 때 교사가 유아들이 스스로 해결할 수 있도록 개방적 질문을 던져서 유아들이 스스로 해결 방안을 생각해 제시하고 수용해 가며 공통의 문제를 해결해 감을 볼 수 있었다. • 무리에 속하여 공통의 놀이를 하기보다 혼자놀이를 하고 있던 유아에게 다른 유아가 관심을 보이자 교사가 그에 반응하여 교사를 포함한 3명의 무리가 형성되었다. 볼풀장에서 놀이를 하던 유아들이 새로운 놀이에 주목하며 동참하여 다수의 유아가 놀이하기 더 용이한 형태로 놀이 형태가 자연스럽게 변형되는 모습이 관찰되었다.	
다음날 지원 계획			• 유아들이 자신의 흥미에 따라 주변의 사물과 인물에 대해 흥미를 가지고, 여러 가지 놀이의 종류와 형태를 바꾸어 가며 각자의 흥미와 요구에 따라 주도적으로 놀이하는 모습을 관찰할 수 있었다. • 다음 놀이에서는 유아들이 동일한 문제를 느끼거나 비슷한 갈등이 발생하지 않도록 사전에 유아들 간의 규칙을 정한 후 놀이를 시작하도록 지원하며 활동을 시작하고자 한다. • 유아들이 기차놀이에 흥미를 보이므로 박스로 제작한 커다란 기차를 제공하고자 한다.	
반 운영 특이사항			※ 각 원의 학급 운영 시 특이사항을 기록하세요.	

유아
놀이활동
7   **공룡과 동물 친구들을 파티에 초대해요**

놀이활동 계획

날 짜	4월 21일 화요일
참여대상	만 4, 5세
놀이장소	○○반 교실
놀이시간	10:00~11:00
놀이환경	• 교실에는 약 10명 이상의 유아가 각 흥미 영역에 분포되어 있다.
	• 유아들의 흥미도가 높은 쌓기 영역의 면적이 넓게 구성되어 있으며, 역할 영역과 연계하여 놀이할 수 있도록 구성되었다.
안전지도	• 다수의 유아가 한 곳에 집중적으로 분포될 경우 일어날 충돌이나 안전사고에 대해 사전에 안내한다.
놀이준비	• 교사는 유아들이 놀잇감을 흥미롭고 자유롭게 사용할 수 있도록 전날 유아들이 사용한 놀잇감을 세척 및 소독하고, 접근성을 고려하여 놀잇감을 배치한다.
	• 블록놀이에서는 집을 구성할 수 있는 다양한 사진을 제공한다.
교 사 의 기 대	• 블록을 가지고 방의 용도가 다른 형태의 집을 구성한다.
이전 놀이 요 약	• 유아들이 블록으로 여러 개의 방이 있는 집을 구성하였다.

놀이활동 기록

관찰하기

• 자유선택활동 시간이 시작되고 유아들이 각자 놀이하고 싶은 흥미 영역으로 이동한다. ◆◆이가 쌓기 영역에 있는 벽돌 블록을 꺼내어 벽돌을 쌓아 높이를 각각 다르게 하여 구성물을 만들고, 공룡 모형 장난감을 꺼내어 매트 위에 배치

하며 "슈웅~ 도착했습니다."라고 혼잣말하면서 놀이한다.

- ◆◆이의 옆에 있던 ▲▲이가 또 다른 공룡 모형을 꺼내며 "나도 스테고사우루스랑 티라노사우루스가 있는데."라고 말하자 ◆◆이가 ▲▲이와 공룡 장난감을 바라보면서 "어, 나도 이 공룡들 다 좋아해."라고 말하며 각자의 공룡을 관찰하고 "이얏" "슈웅"과 같은 의성어를 내며 함께 놀이한다.

    반응성 상호작용 전략: 아동의 행동 관찰하기

반응하기

- ◆◆이가 놀이하고 있던 것을 바라보던 교사가 "블록으로 멋있는 것도 만들고 ◆◆이가 좋아하는 공룡도 꺼냈구나."라고 말하자 ◆◆이는 "네, 공룡이 놀 수 있는 집이랑 바다를 만들었어요."라고 말한다.

- 교사가 ◆◆이의 말을 듣고 "우와, 공룡이 놀 수 있는 집이랑 바다라고? 멋지다."라고 말하자 ◆◆이가 교사의 눈을 바라보고 웃으며 블록으로 만든 구성물을 변형하고 공룡을 그 위에 올리면서 놀이한다.

    반응성 상호작용 전략: 비의도적 발성, 몸짓, 표정에 의미 있는 것처럼 반응하기

확장하기

- 공룡놀이를 하고 있던 2명의 유아와 같은 영역에서 1m가량 떨어 있던 ♥♥이가 "너희들 뭐 해?"라고 물으며 근처로 다가오자 ◆◆이가 "어? 우리 공룡들끼리 얘기 나누고 놀고 있었어. 어? 그런데 이제 밥 먹을 시간이네?"라고 말하자 ♥♥이는 "그럼 우리 저쪽으로 가서 밥을 차려 보자."라고 말한다.

- ◆◆이와 ♥♥이가 역할 영역으로 이동하자 ▲▲이가 쌓기 영역 매트와 역할 영역 매트 중간에 앉아서 교사를 바라본다. 교사가 ▲▲이에게 "▲▲이도 티라노사우루스랑 같이 가서

맛있는 밥 먹을까요?"라고 말하자 "네."라고 대답하여 3명의 유아가 역할 영역으로 이동한다. 역할 영역으로 이동한 유아들은 여러 가지 음식 모형을 바닥에 나열하여 밥상을 차리고, "우리 다른 동물들도 초대하자." "그래, 우리 파티를 열자."라고 말하며 공룡과 더불어 더 다양한 동물 모형을 꺼내어 놀이를 한다. 3명의 유아가 놀이하고 있는 것을 보고 "너희들 뭐 해?" "나도 같이 놀자."라고 말하며 다른 유아들이 합류하여 놀이를 한다.

반응성 상호작용 전략: 아동의 의도를 확장하기

교사의 발견

• 공룡이라는 공통의 관심사를 가진 2명의 유아가 각각 놀이를 하다가 한 유아가 비슷한 놀이를 하던 유아와 유아의 놀이주제에 관심을 보이며 말을 건넬 때 그리고 서로 일치하는 관심사를 두고 만나서 놀이를 할 때 자연스러운 공동놀이 상황이 조성되며 놀이가 진행되었다. 또한 2명의 유아가 같은 방식으로 놀이를 할 때 다른 유아의 등장으로 인해 놀이의 방향성이 전환되며, 다른 영역과 연계되어 놀이가 확장되고 놀이에 참여하는 인원도 늘어나는 유아 간의 상호작용을 관찰할 수 있었다.

놀이활동 평가

놀이주제

• 공룡과 동물 친구들을 파티에 초대해요

발견 목표

• 유아는 익숙한 환경에서 흥미로운 놀잇감을 탐색한다.
• 또래 혹은 사물과 여러 형태의 상호작용을 할 수 있다.
• 흥미로운 놀잇감이나 활동을 타인과 공유할 수 있다.

교육과정 관련 요소

• 의사소통 > 듣기와 말하기
• 사회관계 > 더불어 생활하기

반응성 상호작용 전략 적용

• 관찰하기: 아동의 행동 관찰하기

• 반응하기: 비의도적 발성, 몸짓, 표정에 의미 있는 것처럼 반응하기

• 확장하기: 아동의 의도를 확장하기

중심축 행동 목표

• 공동주의, 의도적 의사소통, 대화

중심축 행동 의미 찾기

• 의도적 의사소통 능력의 첫 단계는 언어뿐 아니라 비언어적 표현도 자신을 표현하는 데 사용된다는
  것을 이해하는 것이다

  자신의 감정과 생각을 타인과 나누고자 하는 마음은 유아의 발달수준이나 언어상 문제와
  상관없이 모든 유아가 갖고 있는 기본적인 욕구이다. 모든 유아는 좀 더 효율적으로 의사소
  통하기 위해 언어를 배우고자 한다. 교사가 특정한 방식으로 유아가 의사를 전달하도록 압
  력을 행사하거나, 정확하지 않은 의사소통 형태를 무시하거나, 비의도적인 표현에 잘 반응
  하지 않으면, 유아가 자신의 의도를 전달하기 위해 언어를 표현하며 의사소통 방식을 배우
  는 데 오랜 시간이 걸릴 것이다.

놀이 지원 및 다음 놀이 계획

• 공통의 관심사를 가지고 동일한 혹은 비슷한 놀이를 하는 유아들이 서로 접촉하고 상호작
  용을 하면서 놀이를 이어 가도록 놀이환경을 조성해 준다.

• 유아들의 놀이에 직접적으로 개입하지 않고 반응적으로 상호작용한다.

• 놀이 지원을 위해 가정 연계로 부모에게 공룡 그림책을 보내 줄 것을 안내한다.

놀이활동 흐름 도표

놀이환경

블록놀이와 역할놀이를 연계하여 놀이할 수 있도록 구성되었다.

관찰

쌓기 영역에 있는 벽돌 블록을 꺼내어 벽돌을 쌓아 높이를 각각 다르게 하여 구성물을 만들고, 공룡 모형 장난감을 꺼내어 매트 위에 배치하며 "슈웅~ 도착했습니다." 라고 말하면서 놀이한다.

반응

친구와 공룡에 대하여 이야기를 나누며 각자의 공룡을 관찰한다. 다양한 의성어를 내며 함께 놀이한다.

교사의 발견

각자 놀이를 하다가 관심사가 유사한 경우 같이 놀기 시작하였으며, 자연스러운 공동놀이가 진행되었다. 다른 관심사를 가진 유아와 함께 놀이하기 위해 영역이 확장되었으며, 이를 수용하였더니 다른 영역과 연계되어 놀이가 확장되고 놀이에 참여하는 인원도 늘어나 유아 간의 상호작용도 풍부해짐을 관찰할 수 있었다.

확장

공룡이 밥 먹을 시간이 되었다며 역할 영역으로 이동한다. 다른 유아들과 함께 여러 가지 음식 모형으로 밥상을 차리고, "우리 다른 동물들도 초대하자." "그래, 우리 파티를 열자."라고 말하며 놀이를 한다.

반응

블록으로 공룡이 놀 수 있는 집과 바다를 만든다. 만든 구성물을 변형하고 그 위에 올리며 놀이한다.

■ 유아 놀이활동 7의 일일 놀이활동일지

놀이활동일지(만 4, 5세)

날짜	4월 21일 화요일		날씨	맑음
통합보육	등원(: ~ :) ※ 각 원의 일정에 맞춰 기록하세요.		하원(: ~ :) ※ 각 원의 일정에 맞춰 기록하세요.	
일과(시간)	계획 및 실행			

일상 생활	간식 (: ~ :)	※ 각 원의 일정에 맞춰 기록하세요.
	점심 식사 (: ~ :)	※ 각 원의 일정에 맞춰 기록하세요.
	낮잠 및 휴식 (: ~ :)	※ 각 원의 일정에 맞춰 기록하세요.
활동(: ~ :)		※ 각 원의 일정에 맞춰 기록하세요.

놀이	실내놀이 (: ~ :)	이전 놀이	• 유아들이 블록으로 여러 개의 방이 있는 집을 구성하였다.	
		놀이준비	• 교사는 유아들이 놀잇감을 흥미롭고 자유롭게 사용할 수 있도록 전날 유아들이 사용한 놀잇감을 세척 및 소독하고, 접근성을 고려하여 놀잇감을 배치한다. • 블록놀이에서는 집을 구성할 수 있는 다양한 사진을 제공한다.	
		놀이주제	• 공룡과 동물 친구들을 파티에 초대해요	
		관찰	• ◆◆이가 쌓기 영역에 있는 벽돌 블록을 꺼내어 벽돌을 쌓아 높이를 각각 다르게 하여 구성물을 만들고, 공룡 모형 장난감을 꺼내어 매트 위에 배치하며 "슈웅~ 도착했습니다."라고 말하면서 놀이한다. • ◆◆이의 옆에 있던 ▲▲이가 또 다른 공룡 모형을 꺼내며 "나도 스테고사우루스랑 티라노사우루스가 있는데."라고 말하자 ◆◆이가 ▲▲이와 공룡 장난감을 바라보면서 "어, 나도 이 공룡들 다 좋아해."라고 말하며 각자의 공룡을 관찰하고 "이얏" "슈웅"과 같은 의성어를 내며 함께 놀이한다.	• 아동의 행동 관찰하기
		반응	• ◆◆이가 놀이하고 있던 것을 바라보던 교사가 "블록으로 멋있는 것도 만들고 ◆◆이가 좋아하는 공룡도 꺼냈구나."라고 말하자 ◆◆이는 "네, 공룡이 놀 수 있는 집이랑 바다를 만들었어요."라고 말한다. • 교사가 ◆◆이의 말을 듣고 "우와, 공룡이 놀 수 있는 집이랑 바다라고? 멋지다."라고 말하자 ◆◆이가 교사의 눈을 바라보고 웃으며 블록으로 만든 구성물을 변형하고 공룡을 그 위에 올리면서 놀이한다.	• 비의도적 발성, 몸짓, 표정에 의미 있는 것처럼 반응하기

놀이		확장	• ♥♥이가 다가와 뭐 하냐고 묻자 ◆◆이가 "우리 공룡들끼리 얘기 나누고 있어. 어? 이제 밥 먹을 시간이네?"라고 말한다. ♥♥이가 "그럼 우리 밥을 차려 보자."라고 말하고, ◆◆이와 ♥♥이가 역할 영역으로 이동한다. ▲▲이가 근처에서 교사를 바라본다. 교사가 ▲▲이에게 함께하고 싶은지 묻자 "네."라고 대답한다. 세 유아는 여러 가지 음식 모형으로 밥상을 차리고, "우리 다른 동물들도 초대하자." "그래, 우리 파티를 열자."라고 말하며 놀이를 한다.	• 아동의 의도를 확장하기
	바깥놀이 (: ~ :)		• 어린이집 근처의 산책로를 따라 걷고 비눗방울놀이를 하였다.	
	발견 목표		• 유아는 익숙한 환경에서 흥미로운 놀잇감을 탐색한다. • 또래 혹은 사물과 여러 형태의 상호작용을 할 수 있다. • 흥미로운 놀잇감이나 활동을 타인과 공유할 수 있다.	
	교육과정 관련 요소		• 의사소통 > 듣기와 말하기 • 사회관계 > 더불어 생활하기	
	중심축 행동		• 공동주의, 의도적 의사소통, 대화	
	중심축 행동 의미 찾기		• 의도적 의사소통 능력의 첫 단계는 언어뿐 아니라 비언어적 표현도 자신을 표현하는 데 사용된다는 것을 이해하는 것이다 자신의 감정과 생각을 타인과 나누고자 하는 마음은 유아의 발달수준이나 언어상 문제와 상관없이 모든 유아가 갖고 있는 기본적인 욕구이다. 모든 유아는 좀 더 효율적으로 의사소통하기 위해 언어를 배우고자 한다. 교사가 특정한 방식으로 유아가 의사를 전달하도록 압력을 행사하거나, 정확하지 않은 의사소통 형태를 무시하거나, 비의도적인 표현에 잘 반응하지 않으면, 유아가 자신의 의도를 전달하기 위해 언어를 표현하며 의사소통 방식을 배우는 데 오랜 시간이 걸릴 것이다.	
	교사의 발견		• 공룡이라는 공통의 관심사를 가진 2명의 유아가 각각 놀이를 하다가 한 유아가 비슷한 놀이를 하던 유아와 유아의 놀이주제에 관심을 보이며 말을 건넬 때 그리고 서로 일치하는 관심사를 두고 만나 놀이를 할 때 자연스러운 공동놀이 상황이 조성되며, 놀이가 진행되었다. 또한 2명의 유아가 같은 방식으로 놀이를 할 때 다른 유아의 등장으로 인해 놀이의 방향성이 전환되며, 다른 영역과 연계되어 놀이가 확장되고 놀이에 참여하는 인원도 늘어나는 유아 간의 상호작용을 관찰할 수 있었다.	
다음날 지원 계획			• 공통의 관심사를 가지고 동일한 혹은 비슷한 놀이를 하는 유아들이 서로 접촉하고 상호작용을 하면서 놀이를 이어 가도록 놀이환경을 조성해 준다. • 유아들의 놀이에 직접적으로 개입하지 않고 반응적으로 상호작용한다. • 놀이 지원을 위해 가정 연계로 부모에게 공룡 그림책을 보내 줄 것을 안내한다.	
반 운영 특이사항			※ 각 원의 학급 운영 시 특이사항을 기록하세요.	

에어바운스에서 놀면 말랑말랑한 세상이 되어요

놀이활동 계획

날　　짜　4월 22일 수요일

참여대상　만 4, 5세

놀이장소　어린이집 건물 5층 강당

놀이시간　11:00~11:45

놀이환경
- 어린이집 건물은 총 5층으로 구성되어 있으며, 어린이집은 1층에, 강당은 5층에 위치해 있다. 5층 강당에는 어린이날 행사로 에어바운스와 포토존이 설치되었다.

안전지도
- 에어바운스 설치로 인해 에어바운스 뒤편 기계에 접근하지 않도록 사전안내가 필요하다.
- 여러 가지 에어바운스 기구를 이용할 때 유아들을 여러 방면으로 관찰하여 안전하게 놀이하도록 주의 깊은 관찰이 필요하다.

놀이준비
- 교사는 놀이 중 발생할 수 있는 안전사고를 대비하여 필요한 물건(의약품, 생수, 종이컵, 가방)을 준비한다.

교 사 의 기　　대
- 트램펄린 위에서 뛰는 것처럼 에어바운스에서 놀이한다.

이전 놀이 요　　약
- 유아들이 에어바운스 위로 올라가기도 하였으나 에어바운스 바닥에서 뛰는 놀이를 주로 하였다.

놀이활동 기록

관찰하기

〈에어바운스 놀이〉

- ○○반 유아들이 6세와 7세의 연령으로 나뉘어 5층 강당으로 이동한다. 강당 문 앞에 섰을 때 전에 강당 내부에 있는 에어바운스를 이용했던 반이 나오고, ○○반 유아들은 다른 반

유아들이 모두 복도로 나올 때까지 기다렸다가 강당으로 들어가 교사와 함께 친구 밀치지 않기, 차례를 지키며 놀이하기 등 안전수칙에 대해 이야기 나눈다.

- 기호대로 기구 이용하기, 포토존에서 사진 촬영하기와 같은 놀이수칙에 관해 이야기를 나누고 놀이를 시작한다. 유아들이 각자 놀이하고 싶은 에어바운스 기구로 이동하고 ◆◆이가 개구리 모양의 에어바운스로 올라가려고 할 때 ▲▲이가 ◆◆이를 가로질러 가려고 하다가 옆에 있는 교사를 보고 행동을 멈춘다.
반응성 상호작용 전략: 아동의 행동 관찰하기

반응하기

- 교사가 ▲▲이의 행동을 보고 "▲▲이가 올라가고 있는 친구를 기다리면서 차례를 지키는구나."라고 말하자 ▲▲이는 교사를 보고 입가를 올리며 소리 없이 미소를 지은 후 ◆◆이의 등 뒤에 대고 "너 먼저 올라가. 난 그 다음에 올라갈게."라고 말하는 모습을 보인다.
반응성 상호작용 전략: 비의도적 발성, 몸짓, 표정에 의미 있는 것처럼 반응하기

확장하기

- 그러나 에어바운스의 뛰는 영역으로 들어가기 위해 오르막을 오르던 ◆◆이가 오르던 행동을 멈추고 오르막 바닥을 움켜쥔 채 미간을 찌푸리고 옆에 있는 교사를 바라보며 "ㅁㅁ 선생님, 나 무서워."라고 말한다. 교사가 유아의 말을 듣고 "무서워~ 우리 ◆◆이 개구리 배 속으로 올라가는 게 무서웠구나."라고 말하자 "응."이라고 대답한다.

- ◆◆이는 오르막에서 멈춰 서서 에어바운스 바닥을 움켜쥐는 행동을 유지하다가 "밀어 줘."라고 말한다. 교사가 "밀어 줘? 그래, 선생님이 ◆◆이 뒤에서 밀어 줄게."라고 말하며 ◆◆이의 등에 손바닥을 대고 힘을 주어 밀자 ◆◆이가 다리를 교차하여 움직이며 오르막

을 올라가 점프하는 모습을 보인다.

반응성 상호작용 전략: 두려움을 의미 있게 대하기

교사의 발견

- 다수의 유아가 넓은 공간에서 같은 종류의 비슷한 놀이기구를 기호대로 이용할 때 대근육을 이용하여 높은 곳으로 오르기, 뛰기, 점프하기를 주로 보이며 놀이를 즐기는 모습이 대부분이었으나, 활동에 대해 두려움을 보이는 유아도 있었다.
- 이러한 유아의 행동이 관찰될 때 교사가 유아가 가진 두려움에 대해 다른 유아들과 비교하며 같은 행동을 요구하지 않고, 유아의 정서와 그에 따른 의견에 맞게 공감해 주고 지지해 줄 때 스스로 도전하여 놀이를 즐기는 모습을 볼 수 있었다.
- 활동 중 규칙을 지켜 놀이해야 하는 상황이 있을 때 교사를 의식하여 자신이 생각했을 때 사회적으로 옳은 행동과 옳지 않은 행동을 구분하는 유아의 모습도 관찰할 수 있었다.

놀이활동 평가

놀이주제

- 에어바운스에서 놀면 말랑말랑한 세상이 되어요

발견 목표

- 유아는 새로운 환경을 탐색하며 신체활동을 한다.
- 유아는 새로운 놀이기구를 탐색하며 즐긴다.
- 규칙을 지켜 안전하게 놀이할 수 있다.

교육과정 관련 요소

- 신체운동건강 > 신체활동 즐기기
- 사회관계 > 나를 알고 존중하기
- 사회관계 > 더불어 생활하기

반응성 상호작용 전략 적용

- 관찰하기: 아동의 행동 관찰하기
- 반응하기: 비의도적 발성, 몸짓, 표정에 의미 있는 것처럼 반응하기
- 확장하기: 두려움을 의미 있게 대하기

중심축 행동 목표

- 탐색, 자신감, 대화

중심축 행동 의미 찾기

- 유아는 자신이 하는 것에 대해 긍정적 피드백을 받을 때 자신에 대해 긍정적 감정을 형성한다

  칭찬은 유아가 자신에게 기대된 것을 성취했다는 것을 알게 하기 위하여 교사가 사용하는 애정의 말과 표현이고, 수용은 유아가 무엇을 하는지와 상관없이 유아를 가치 있게 여기는 것을 의미한다. 유아 초기에는 유아가 성취했을 때뿐만 아니라 유아 그 자체로 가치 있고 수용된다는 것을 알게 해 주는 것이 중요하다. 교사가 일상에서 유아를 있는 그대로 수용해 주는 것은 유아가 지닌 최대의 발달적 능력을 깨달으며 자신감을 발달시키게 되고, 자신이 스스로 유능하다고 인식하는 긍정적 자아개념을 형성하게 한다.

놀이 지원 및 다음 놀이 계획

- 유아가 어떤 대상에 대해 두려움을 가지거나 불안한 정서를 보일 때, 유아의 정서와 그에 따른 의견에 맞게 공감해 주고 지지해 주는 지원의 중요성을 항상 인식하고 있는 것이 중요하겠다.
- 다음번에는 유아의 컨디션을 고려하여 교사가 유아들의 놀이에 동참하여 놀이할 때 어린이집 주변 놀이터에 위치한 복합놀이기구 오르막에 먼저 올라가거나 또래 모델링을 통해 도전해 볼 수 있도록 한다.
- 에어바운스 위로 올라가서 다시 내려오는 놀이를 반복하고 있어 바깥놀이를 어린이집 근처의 길이가 긴 미끄럼틀이 있는 놀이터로 정한다.

놀이활동 흐름 도표

놀이환경

5층 강당에는 어린이날 행사로 에어바운스와 포토존이 설치되었다.

관찰

강당으로 들어가 놀이수칙에 관해 이야기를 나누고 놀이를 시작한다. 유아들이 각자 놀이하고 싶은 에어바운스 기구로 이동한다.

관찰

◆◆이가 개구리 모양의 에어바운스로 올라가려고 할 때 ▲▲이가 ◆◆이를 가로질러 가려고 하다가 옆에 있는 교사를 보고 행동을 멈춘다.

교사의 발견

활동 중 규칙을 지켜 놀이해야 하는 상황이 있을 때 교사를 의식하여 자신이 생각했을 때 사회적으로 옳은 행동과 옳지 않은 행동을 구분하는 유아의 모습도 관찰할 수 있었다. 또한 활동에 대해 두려움을 보이는 행동이 관찰될 때 교사가 유아가 가진 두려움에 대해 다른 유아들과 비교하며 같은 행동을 요구하지 않고, 유아의 정서와 그에 따른 의견에 맞게 공감해 주고 지지해 줄 때 스스로 도전하여 놀이를 즐기는 모습을 볼 수 있었다.

확장

오르막을 오르는 것을 겁내는 유아에게 교사가 이를 공감해 주고 기다려 주자 유아는 "밀어 줘."라고 말하였고, 교사는 유아의 등을 밀어 주었다. 교사가 유아의 등을 밀어 주자 유아가 오르막을 올라가 점프하는 모습을 보인다.

반응

교사가 ▲▲이의 행동을 보고 "▲▲이가 올라가고 있는 친구를 기다리면서 차례를 지키는구나."라고 말하자 ▲▲이가 교사를 보고 소리 없이 입가를 올리며 미소를 지은 후 ◆◆이의 등 뒤에 대고 "너 먼저 올라가. 난 그다음에 올라갈게."라고 말하는 모습을 보인다.

■ **유아 놀이활동 8의 「일일 놀이활동일지」**

놀이활동일지(만 4, 5세)

날짜	4월 22일 수요일		날씨	맑음
통합보육	등원(: ~ :) ※ 각 원의 일정에 맞춰 기록하세요.		하원(: ~ :) ※ 각 원의 일정에 맞춰 기록하세요.	
일과(시간)	계획 및 실행			

일상 생활	간식 (: ~ :)	※ 각 원의 일정에 맞춰 기록하세요.			
	점심 식사 (: ~ :)	※ 각 원의 일정에 맞춰 기록하세요.			
	낮잠 및 휴식 (: ~ :)	※ 각 원의 일정에 맞춰 기록하세요.			
활동(: ~ :)	※ 각 원의 일정에 맞춰 기록하세요.				

놀이	실내놀이 (: ~ :)	이전 놀이	• 유아들이 에어바운스 위로 올라가기도 하였으나 에어바운스 바닥에서 뛰는 놀이를 주로 하였다.	
		놀이준비	• 교사는 놀이 중 발생할 수 있는 안전사고를 대비하여 필요한 물건(의약품, 생수, 종이컵, 가방)을 준비한다.	
		놀이주제	• 에어바운스에서 놀면 말랑말랑한 세상이 되어요	
		관찰	• 강당으로 들어가 놀이수칙에 관해 이야기를 나누고 놀이를 시작한다. 유아들이 각자 놀이하고 싶은 에어바운스 기구로 이동한다. ◆◆이가 개구리 모양의 에어바운스로 올라가려고 할 때 ▲▲이가 ◆◆이를 가로질러 가려고 하다가 옆에 있는 교사를 보고 행동을 멈춘다.	• 아동의 행동 관찰하기
		반응	• ▲▲이는 교사를 보고 소리 없이 입가를 올리며 미소를 지은 후 ◆◆이의 등 뒤에 대고 "너 먼저 올라가. 난 그다음에 올라갈게."라고 말한다.	• 비의도적 발성, 몸짓, 표정에 의미 있는 것처럼 반응하기
		확장	• 오르막을 오르던 ◆◆이가 오르던 행동을 멈추고 미간을 찌푸린 채 옆에 있는 교사를 바라보며 "□□선생님, 나 무서워."라고 말한다. 교사가 유아의 말을 듣고 "무서워~"라고 말하자 "응."이라고 대답한다. • ◆◆이는 오르막에서 멈춰 서서 에어바운스 바닥을 움켜쥐는 행동을 유지하다가 "밀어 줘."라고 말한다. 교사가 "밀어 줘? 그래."라고 밀며 힘을 주어 밀자 ◆◆이가 오르막을 올라가 점프하는 모습을 보인다.	• 두려움을 의미 있게 대하기

놀이	바깥놀이 (: ~ :)	• 어린이집 놀이터에서 미끄럼틀을 타거나, 터널을 통과하는 놀이를 하거나, 여러 명이 함께 '무궁화 꽃이 피었습니다' 놀이를 하였다.
	발견 목표	• 유아는 새로운 환경을 탐색하며 신체활동을 한다. • 유아는 새로운 놀이기구를 탐색하며 즐긴다. • 규칙을 지켜 안전하게 놀이할 수 있다.
	교육과정 관련 요소	• 신체운동건강 > 신체활동 즐기기 • 사회관계 > 나를 알고 존중하기 • 사회관계 > 더불어 생활하기
	중심축 행동	• 탐색, 자신감, 대화
	중심축 행동 의미 찾기	• 유아는 자신이 하는 것에 대해 긍정적 피드백을 받을 때 자신에 대해 긍정적 감정을 형성한다. 칭찬은 유아가 자신에게 기대된 것을 성취했다는 것을 알게 하기 위하여 교사가 사용하는 애정의 말과 표현이고, 수용은 유아가 무엇을 하는지와 상관없이 유아를 가치 있게 여기는 것을 의미한다. 유아 초기에는 유아가 성취했을 때뿐만 아니라 유아 그 자체로 가치 있고 수용된다는 것을 알게 해 주는 것이 중요하다. 교사가 일상에서 유아를 있는 그대로 수용해 주는 것은 유아가 지닌 최대의 발달적 능력을 깨달으며 자신감을 발달시키게 되고, 자신이 스스로 유능하다고 인식하는 긍정적 자아개념을 형성하게 한다.
	교사의 발견	• 다수의 유아가 넓은 공간에서 같은 종류의 비슷한 놀이기구를 기호대로 이용할 때 대근육을 이용하여 높은 곳으로 오르기, 뛰기, 점프하기를 주로 보이며 놀이를 즐기는 모습이 대부분이었으나, 활동에 대해 두려움을 보이는 유아도 있었다. • 이러한 유아의 행동이 관찰될 때 교사가 유아가 가진 두려움에 대해 다른 유아들과 비교하며 같은 행동을 요구하지 않고, 유아의 정서와 그에 따른 의견에 맞게 공감해 주고 지지해 줄 때 스스로 도전하여 놀이를 즐기는 모습을 볼 수 있었다. • 활동 중 규칙을 지켜 놀이해야 하는 상황이 있을 때 교사를 의식하여 자신이 생각했을 때 사회적으로 옳은 행동과 옳지 않은 행동을 구분하는 유아의 모습도 관찰할 수 있었다.
다음날 지원 계획		• 유아가 어떤 대상에 대해 두려움을 가지거나 불안한 정서를 보일 때, 유아의 정서와 그에 따른 의견에 맞게 공감해 주고 지지해 주는 지원의 중요성을 항상 인식하고 있는 것이 중요하겠다. • 다음번에는 유아의 컨디션을 고려하여 교사가 유아들의 놀이에 동참하여 놀이할 때 어린이집 주변 놀이터에 위치한 복합놀이기구 오르막에 먼저 올라가거나 또래 모델링을 통해 도전해 볼 수 있도록 한다. • 에어바운스 위로 올라가서 다시 내려오는 놀이를 반복하고 있어 바깥놀이를 어린이집 근처의 길이가 긴 미끄럼틀이 있는 놀이터로 정한다.
반 운영 특이사항		※ 각 원의 학급 운영 시 특이사항을 기록하세요.

> 유아
> 놀이활동
> **9**

꽃잎, 나뭇잎이 날아가는 폭죽으로 변신했어요

놀이활동 계획

날   짜   4월 23일 목요일

참여대상   만 4, 5세

놀이장소   어린이집 주변 아파트 단지 내

놀이시간   11:00~11:40

놀이환경   • 어린이집에서 신호등을 건너면 아파트 단지가 있고 주위에 산책로가 만들어져 있다.
  • 어린이집 주변 아파트 단지 내로 들어가면 화단이 있어 다양한 식물을 볼 수 있다.

안전지도   • 아파트 단지 내 주차장 부근에 심겨 있는 식물이 아닌 들꽃과 풀만 있는 장소 귀퉁이에 나뭇가지 더미가 있어 유아들이 가까이 접근하는 것을 조심해야 할 필요성이 있다.

놀이준비   • 교사는 바깥놀이를 위해 필요한 물건(의약품, 카메라, 바구니, 가방, 풍선폭죽)을 미리 준비한다.

**교 사 의
기   대**   • 종이컵 안에 돌멩이나 나뭇잎 등 다양한 재료를 넣어서 풍선폭죽놀이를 한다.

**이전 놀이
요   약**   • 풍선의 둥근 앞부분을 가위로 잘라서 바닥이 없는 종이컵을 끼워 종이컵 안에 다양한 물건을 넣고 풍선 끝을 잡아당겼다 놓는 방식으로 만들었다.

놀이활동 기록

관찰하기

〈자연물 폭죽놀이〉

• 어린이집을 나서 어린이집 주변 아파트 단지 내로 이동한 ○○반 유아들이 2인 1조로 짝을 지어 줄을 맞추어 단지 내 화단에 핀 꽃과 식물들을 관찰하며 심겨 있는 식물이 없고 들꽃

과 풀이 있는 아파트 입구 근처 화단으로 이동한다. 유아들은 도착하여 각자 놀이하고 싶은 풍선폭죽을 골라 화단에 떨어져 있는 잎이나 나뭇잎 등의 자연물을 이용하여 폭죽 안에 넣어 놀이하거나 식물이나 친구들이 놀이하는 것 관찰하기 등 각자에 흥미에 따라 놀이를 한다.

반응성 상호작용 전략: 아동의 행동 관찰하기

반응하기

- 교사가 자연물을 넣어 풍선폭죽을 터뜨리는 또래 유아를 바라보고 있는 ◆◆에게 다가가서 ◆◆가 바라보고 있는 친구를 함께 바라보자 ◆◆가 교사에게 "선생님, 저게 뭐예요?"라고 말한다. 교사는 ◆◆에게 "지난번에 친구들이 교실에서 만들었던 풍선폭죽이에요. ◆◆도 해 볼까?"라고 말하자 ◆◆가 교사의 손을 잡는다.
- 함께 폭죽이 담긴 바구니 앞으로 이동하여 교사가 유아에게 바구니를 내밀며 "어떤 거 할까?"라고 말하자 유아가 노란색 폭죽을 들어 올려 "이거 어떻게 하는 거야."라고 말한다.

반응성 상호작용 전략: 아동이 선택할 기회를 자주 주기

확장하기

- 교사가 유아의 질문을 듣고 "어떻게 하는 걸까? 여기에 마음에 드는 걸 넣어 보고 선생님이랑 해 볼까?"라고 말하자 유아가 고개를 끄덕이며 대답한다. 교사가 방법을 알려 준 후 폭죽을 잡은 채로 자신의 몸을 뒤로 내빼는 유아의 손 위에 손을 겹쳐 잡고 "같이 해 볼까?"라고 말하자 유아가 교사에게 몸을 기댄다. 교사와 유아가 "하나, 둘, 발사!" 구호에 맞추어 자연물 폭죽을 날려 본다.

반응성 상호작용 전략: 발달에 적합한 규칙과 기대 가지기

교사의 발견

- 처음 놀이를 시작할 때에는 놀이에 흥미를 보이지 않았던 유아가 또래 유아들이 놀이하는 것을 보고 흥미를 가지고 관찰하는 모습을 발견할 수 있었다. 교사가 이러한 유아의 행동을 관찰하고 가까이 다가갈 때 자신의 궁금증과 흥미를 해소하고 해결할 수 있는 어른에게 궁금한 점이나 어려운 점에 대해 언어적 · 비언어적 수단으로 의사를 표현하여 문제를 해결하고 놀이를 진행하는 유아의 모습을 발견할 수 있었다.

놀이활동 평가

놀이주제

- 꽃잎, 나뭇잎이 날아가는 폭죽으로 변신했어요

발견 목표

- 유아는 주변 환경을 산책하며 다양한 자연물(동식물)을 탐색한다.
- 다양한 자연물을 보며 관심을 가질 수 있다.
- 다양한 자연물과 교실에서 만들어 온 장난감을 이용하여 자유롭게 놀이할 수 있다.

교육과정 관련 요소

- 자연탐구 > 탐구 과정 즐기기
- 의사소통 > 듣기와 말하기

반응성 상호작용 전략 적용

- 관찰하기: 아동의 행동 관찰하기
- 반응하기: 아동이 선택할 기회를 자주 주기
- 확장하기: 발달에 적합한 규칙과 기대 가지기

중심축 행동 목표

- 탐색, 협력, 자신감

중심축 행동 의미 찾기

• 발견학습은 탐색에서 시작한다

탐색은 발견학습의 기초가 되므로 교사는 유아가 탐색을 적극적으로 경험할 수 있는 자연체험을 자주 해 보게 하거나 흥미 있는 놀이환경을 제공한다. 이를 통해 유아는 자신의 환경에서 사물 또는 경험을 탐색하고 조작해 본 결과로 발견학습(discovery learning)을 하게 된다. 교사가 유아에게 매번 무엇인가를 가르쳐 준다면, 교사는 유아가 스스로 발견할 기회를 박탈하게 된다. 유아가 관심을 가지고 탐색하고 있는 사물이나 경험을 교사가 잘 알아차리고 적합한 놀이환경을 제공해 줄 때 발견학습까지 기대할 수 있다.

놀이 지원 및 다음 놀이 계획

• 유아들이 높은 흥미를 보이며 반복해서 놀이하였던 자연물 폭죽놀이를 교실에서도 연장하여 유아들이 넣어 보고 싶은 종이나 다른 재료들을 활용해 본다.

• 다른 재료를 넣어 놀이할 때에는 어떠한 현상이 일어나는지에 대한 탐색과 실험으로 이어질 것으로 예상된다.

• 유아들이 어떤 재료를 선택하고 어떻게 결과가 나올지 예상한 것, 가장 멀리 날아간 것을 기록할 수 있는 활동지를 제공한다.

놀이활동 흐름 도표

놀이환경

바깥놀이 장소로 어린이집 주변 단지 내에 화단과 산책로가 있다.

관찰

유아들은 단지 내 화단에 도착하여 각자 놀이하고 싶은 풍선폭죽을 골라 화단에 떨어져 있는 꽃잎이나 나뭇잎 등의 자연물을 이용하여 폭죽 안에 넣어 놀이하거나 식물이나 친구들이 놀이하는 것 관찰하기 등 각자의 흥미에 따라 놀이를 한다.

반응

친구들의 놀이를 보고 풍선폭죽에 관심을 보이며 교사에게 무엇인지 물어본 유아에게 설명해 주었더니 풍선폭죽을 시도해 보고자 한다.

교사의 발견

처음 놀이를 시작할 때에는 놀이에 흥미를 보이지 않았던 유아가 또래 유아들이 놀이하는 것을 보고 흥미를 가지고 관찰하는 모습을 발견할 수 있었다. 교사가 이러한 유아의 행동을 관찰하고 가까이 다가갈 때 자신의 궁금증과 흥미를 해소하고 해결할 수 있는 어른에게 궁금한 점이나 어려운 점에 대해 언어적·비언어적 수단으로 의사를 표현하여 문제를 해결하고 놀이를 진행하는 유아의 모습을 발견할 수 있었다.

확장

교사와 같이 해 보길 원하여 교사에게 몸을 기대고 교사와 유아가 "하나, 둘, 발사!" 구호에 맞추어 자연물 폭죽을 날려 본다.

반응

바구니에서 원하는 풍선폭죽을 선택해 놀이한다.

■ 유아 놀이활동 9의 「일일 놀이활동일지」

놀이활동일지(만 4, 5세)

날짜	4월 23일 목요일		날씨	맑음
통합보육	등원(: ~ :) ※ 각 원의 일정에 맞춰 기록하세요.		하원(: ~ :) ※ 각 원의 일정에 맞춰 기록하세요.	
일과(시간)	계획 및 실행			
일상 생활	간식 (: ~ :)	※ 각 원의 일정에 맞춰 기록하세요.		
	점심 식사 (: ~ :)	※ 각 원의 일정에 맞춰 기록하세요.		
	낮잠 및 휴식 (: ~ :)	※ 각 원의 일정에 맞춰 기록하세요.		
활동(: ~ :)	※ 각 원의 일정에 맞춰 기록하세요.			
놀이	바깥놀이 (: ~ :)	이전 놀이	• 풍선의 둥근 앞부분을 가위로 잘라서 바닥이 없는 종이컵을 끼워 종이컵 안에 다양한 물건을 넣고 풍선 끝을 잡아당겼다 놓는 방식으로 만들었다.	
		놀이준비	• 교사는 바깥놀이를 위해 필요한 물건(의약품, 카메라, 바구니, 가방, 풍선폭죽)을 미리 준비한다.	
		놀이주제	• 꽃잎, 나뭇잎이 날아가는 폭죽으로 변신했어요	
		관찰	• 유아들은 단지 내 화단에 도착하여 각자 놀이하고 싶은 풍선폭죽을 골라 화단에 떨어져 있는 꽃잎이나 나뭇잎 등의 자연물을 이용하여 폭죽 안에 넣어 놀이하거나 식물이나 친구들이 놀이하는 것 관찰하기 등 각자의 흥미에 따라 놀이를 한다.	• 아동의 행동 관찰하기
		반응	• 풍선폭죽에 관심을 보이는 ◆◆ 옆에서 같은 곳을 바라보니 ◆◆가 "선생님 저거 뭐예요?"라고 말한다. 교사가 지난 시간에 만든 풍선폭죽임을 알려 주고, 하고 싶은지 물어봐 주자 ◆◆가 교사의 손을 잡고 함께 풍선폭죽이 있는 바구니로 간다. ◆◆가 원하는 것을 선택하도록 한다.	• 아동이 선택할 기회를 자주 주기
		확장	• 교사가 유아의 질문을 듣고 "어떻게 하는 걸까? 여기에 마음에 드는 걸 넣어 보고 선생님이랑 해 볼까?"라고 말하자 유아가 고개를 끄덕이며 대답한다. 교사가 방법을 알려 준 후 폭죽을 잡은 채로 자신의 몸을 뒤로 내빼는 유아의 손 위에 손을 겹쳐 잡고 "같이 해 볼까?"라고 말하자 유아가 교사에게 몸을 기댄다. 교사와 유아가 "하나, 둘, 발사!" 구호에 맞추어 자연물 폭죽을 날려 본다.	• 발달에 적합한 규칙과 기대 가지기

놀이	실내놀이 (: ~ :)	• 바깥놀이 시 주워 온 나뭇잎과 꽃잎을 종이에 붙이고 다양한 모양을 구성하며 자유 롭게 표현한다. 교실 내에 준비된 다양한 그리기 도구를 활용하여 흥미를 발현하면 서 꾸미기를 하며 이야기 나눈다.
	발견 목표	• 유아는 주변 환경을 산책하며 다양한 자연물(동식물)을 탐색한다. • 다양한 자연물을 보며 관심을 가질 수 있다. • 다양한 자연물과 교실에서 만들어 온 장난감을 이용하여 자유롭게 놀이할 수 있다.
	교육과정 관련 요소	• 자연탐구 > 탐구 과정 즐기기 • 의사소통 > 듣기와 말하기
	중심축 행동	• 탐색, 협력, 자신감
	중심축 행동 의미 찾기	• 발견학습은 탐색에서 시작한다 탐색은 발견학습의 기초가 되므로 교사는 유아가 탐색을 적극적으로 경험할 수 있는 자연체험을 자주 해 보게 하거나 흥미 있는 놀이환경을 제공한다. 이를 통해 유아는 자신의 환경에서 사물 또는 경험을 탐색하고 조작해 본 결과로 발견학습(discovery learning)을 하게 된다. 교사가 유아에게 매번 무엇인가를 가르쳐 준다면, 교사는 유 아가 스스로 발견할 기회를 박탈하게 된다. 유아가 관심을 가지고 탐색하고 있는 사 물이나 경험을 교사가 잘 알아차리고 적합한 놀이환경을 제공해 줄 때 발견학습까지 기대할 수 있다.
	교사의 발견	• 처음 놀이를 시작할 때에는 놀이에 흥미를 보이지 않았던 유아가 또래 유아들이 놀 이하는 것을 보고 흥미를 가지고 관찰하는 모습을 발견할 수 있었다. 교사가 이러한 유아의 행동을 관찰하고 가까이 다가갈 때 자신의 궁금증과 흥미를 해소하고 해결할 수 있는 어른에게 궁금한 점이나 어려운 점에 대해 언어적 · 비언어적 수단으로 의사 를 표현하여 문제를 해결하고 놀이를 진행하는 유아의 모습을 발견할 수 있었다.
다음날 지원 계획		• 유아들이 높은 흥미를 보이며 반복해서 놀이하였던 자연물 폭죽놀이를 교실에서도 연장하여 유아들이 넣어 보고 싶은 종이나 다른 재료들을 활용해 본다. • 다른 재료를 넣어 놀이할 때에는 어떠한 현상이 일어나는지에 대한 탐색과 실험으로 이어질 것으로 예상된다. • 유아들이 어떤 재료를 선택하고 어떻게 결과가 나올지 예상한 것, 가장 멀리 날아간 것을 기록할 수 있는 활동지를 제공한다.
반 운영 특이사항		※ 각 원의 학급 운영 시 특이사항을 기록하세요.

유아
놀이활동
10

얼음땡놀이 할 때 놀이터는 숨는 곳이에요

놀이활동 계획

날　　짜	4월 13일 월요일
참여대상	만 4, 5세
놀이장소	어린이집 주변 아파트 단지 내 놀이터
놀이시간	11:00~11:40
놀이환경	• 어린이집에서 신호등을 건너면 아파트 단지가 조성되어 있다.
	• 어린이집 주변 아파트 단지 내로 들어가면 놀이터가 있다.
안전지도	• 이동 시 신호등과 주차장을 가로질러야 하기 때문에 주의가 필요하다.
놀이준비	• 교사는 바깥놀이를 위해 필요한 물건(의약품, 카메라, 바구니, 가방)을 미리 준비한다.
교 사 의 기　　대	• 미끄럼틀 안, 터널 안 그리고 주변의 의자 뒤 등 다양한 곳에 숨는 놀이를 한다.
이전 놀이 요　　약	• 미끄럼틀에서 숨바꼭질놀이를 하였다.

놀이활동 기록

관찰하기

〈얼음땡놀이〉

• ○○반 유아들이 자신이 짝을 하고 싶은 또래 유아를 지목하여 이야기를 나누어 2인 1조로 짝을 짓고, 줄을 맞추어 어린이집을 나선다. 신호등을 건너 단지 내 화단에 핀 자연물과 날

씨에 대한 감상을 나누거나 친구와 함께 이야기를 나누며 줄을 맞춰 이동한다.

- 유아들이 주차장을 건널 때에는 조심히 건너야 한다는 교사의 주의를 들으며 손을 들고 속도를 내어 주차장을 가로지른다. 놀이터에 도착한 유아들은 크게 그네를 타는 무리와 미끄럼틀 근처에서 놀이를 하는 무리로 나뉜다. 미끄럼틀을 타며 놀이하던 유아들 중 ◆◆가 "야, 우리 얼음땡 할래?"라고 또래 무리에게 놀이를 제안하고, 그중 얼음땡놀이를 하고 싶은 유아들이 "그래, 나도 할래."라고 말하며 놀이에 동참한다.

  반응성 상호작용 전략: 아동의 행동 관찰하기

반응하기

- 교사가 얼음땡놀이를 하고 있는 유아들 중 놀이터 내 복합놀이기구 밑에 숨어 있는 유아들에게 몸을 낮추어 다가가자 숨어 있던 ■■가 교사를 보고 검지를 자신의 입술 위에 대며 "지금 우리 얼음땡 하고 있어요."라고 말한다. 이에 교사도 ■■를 바라보며 검지를 입술 위에 대는 시늉을 하자 같이 숨어 있던 ◆◆와 ■■가 교사를 보고 웃다가 술래 유아가 다가오자 "얼음!"이라고 외친다.

  반응성 상호작용 전략: 아동의 방식대로 행동하기

확장하기

- 교사가 놀이를 하고 있던 유아들에게 "얘들아, 나도 같이 놀고 싶은데 해도 될까?"라고 말하자 유아들이 "네!"라고 외치며 대답하고 함께 놀이터를 뛰어다니며 놀이를 한다. 모이자는

다른 교사의 종료 신호가 들려 놀이터 입구 쪽으로 모두 모인다.

반응성 상호작용 전략: 아동이 즐거워하는 행동 반복하기

교사의 발견

• 처음 어린이집을 나서기 전 함께 나갈 짝을 정할 때 유아들이 자신이 짝을 하고 싶은 유아에게 다가가 함께 짝을 하자고 표현하기도 하고, 표현을 어려워하여 다가와 주기를 기다리는 유아들의 모습을 관찰하며 상황에 따른 각 유아의 행동양식을 관찰할 수 있었다. 놀이터로 이동한 후에는 신체(대근육)를 이용한 협동놀이를 할 때 교사가 유아들의 놀이에 관심을 가지고 함께 놀이에 동참하는 경우 교사에게 다가오며 친근감을 표현하는 유아들의 모습을 볼 수 있었다.

놀이활동 평가

놀이주제

• 얼음땡놀이 할 때 놀이터는 숨는 곳이에요

발견 목표

• 유아는 주변을 살펴보며 안전하게 이동할 수 있다.
• 또래 유아들과 더불어 규칙을 지켜 놀이할 수 있다.
• 주어진 공간 안에서 다양한 놀이를 즐길 수 있다.

교육과정 관련 요소

• 자연탐구 > 탐구 과정 즐기기
• 의사소통 > 듣기와 말하기

반응성 상호작용 전략 적용

• 관찰하기: 아동의 행동 관찰하기
• 반응하기: 아동의 방식대로 행동하기
• 확장하기: 아동이 즐거워하는 행동 반복하기

중심축 행동 목표

• 공동주의, 자신감

중심축 행동 의미 찾기

• 유아는 비언어적인 단서를 통해 느낌이나 사물, 행동을 표현하는 단어와 문장을 이해한다

유아는 느낌, 관찰 내용, 사물, 행동을 표현하는 단어와 문장을 이해하기 위하여 맥락과 비언어적 단서를 통하여 언어에 담긴 의미를 배운다. 언어에 담긴 의미를 얼마나 잘 판단하는가는 상대방이 감정을 드러내는 얼굴 표정이나 응시와 같은 단서, 주의를 주기 위한 지시와 몸짓, 우리와 관련된 것을 직접적으로 표현하는 데 단어를 얼마나 효과적으로 사용하는가에 달려 있다. 유아는 단어를 배우는 데 교사의 몸짓, 응시, 미소, 목소리, 억양 그리고 문장의 반복에 따라 영향을 받는다.

놀이 지원 및 다음 놀이 계획

• 또래 유아들에게 먼저 다가가기를 어려워하거나 사회적 의사소통이 어려운 유아들을 고려하여 짝을 지어 놀이해 본다.

• 짝게임이나 협동활동을 준비하여 여러 유아가 모여 놀이하는 것의 기회를 유아들이 참여하는 놀이 자체에 삽입하여 주도적으로 놀이를 이끄는 유아 이외에도 또래 유아들과의 놀이를 주도하거나 놀이에 참여할 수 있도록 한다.

놀이활동 흐름 도표

놀이환경

어린이집 주변 아파트 단지 내로 들어가면 놀이터가 있다.

관찰

놀이터에 도착한 유아들은 크게 그네를 타는 무리와 미끄럼틀 근처에서 놀이를 하는 무리로 나뉜다.

반응

한 유아가 얼음땡놀이를 제안하고, 하고 싶은 유아들이 놀이에 동참한다.

교사의 발견

놀이터로 이동하여 신체(대근육)를 이용한 협동놀이를 할 때 교사가 유아들의 놀이에 관심을 가지고 함께 놀이에 동참한 경우 교사에게 다가오며 친근감을 표현하는 유아들의 모습을 볼 수 있었다.

확장

교사가 놀이를 하고 있던 유아들에게 "얘들아, 나도 같이 놀고 싶은데 해도 될까?"라고 말하자 유아들이 "네!"라고 외치며 대답하고 함께 놀이터를 뛰어다니며 놀이를 한다.

반응

교사가 복합놀이기구 밑에 숨어 있는 유아들에게 몸을 낮추어 다가가자 숨어 있던 ■■가 교사를 보고 검지를 자신의 입술 위에 대며 "지금 우리 얼음땡 하고 있어요."라고 말한다. 술래 유아가 다가오자 "얼음!"이라고 외친다.

■ 유아 놀이활동 10의 「일일 놀이활동일지」

놀이활동일지(만 4, 5세)

날짜	4월 13일 월요일		날씨	맑음
통합보육	등원(: ~ :) ※ 각 원의 일정에 맞춰 기록하세요.		하원(: ~ :) ※ 각 원의 일정에 맞춰 기록하세요.	
일과(시간)	계획 및 실행			
일상 생활	간식 (: ~ :)	※ 각 원의 일정에 맞춰 기록하세요.		
	점심 식사 (: ~ :)	※ 각 원의 일정에 맞춰 기록하세요.		
	낮잠 및 휴식 (: ~ :)	※ 각 원의 일정에 맞춰 기록하세요.		
활동(: ~ :)	※ 각 원의 일정에 맞춰 기록하세요.			
놀이	바깥놀이 (: ~ :)	이전 놀이	• 미끄럼틀에서 숨바꼭질놀이를 하였다.	
		놀이준비	• 교사는 바깥놀이를 위해 필요한 물건(의약품, 카메라, 바구니, 가방)을 미리 준비한다.	
		놀이주제	• 얼음땡놀이 할 때 놀이터는 숨는 곳이에요	
		관찰	• 놀이터에 도착한 유아들은 크게 그네를 타는 무리와 미끄럼틀 근처에서 놀이를 하는 무리로 나뉜다. 유아들 중 ◆◆가 "야, 우리 얼음땡 할래?"라고 하며 얼음땡놀이를 제안하고, 하고 싶은 유아들이 놀이에 동참한다.	• 아동의 행동 관찰하기
		반응	• 교사가 복합놀이기구 밑에 숨어 있는 유아들에게 몸을 낮추어 다가가자 숨어 있던 ■■가 교사를 보고 검지를 자신의 입술 위에 대며 "지금 우리 얼음땡 하고 있어요."라고 말한다. 이에 교사도 ■■를 바라보며 검지를 입술 위에 대는 시늉을 하자 같이 숨어 있던 ◆◆와 ■■가 교사를 보고 웃다가 술래 유아가 다가오자 "얼음!"이라고 외친다.	• 아동의 방식대로 행동하기
		확장	• 교사가 놀이를 하고 있던 유아들에게 "얘들아, 나도 같이 놀고 싶은데 해도 될까?"라고 말하자 유아들이 "네!"라고 외치며 대답하고 함께 놀이터를 뛰어다니며 놀이를 한다.	• 아동이 즐거워하는 행동 반복하기

놀이	실내놀이 (: ~ :)	• 종이로 개구리를 접어 보고 팀을 나눠 멀리 뛰어 보았다. 그리고 신체게임으로 확장하여 놀이하였다.
	발견 목표	• 유아는 주변을 살펴보며 안전하게 이동할 수 있다. • 또래 유아들과 더불어 규칙을 지켜 놀이할 수 있다. • 주어진 공간 안에서 다양한 놀이를 즐길 수 있다.
	교육과정 관련 요소	• 자연탐구 > 탐구 과정 즐기기 • 의사소통 > 듣기와 말하기
	중심축 행동	• 공동주의, 자신감
	중심축 행동 의미 찾기	• 유아는 비언어적인 단서를 통해 느낌이나 사물, 행동을 표현하는 단어와 문장을 이해한다 유아는 느낌, 관찰 내용, 사물, 행동을 표현하는 단어와 문장을 이해하기 위하여 맥락과 비언어적 단서를 통하여 언어에 담긴 의미를 배운다. 언어에 담긴 의미를 얼마나 잘 판단하는가는 상대방이 감정을 드러내는 얼굴 표정이나 응시와 같은 단서, 주의를 주기 위한 지시와 몸짓, 우리와 관련된 것을 직접적으로 표현하는 데 단어를 얼마나 효과적으로 사용하는가에 달려 있다. 유아는 단어를 배우는 데 교사의 몸짓, 응시, 미소, 목소리, 억양 그리고 문장의 반복에 따라 영향을 받는다.
	교사의 발견	• 처음 어린이집을 나서기 전 함께 나갈 짝을 정할 때 유아들이 자신이 짝을 하고 싶은 유아에게 다가가 함께 짝을 하자고 표현하기도 하고, 표현을 어려워하여 다가와 주기를 기다리는 유아들의 모습을 관찰하며 상황에 따른 각 유아의 행동양식을 관찰할 수 있었다. 놀이터로 이동한 후에는 신체(대근육)를 이용한 협동놀이를 할 때 교사가 유아들의 놀이에 관심을 가지고 함께 놀이에 동참하는 경우 교사에게 다가오며 친근감을 표현하는 유아들의 모습을 볼 수 있었다.
다음날 지원 계획		• 또래 유아들에게 먼저 다가가기를 어려워하거나 사회적 의사소통이 어려운 유아들을 고려하여 짝을 지어 놀이해 본다. • 짝게임이나 협동활동을 준비하여 여러 유아가 모여 놀이하는 것의 기회를 유아들이 참여하는 놀이 자체에 삽입하여 주도적으로 놀이를 이끄는 유아 이외에도 또래 유아들과의 놀이를 주도하거나 놀이에 참여할 수 있도록 한다.
반 운영 특이사항		※ 각 원의 학급 운영 시 특이사항을 기록하세요.

유아
놀이활동
11   ## 개미도 내 친구예요

놀이활동 계획

날 짜	4월 14일 화요일
참여대상	만 4, 5세
놀이장소	어린이집 주변 산책로, 놀이터
놀이시간	10:30~11:40
놀이환경	• 미끄럼틀과 같은 종합놀이기구, 텃밭, 산책로 등이 갖추어진 놀이터가 있다.
안전지도	• 신체놀이를 하며 유아들끼리 부딪히거나 다치지 않도록 주의 관찰이 요구된다.
놀이준비	• 바깥놀이를 위해 교사는 필요한 물건(의약품, 카메라, 바구니, 가방)을 미리 준비한다.
교 사 의 기 대	• 땅에 있는 돌멩이를 이용한 놀이를 한다. • 돌멩이로 땅을 더 깊게 파는 놀이를 한다.
이전 놀이 요 약	• 나뭇가지로 땅바닥에 그림그리기 놀이를 하거나 땅을 파는 놀이를 하였다.

놀이활동 기록

관찰하기

• 교사는 어린이집 주변 길을 산책하며 유아들이 길가 및 주변 텃밭에 관심을 가지고 탐색하기를 기대하였다. 놀이터에서 그네나 미끄럼틀놀이를 하던 유아가 숨을 가쁘게 쉬며 벤치에 앉았다.

• 교사와 함께 벤치에 앉아 있던 유아가 바닥을 보더니 "선생님, 나 여기서 개미 봤어요."라고 하며 손가락으로 개미를 가리킨다.

• 교사가 "개미를 봤어?"라고 말하고 주변을 돌아보면서 유아와 함께 개미를 찾고 개미의 움직임을 관찰하였다. 그리고 유아가 교사와 함께 자연물(나뭇가지)을 이용해 개미가 가는 길

을 따라 움직이며 놀이하였다.

반응성 상호작용 전략: 아동의 행동 관찰하기

반응하기

- 유아들이 관찰한 것을 교사에게 이야기해 줄 때 같은 말을 해 주며 유아의 이야기에 반응해 주었다.

- 놀이터 벤치에 앉아 있던 ◆◆가 "선생님, 나 여기서 개미 봤어요."라고 말해 교사가 "개미를 봤어?"라고 되물었고, ◆◆가 바닥에 쪼그려 앉으며 "여기 있었어요."라고 말하였다. 교사가 "여기 있었구나. 선생님은 아직 발견 못했어. 같이 찾아볼까?"라고 하자 ◆◆는 벤치 주변을 두리번거리기 시작하였다.

- 개미를 발견한 ◆◆가 "선생님, 개미가 땅속으로 들어갔어요."라고 말하며 주변에 있던 나뭇가지를 가지고 흙을 파기 시작하였다. 교사도 주변에 있던 나뭇가지를 가지고 ◆◆와 마찬가지로 흙을 파며 개미가 있는 곳을 찾았다. ◆◆와 교사가 나뭇가지를 이용해 땅을 파자 다른 유아들이 다가와 주변에 있던 나뭇가지를 가지고 같이 땅을 파면서 "나도 개미집을 찾았어!"라고 말하며 각자 자신이 찾은 개미를 이야기하였다.

반응성 상호작용 전략: 아동의 행동과 의사소통 모방하기

비의도적 발성, 몸짓, 표정에 의미 있는 것처럼 반응하기

확장하기

- 땅을 파는 데 몰입하던 유아들이 땅을 파면서 개미의 진로를 방해하자 악당놀이라는 것을 생각해 냈고, 그렇게 놀기를 원하였다. 기존에는 유아들이 대립하며 싸우는 놀이가 위험하다는 교사의 전제하에 놀이를 제한하여 유아들이 놀이 시작을 주저하였으나 교사가 유아들의 의견을 물으며 안

전하게 놀이하자고 말하자, 유아들 안에서 서로 놀이를 하는 모습을 볼 수 있었다.

• 유아들이 익숙하게 이용하는 놀이터였지만 주변 자연물에 관심을 갖기 시작하자 놀이기구가 아닌 자연물로도 유아 스스로가 충분히 놀이하며 그 속에서 재미를 느끼는 모습을 발견하였다. 자연물을 통해 유아가 자신의 경험을 놀이에 투영하고 더 나아가 다양한 상상을 놀이로 표현할 수 있게 되었다.
반응성 상호작용 전략: 아동의 의도를 확장하기

교사의 발견

• 유아는 계속해서 자신이 발견한 것을 교사에게 말해 주며 자신의 경험을 교사에게 공유하고자 하였다. 개미를 찾는 유아와 교사의 공유로 놀이가 함께 이루어지자 자연스럽게 다른 유아들도 놀이에 참여하여 함께 놀이를 하게 되었고, 놀이가 시작되자 유아들이 놀이에 몰입하며 자연물에 호기심을 가지고 각자 상상하는 것들을 놀이에 투영하며 각기 다른 개미들에게 역할을 부여하고 놀이 상황을 설정하였다. 교사는 유아들에게 익숙한 공간과 자연물도 상황과 기분에 따라 다양한 놀이로 전환할 수 있었다. 교사는 유아의 행동을 보다 세밀히 관찰하여 매일의 놀이에서 유아가 스스로 놀이를 확장할 수 있도록 적절한 지원이 필요함을 알게 되었다. 또한 교사가 먼저 놀이의 방향을 제시하기보다는 유아가 창의적인 방법으로 다양한 사물을 활용해 놀이할 수 있도록 해야 함을 알게 되었다.

놀이활동 평가

놀이주제

• 개미도 내 친구예요

발견 목표

• 유아는 주변 환경에서 다양한 자연물(동식물)을 탐색하며 이를 이용해 놀이를 할 수 있다.
• 주변에서 자연물을 다양하게 발견할 수 있다.
• 자연물을 이용해 다양한 놀이를 할 수 있다.

교육과정 관련 요소

- 자연탐구 > 탐구 과정 즐기기
- 사회관계 > 창의적으로 표현하기
- 신체운동 > 안전하게 생활하기

반응성 상호작용 전략 적용

- 관찰하기: 아동의 행동 관찰하기
- 반응하기: 아동의 행동과 의사소통 모방하기/비의도적 발성, 몸짓, 표정에 의미 있는 것처럼 반응하기
- 확장하기: 아동의 의도를 확장하기

중심축 행동 목표

- 공동주의, 탐색, 실행

중심축 행동 의미 찾기

- 유아는 놀이를 통해서 탐색하고 배운다

  유아는 놀이를 할 때 사물이나 장난감을 체계적으로 조작하고 탐색하며, 스스로 다룰 수 있는 장난감을 가지고 놀이할 때 그 장난감을 가지고 노는 방법을 빨리 발견한다. 유아는 사물과 재료의 특징과 동작을 지속적으로 탐색하는 과정에서 자신의 생각과 이해를 더욱 높은 단계로 이끌며 새로운 정보를 터득하고 더욱 빠르게 사물을 다룰 수 있는 방법을 찾게 된다. 교사는 유아가 장난감을 가지고 스스로 노는 방법을 터득할 수 있도록 미리 노는 방법을 제시하지 않고 탐색할 수 있는 시간을 충분히 주고 기다려 준다.

놀이 지원 및 다음 놀이 계획

- 자연물을 이용해 유아들이 상상하는 것을 놀이로 표현하는 데 높은 관심과 재미를 느끼는 모습을 보였다.
- 다음 놀이에서는 더 넓은 모래놀이터나 자연물을 발견할 수 있는 장소에서 놀이를 진행해 본다.
- 개미에 대해 흥미를 보이는 유아들을 위해 교실에서는 유아들이 관찰한 개미를 종이접기나

　 그림, 점토 등으로 확장할 수 있도록 재료를 마련해 준다.

- 유아들이 놀이 초반 개미가 가는 길에 관심을 가진 만큼 개미가 개미집에서 어떻게 이동하는지 개미의 움직임을 관찰할 수 있는 개미집 체험 세트를 마련해 준다.
- 가정 연계로 개미에 관한 그림책을 보내 주도록 안내한다.

놀이활동 흐름 도표

놀이환경

미끄럼틀과 같은 종합놀이기구, 텃밭, 산책로 등이 갖추어진 놀이터가 있다.

관찰

교사와 함께 벤치에 앉아 있던 유아가 바닥을 보더니 손가락으로 개미를 가리킨다.

반응

주변을 돌아보며 유아와 함께 개미를 찾고 개미의 움직임을 관찰한다.

교사의 발견

개미를 찾는 유아와 교사의 공유로 개미 찾기가 시작되자 자연스럽게 다른 유아들도 놀이에 참여하여 함께 놀이하게 되었다. 유아들은 개미들에게 역할을 부여하고 놀이 상황을 설정하였다. 교사는 유아들에게 익숙한 공간과 자연물도 상황과 기분에 따라 다양한 놀이로 전환할 수 있었다. 유아의 행동을 세밀히 관찰하여 상호작용하였더니 유아가 스스로 놀이를 확장할 수 있었다.

확장

땅을 파는 데 몰입하던 유아들이 땅을 파면서 개미의 진로를 방해하자 악당놀이라는 것을 생각해 냈고, 그렇게 놀기를 원하였다. 교사가 유아들의 의견을 물으며 안전하게 놀이하자고 말했고, 함께 놀이하였다.

반응

개미가 땅속으로 들어가는 것을 발견한 뒤 주변에 있던 나뭇가지를 가지고 흙을 파기 시작한다.
다른 유아들이 다가와 주변에 있던 나뭇가지를 찾아 같이 땅을 파고 "나도 개미집을 찾았어!"라고 한다.

296

■ 유아 놀이활동 11의 「일일 놀이활동일지」

놀이활동일지(만 4, 5세)

날짜	4월 14일 화요일		날씨	맑음
통합보육	등원(: ~ :) ※ 각 원의 일정에 맞춰 기록하세요.		하원(: ~ :) ※ 각 원의 일정에 맞춰 기록하세요.	

일과(시간)			계획 및 실행	
일상 생활	간식 (: ~ :)		※ 각 원의 일정에 맞춰 기록하세요.	
	점심 식사 (: ~ :)		※ 각 원의 일정에 맞춰 기록하세요.	
	낮잠 및 휴식 (: ~ :)		※ 각 원의 일정에 맞춰 기록하세요.	
활동(: ~ :)			※ 각 원의 일정에 맞춰 기록하세요.	
놀이	바깥놀이 (: ~ :)	이전 놀이	• 나뭇가지로 땅바닥에 그림그리기 놀이를 하거나 땅을 파는 놀이를 하였다.	
		놀이준비	• 바깥놀이를 위해 교사는 필요한 물건(의약품, 카메라, 바구니, 가방)을 준비한다.	
		놀이주제	• 개미도 내 친구예요	
		관찰	• 교사와 함께 벤치에 앉아 있던 유아가 바닥을 보더니 "선생님, 나 여기서 개미 봤어요."라고 손가락으로 개미를 가리킨다. 교사가 "개미를 봤어?"라고 말하고 주변을 돌아보며 유아와 함께 개미를 찾고 개미의 움직임을 관찰하였다.	• 아동의 행동 관찰하기
		반응	• 교사가 "개미를 봤어?"라고 물으니, ◆◆가 바닥에 쪼그려 앉으며 "여기 있었어요."라고 말하였다. 교사가 "여기 있었구나. 선생님은 아직 발견 못했어. 같이 찾아볼까?"라고 하자 ◆◆가 벤치 주변을 두리번거리기 시작하였다. 개미를 발견한 ◆◆가 "선생님, 개미가 땅속으로 들어갔어요."라고 말하며 주변에 있던 나뭇가지를 가지고 흙을 파기 시작하였다. 교사도 주변에 있던 나뭇가지를 가지고 ◆◆와 마찬가지로 흙을 파며 개미가 있는 곳을 찾았다. 이를 본 다른 유아들이 다가와 주변에 있던 나뭇가지를 찾아 같이 땅을 파고 "나도 개미집을 찾았어!"라고 하였다.	• 아동의 행동과 의사소통 모방하기 • 비의도적 발성, 몸짓, 표정에 의미 있는 것처럼 반응하기
		확장	• 땅을 파는 데 몰입하던 유아들이 땅을 파면서 개미의 진로를 방해하자 악당놀이라는 것을 생각해 냈고, 그렇게 놀기를 원하였다. 교사가 유아들의 의견을 물으며 안전하게 놀이하자고 말했고, 유아들 안에서 서로 놀이를 하는 모습을 볼 수 있었다.	• 아동의 의도를 확장하기

놀이	실내놀이 (: ~ :)	• 사인펜을 이용하여 천사점토로 다양한 색깔의 점토를 만들어 놀이하였다.
	발견 목표	• 유아는 주변 환경에서 다양한 자연물(동식물)을 탐색하며 자연물로 놀이를 할 수 있다. • 주변에서 자연물을 다양하게 발견할 수 있다. • 자연물을 이용해 다양한 놀이를 할 수 있다.
	교육과정 관련 요소	• 자연탐구 > 탐구 과정 즐기기 • 사회관계 > 창의적으로 표현하기 • 신체운동 > 안전하게 생활하기
	중심축 행동	• 공동주의, 탐색, 실행
	중심축 행동 의미 찾기	• 유아는 놀이를 통해서 탐색하고 배운다 유아는 놀이를 할 때 사물이나 장난감을 체계적으로 조작하고 탐색하며, 스스로 다룰 수 있는 장난감을 가지고 놀이할 때 그 장난감을 가지고 노는 방법을 빨리 발견한다. 유아는 사물과 재료의 특징과 동작을 지속적으로 탐색하는 과정에서 자신의 생각과 이해를 더욱 높은 단계로 이끌며 새로운 정보를 터득하고 더욱 빠르게 사물을 다룰 수 있는 방법을 찾게 된다. 교사는 유아가 장난감을 가지고 스스로 노는 방법을 터득할 수 있도록 미리 노는 방법을 제시하지 않고 탐색할 수 있는 시간을 충분히 주고 기다려 준다.
	교사의 발견	• 유아는 계속해서 자신이 발견한 것을 교사에게 말해 주며 자신의 경험을 교사에게 공유하고자 하였다. 개미를 찾는 유아와 교사의 공유로 놀이가 함께 이루어지자 자연스럽게 다른 유아들도 놀이에 참여하여 함께 놀이를 하게 되었고, 놀이가 시작되자 유아들이 놀이에 몰입하며 자연물에 호기심을 가지고 각자 상상하는 것들을 놀이에 투영하며 각기 다른 개미들에게 역할을 부여하고 놀이 상황을 설정하였다. 교사는 유아들에게 익숙한 공간과 자연물도 상황과 기분에 따라 다양한 놀이로 전환할 수 있었다. 교사는 유아의 행동을 보다 세밀히 관찰하여 매일의 놀이에서 유아가 스스로 놀이를 확장할 수 있도록 적절한 지원이 필요함을 알게 되었다. 또한 교사가 먼저 놀이의 방향을 제시하기보다는 유아가 창의적인 방법으로 다양한 사물을 활용해 놀이할 수 있도록 해야 함을 알게 되었다.
다음날 지원 계획		• 자연물을 이용해 유아들이 상상하는 것을 놀이로 표현하는 데 높은 관심과 재미를 느끼는 모습을 보였다. • 다음 놀이에서는 더 넓은 모래놀이터나 자연물을 발견할 수 있는 장소에서 놀이를 진행해 본다. • 개미에 대해 흥미를 보이는 유아들을 위해 교실에서는 유아들이 관찰한 개미를 종이접기나 그림, 점토 등으로 확장할 수 있도록 재료를 마련해 준다. • 유아들이 놀이 초반 개미가 가는 길에 관심을 가진 만큼 개미가 개미집에서 어떻게 이동하는지 개미의 움직임을 관찰할 수 있는 개미집 체험 세트를 마련해 준다. • 가정 연계로 개미에 관한 그림책을 보내 주도록 안내한다.
반 운영 특이사항		※ 각 원의 학급 운영 시 특이사항을 기록하세요.

알록달록 꽃눈이 내려요

놀이활동 계획

날 짜	4월 15일 수요일
참여대상	만 4, 5세
놀이장소	예슬반, 보슬반 교실
놀이시간	09:45~11:50
놀이환경	• 다양한 종이, 테이프, 각종 만들기 재료가 있다.
안전지도	• 종이를 자르는 경우 유아용 안전가위를 이용하여 안전하게 가위질을 한다.
놀이준비	• 지난 놀이를 회상하며 바깥놀이 사진을 교실 벽면에 부착한다.
	• 미술 영역에 개미 종이접기 순서도와 교사가 미리 만들어 둔 개미와 미술 재료를 제공한다.
교사의 기대	• 바깥놀이에서 개미에 대해 관심을 가졌던 유아들이 개미 종이접기에 흥미를 가진다.
이전 놀이 요약	• 바깥놀이에서 우연히 개미를 발견하면서 개미가 다니는 길에 흥미를 보였다.

놀이활동 기록

관찰하기

• 교사는 지난번 바깥놀이에서 경험한 개미와 관련한 확장놀이로 개미 종이접기 활동을 유아들과 함께하기를 기대하였다. 교사가 먼저 개미를 접으며 유아들의 흥미를 유도했는데, 유아들은 개미 종이접기보다 교사가 사용하고 남은 종이를 잘게 잘라 노는 데 더 흥미를 느꼈다.

반응성 상호작용 전략: 아동의 행동 관찰하기

반응하기

- 교사의 기대와 달리 유아들은 종이를 잘게 자르는 데 관심
을 보였지만 유아들의 흥미를 수용하며 유아들의 행동에 반
응하였다.

- 양면테이프 종이를 모두 사용하자 "이제 눈 뿌려 보자!"라고
이야기를 하더니 책상이 없는 바닥에 가서 잘게 잘랐던 종
이를 뿌렸다. 그러더니 이내 ○○이가 교사를 보며 "눈이 더
있었으면 좋겠는데……."라고 말하자 교사가 웃으며 "더 있
었으면 좋겠어?"라고 물었다.

- 그러자 미술장을 둘러보던 ○○이가 습자지를 발견하고
는 "이거 써도 돼요?"라고 물었다. 교사가 "당연히 되지."라
고 하자 미술 영역에서 습자지를 모두 꺼내 온 ○○이가 "이
제 이걸 잘라서 눈 만들어요!"라며 책상 가운데에 놓고 유아
들과 교사에게 찢기를 제안하였다. 습자지를 손으로 찢던
중 ♣♣가 "이건 꽃눈 같다. 우리 꽃눈으로 이름 바꾸자."라고 제안했고, 유아들이 모두 "좋
아."라고 말하였다. 교사가 종이를 손으로 찢다가 "너무 많이 찢어서 손이 아픈데?"라고 하
자 "■■가 그럼 가위로 자르면 되죠!"라고 말하며 교사에게 가위를 주었다. 그러면서 "선생
님이 자른 거는 내 통에 넣어요."라고 하였다. 교사는 ■■의 말을 따라 가위로 자른 종이를
■■의 통에 넣었다.

반응성 상호작용 전략: 아동의 방식대로 행동하기

확장하기

- 유아가 놀이를 진행하면서 다양한 방식으로 놀이를 변형·
확장하여 진행하였고, 교사는 유아가 주도적으로 놀이를 이
끌어 갈 수 있도록 개입을 최소화하여 지원하였다.

- 예슬반으로 이동 후 교사가 먼저 습자지 가루를 손에 한 움
큼 쥐고 뿌리자 ◆◆이는 교사를 따라 손에 잡고 뿌렸으며
다른 유아들은 통을 뒤집어 통째로 바닥에 흩뿌렸다.

- 바닥에 모두 쏟은 후 모아 다시 뿌리기 등을 여러 번 반복하였다. 그리고 ○○이가 누워서

팔다리를 휘저으며 "선생님, 이렇게 하면 나비 모양처럼 돼요!"라고 말하자 다른 유아들이 습자지를 모아서 누워 있는 ○○이에게 뿌려 주고 ○○이는 계속해서 팔다리를 휘젓는다. 그런 ○○이를 보며 교사가 웃으며 ○○이의 행동을 따라 하자 유아들이 교사 몸 위에 습자지를 뿌리고 누워 있던 ○○이도 일어나 교사의 몸 위에 습자지를 뿌리며 웃는다.

• 어느 정도 놀이를 마친 후 교사가 "우리 이제 정리할 시간이야. 정리할까?"라고 하자 유아들이 습자지를 한 움큼씩 쥐어 통에 다시 넣는다. 그때 ◆◆이가 손바닥을 펼쳐 바닥에 있는 습자지를 쓸어 모으자 교사가 ◆◆이의 행동을 따라 한다. 그러자 ◆◆이가 빙긋 웃으며 팔을 벌려 더 많이 모은다. 교사가 마찬가지로 팔을 벌려 ◆◆이의 행동을 모방하자 그 자리에 뒹굴며 까르르 소리를 내며 웃는다. 그때 ○○이가 보슬반 교실에서 "선생님, 이걸로 정리하면 더 빠를 것 같아요."라고 말하며 빗자루를 이용해 정리를 시작한다.

반응성 상호작용 전략: 아동이 즐거워하는 행동 반복하기

교사의 발견

• 유아가 교사의 행동에 관심을 보이며 먼저 다가와 교사의 놀이를 관찰하였으며, 교사의 모습을 관찰하며 스스로 놀이를 상상하고 실행에 옮기는 모습을 볼 수 있었다. 또한 평소 관심 없던 종잇조각을 놀이 자원으로 사용하고 이로 인해 많은 유아가 함께 놀이에 참여하는 모습이었다. 평소라면 사용하고 버려지는 종잇조각이 유아들의 놀이 자원으로 시작되어 다양한 놀이로 확장되는 것이 의미 있었다. 일과 중 사용되는 모든 물건이 놀이 자원이 될 수 있음을 교사가 인지하여 유아들의 놀이 시 적절히 지원해 주는 것이 중요함을 알았다.

놀이활동 평가

놀이주제

• 알록달록 꽃눈이 내려요

발견 목표

• 유아는 자신이 경험한 놀이를 회상하며 다양한 방법으로 확장하여 놀이할 수 있다.
• 다양한 미술 재료를 이용해 자유롭고 창의적으로 만들 수 있다.

교육과정 관련 요소

• 신체운동 > 신체활동 즐기기
• 예술경험 > 창의적으로 표현하기

반응성 상호작용 전략 적용

• 관찰하기: 아동의 행동 관찰하기
• 반응하기: 아동의 방식대로 행동하기
• 확장하기: 아동이 즐거워하는 행동 반복하기

중심축 행동 목표

• 주도성, 공동주의

중심축 행동 의미 찾기

• 유아는 자신이 주도하는 활동과 관련된 가르침과 지시에 반응하기 쉽다

  교사가 자주 유아와 함께하며, 유아가 가장 관심 있어 하고 주도하는 활동을 격려해 주는 것
  이 중요하다. 유아는 주의를 집중하는 상황에서 활동을 주도하는 경험을 하게 되므로, 교사
  는 유아가 주의집중을 보이는 흥미 있어 하는 놀이에 대해 적극적으로 지지해 준다.

놀이 지원 및 다음 놀이 계획

• 유아가 먼저 버려지는 종이를 놀이 자원으로 이용해 놀이를 계획하고 이끌어 나갔다. 유아
  가 스스로 선택한 자원으로 놀이를 이끌어 나갔기 때문에 유아들의 놀이 흥미도나 몰입도
  가 매우 높았으며, 놀이를 하면서 시종일관 즐겁게 참여하였다.
• 유아가 즐거워했던 놀이인 만큼 다음에 습자지 뿌리기 놀이가 반복되는 경우 신문지도 준
  비해 주어 신문지를 찢어서 뿌리는 놀이를 지원하고자 한다.
• 뿌려 본 종이를 쓰레기로 버리지 않고 어떻게 하면 유아들과 재미있는 놀잇감으로 사용할
  수 있을지 브레인스토밍을 해 본다.

놀이활동 흐름 도표

놀이환경

다양한 종이, 테이프, 각종 만들기 재료가 있다.

관찰

교사가 먼저 개미를 접으며 유아들의 흥미를 유도했는데, 유아들은 개미 종이접기보다 교사가 사용하고 남은 종이를 잘게 잘라 노는 데 더 흥미를 느꼈다.

반응

유아들이 양면테이프 종이를 모두 사용해 눈뿌리기 놀이를 한다. 눈이 더 있었으면 좋겠다고 표현하였다.

교사의 발견

유아는 교사의 행동에 관심을 보이며 먼저 다가와 교사를 관찰하였으며, 유아가 스스로 놀이를 상상하고 실행에 옮기는 모습을 볼 수 있었다. 또한 일과 중 사용되는 모든 물건이 놀이 자원이 될 수 있음을 알게 되었다.

확장

손에 한 움큼씩 쥐고 뿌리며 놀이하다 다른 유아들은 통을 뒤집어 통째로 바닥에 흩뿌렸다. 여러 번 반복하며 놀이하더니 ㅇㅇ이가 누워서 팔다리를 휘저으며 나비 모양이 된다고 한다. 다른 유아들이 습자지를 모아서 누워 있는 ㅇㅇ이에게 뿌려 주고 ㅇㅇ이는 계속해서 팔다리를 휘젓는다.

반응

미술장에서 습자지를 발견하곤 습자지를 모두 꺼내 유아들과 교사가 함께 찢는다. 습자지를 손으로 찢던 중 꽃눈으로 이름 바꾸기를 제안한다.

■ 유아 놀이활동 12의 「일일 놀이활동일지」

놀이활동일지(만 4, 5세)

날짜	4월 15일 수요일		날씨	맑음
통합보육	등원(: ~ :) ※ 각 원의 일정에 맞춰 기록하세요.		하원(: ~ :) ※ 각 원의 일정에 맞춰 기록하세요.	
일과(시간)	계획 및 실행			

일상 생활	간식 (: ~ :)	※ 각 원의 일정에 맞춰 기록하세요.
	점심 식사 (: ~ :)	※ 각 원의 일정에 맞춰 기록하세요.
	낮잠 및 휴식 (: ~ :)	※ 각 원의 일정에 맞춰 기록하세요.
활동(: ~ :)		※ 각 원의 일정에 맞춰 기록하세요.

놀이	실내놀이 (: ~ :)	이전 놀이	• 바깥놀이에서 우연히 개미를 발견하면서 개미가 다니는 길에 흥미를 보였다.	
		놀이준비	• 지난 놀이를 회상하며 바깥놀이 사진을 교실 벽면에 부착한다. • 미술 영역에 개미 종이접기 순서도와 교사가 미리 만들어 둔 개미와 미술 재료를 제공한다.	
		놀이주제	• 알록달록 꽃눈이 내려요	
		관찰	• 교사가 먼저 개미를 접으며 유아들의 흥미를 유도했는데, 유아들은 개미 종이접기보다 교사가 사용하고 남은 종이를 잘게 잘라 노는 데 더 흥미를 느꼈다.	• 아동의 행동 관찰하기
		반응	• 유아들이 양면테이프 종이를 모두 사용하자 "이제 눈 뿌려 보자!"라고 이야기를 하더니 책상이 없는 바닥에 가서 잘게 잘랐던 종이를 뿌렸다. 그러더니 이내 ○○이가 교사를 보며 "눈이 더 있었으면 좋겠는데……."라고 말하자 허락하는 의미로 함께 웃어 주었다. 미술장을 둘러보던 ○○이가 습자지를 발견하고는 "이거 써도 돼요?"라고 물었다. 교사가 "당연히 되지."라고 하자 미술 영역에서 습자지를 모두 꺼내온 ○○이가 "이제 이걸 잘라서 눈 만들어요!"라며 책상 가운데에 놓고 유아들과 교사에게 찢기를 제안하였다. 습자지를 손으로 찢던 중 ♣♣가 "이거 꽃눈 같다. 우리 꽃눈으로 이름 바꾸자."라고 제안하였다.	• 아동의 방식대로 행동하기

놀이		확장	• 교사가 먼저 습자지 가루를 손에 한 움큼 쥐고 뿌리자 ◆◆이는 교사를 따라 뿌리고 다른 유아들은 통을 뒤집어 통째로 바닥에 흩뿌렸다. 여러 번 반복하더니 ㅇㅇ이가 누워서 팔다리를 휘저으며 "선생님 이렇게 하면 나비 모양처럼 돼요!"라고 말하자 다른 유아들이 습자지를 모아서 누워 있는 ㅇㅇ이에게 뿌려 주고, ㅇㅇ이는 계속해서 팔다리를 휘젓는다.	• 아동이 즐거워 하는 행동 반복 하기
	바깥놀이 (: ~ :)		• 만들었던 바람개비를 돌리거나 종이비행기를 날리는 놀이를 하였다.	
	발견 목표		• 유아는 자신이 경험한 놀이를 회상하며 다양한 방법으로 확장하여 놀이할 수 있다. • 다양한 미술 재료를 이용해 자유롭고 창의적으로 만들 수 있다.	
	교육과정 관련 요소		• 신체운동 > 신체활동 즐기기 • 예술경험 > 창의적으로 표현하기	
	중심축 행동		• 주도성, 공동주의	
	중심축 행동 의미 찾기		• 유아는 자신이 주도하는 활동과 관련된 가르침과 지시에 반응하기 쉽다 교사가 자주 유아와 함께하며, 유아가 가장 관심 있어 하고 주도하는 활동을 격려해 주는 것이 중요하다. 유아는 주의를 집중하는 상황에서 활동을 주도하는 경험을 하게 되므로, 교사는 유아가 주의집중을 보이는 흥미 있어 하는 놀이에 대해 적극적으로 지지해 준다.	
	교사의 발견		• 유아가 교사의 행동에 관심을 보이며 먼저 다가와 교사의 놀이를 관찰하였으며, 교사의 모습을 관찰하며 스스로 놀이를 상상하고 실행에 옮기는 모습을 볼 수 있었다. 또한 평소 관심 없던 종잇조각을 놀이 자원으로 사용하고 이로 인해 많은 유아가 함께 놀이에 참여하는 모습이었다. 평소라면 사용하고 버려지는 종잇조각이 유아들의 놀이 자원으로 시작되어 다양한 놀이로 확장되는 것이 의미 있었다. 일과 중 사용되는 모든 물건이 놀이 자원이 될 수 있음을 교사가 인지하여 유아들의 놀이 시 적절히 지원해 주는 것이 중요함을 알았다.	
다음날 지원 계획			• 유아가 먼저 버려지는 종이를 놀이 자원으로 이용해 놀이를 계획하고 이끌어 나갔다. 유아가 스스로 선택한 자원으로 놀이를 이끌어 나갔기 때문에 유아들의 놀이 흥미도나 몰입도가 매우 높았으며, 놀이를 하면서 시종일관 즐겁게 참여하였다. • 유아가 즐거워했던 놀이인 만큼 다음에 습자지 뿌리기 놀이가 반복되는 경우 신문지도 준비해 주어 신문지를 찢어서 뿌리는 놀이를 지원하고자 한다. • 뿌려 본 종이를 쓰레기로 버리지 않고 어떻게 하면 유아들과 재미있는 놀잇감으로 사용할 수 있을지 브레인스토밍을 해 본다.	
반 운영 특이사항			※ 각 원의 학급 운영 시 특이사항을 기록하세요.	

유아
놀이활동
13

에어캡 비닐기차로 어디든 갈 수 있어요

놀이활동 계획

날   짜 4월 16일 목요일

참여대상 만 4, 5세

놀이장소 보슬반 교실

놀이시간 10:15~11:30

놀이환경 • 각종 종이류, 문구류, 가위, 풀, 테이프 등 여러 가지 미술 재료가 준비되어 있다.

안전지도 • 유아용 안전가위를 준비해 주고, 테이프 커터기는 미리 안전하게 사용하는 방법을 알려 준다.

놀이준비 • 교사는 유아들과 나비 날개 만들기 미술 재료(포장 비닐, 각종 미술 재료−폼폼이, 스팽글, 단추, 비스 등, 모루, 스티커, 네임펜)를 준비하여 미술 영역 장에 제공한다.

교 사 의 기   대 • 나비의 날개를 다양한 미술 재료로 표현한다.

이전 놀이 요   약 • 봄과 관련해서 나비 꾸미기 미술활동을 하였다.

놀이활동 기록

관찰하기

• 교사는 계획한 놀이로서 '봄'의 주제와 관련한 미술놀이를 진행하였다. 초반에는 새로운 미술놀이에 많은 유아가 관심을 보이며 참여하였고, 교사는 미리 완성품을 만들지 않은 상태에서 유아가 자유롭게 나비를 꾸며 보기를 원했으나 유아들이 어려워하며 교사의 도움을 요청하였다.

• 놀이 후반 무렵 미술 영역에 있던 에어캡에 관심을 보인 한 유아가 놀이 자원으로 이용하며

놀이를 이끌어 가기 시작하였다.

• 나비를 만든 ○○이는 미술 영역 구석에 있던 에어캡 뭉치를 발견하고는 가리키며 교사에게 "선생님, 저 이걸로 놀이해도 돼요?"라고 묻는다. 교사가 "놀이해도 좋아."라고 하자 에어캡을 가지고 교실 넓은 바닥에 가 앉아 손으로 터뜨린다. 그러고서는 이내 에어캡을 바닥에 펼쳐 깔더니 그 위에 올라가 밟으며 터뜨린다. 교사가 ○○이에게 다가가 ○○이와 같이 에어캡을 터뜨리자 소리를 듣던 유아들이 모두 찾아와 에어캡 위에 올라서서 같이 터뜨리며 까르르 웃는다. 에어캡 위에 올라오는 유아가 많아 자리가 좁아지자 교사가 다른 에어캡을 바닥에 펼쳐 주었고, 유아들이 옮겨 와 마저 터뜨렸다.

반응성 상호작용 전략: 아동의 행동 관찰하기

반응하기

• 유아가 주도적으로 이끄는 놀이에 교사가 참여하자 관심을 보이지 않던 유아들도 관심을 보이며 여러 유아가 놀이에 참여하였고, 교사의 비언어적인 긍정적 지원을 인지한 유아들은 다양한 놀이로 확장 및 변형하여 놀이하였다.

• 에어캡이 다 터지자 흥미를 잃은 유아들은 원래 놀던 놀이로 돌아가고 ○○이가 남았다. 남은 에어캡을 가지고 놀다가 머리에 두건처럼 둘렀다. 그러자 그걸 본 ❤❤이가 관심을 보이며 ○○이 뒤에 서서 에어캡을 같이 둘러쓴 채로 교실 책상 주변을 돈다. 그렇게 교실 주변을 돌던 ○○이와 ❤❤이가 교사와 눈이 마주치자 웃음을 짓는다. 교사도 웃음을 지으며 "너희는 뭐 하고 있는 거야?"라고 묻자 "이건 비닐기차예요."라고 말한다. 교사가 "비닐기차? 비닐기차는 앞이 유리처럼 보여서 좋다!"라고 하자 ○○이와 ❤❤이가 둘이 서로 마주 보며 웃는다. 그렇게 둘이 돌아다니던 모습을 본 ♣♣이가 ❤❤이 뒤에 서며 "나도 같이 하자."라고 했고, 셋이서 기차놀이를 시작한다.

반응성 상호작용 전략: 아동이 선택할 기회를 자주 주기

아동의 방식대로 행동하기

확장하기

- 놀이 중 에어캡이 훼손되자 그것으로 놀이 방식을 전환해
다른 놀이로 바꾸어 놀이를 이어 갔다.
- 에어캡의 뚫린 부분에 ○○이가 머리를 넣으며 "이건 너무 낡
았어."라고 한다. 점점 속도가 붙자 순식간에 술래잡기로 변
하여 비닐을 뒤집어 쓴 ♣♣이가 ●●이를 잡으러 다닌다. 이
내 "나는 유령이고, 언니는 사람이야."라고 말하며 에어캡을 쓴 ♣♣이가 술래를 자청하며 술
래잡기놀이를 시작한다.
- 놀이를 마친 후 유아들이 에어캡을 접으면서 "선생님, 다음에 이걸로 또 다른 놀이를 해 봐
요."라고 말하며 정리하였다.
반응성 상호작용 전략: 아동의 의도를 확장하기

교사의 발견

- 평소 관심 없던 영역에서 발견한 일상 자원을 이용해 유아는 단순한 놀이에서 점차 응용놀
이로 발전시켜 실행했으며 끊임없이 다양한 설정을 통해 놀이를 이어 가는 모습을 보여 주
었다. 교사가 놀이를 계획하여 제안하는 것보다 흥미를 갖는 자원 하나로도 놀이가 풍성하
게 진행될 수 있었다. 교사가 계획한 놀이를 통해 주변 환경에 관심을 가지게 되었고, 그곳
에서 발견한 재료를 이용해 놀이를 이용했다는 점이 의미 있었다.

놀이활동 평가

놀이주제

- 에어캡 비닐기차로 어디든 갈 수 있어요

발견 목표

- 놀이를 스스로 계획하고 친구들과 함께 놀이활동을 즐길 수 있다.
- 에어캡을 다양한 방법으로 탐색할 수 있다.

교육과정 관련 요소

- 사회관계 > 더불어 생활하기
- 신체활동 > 신체활동 즐기기

반응성 상호작용 전략 적용

- 관찰하기: 아동의 행동 관찰하기
- 반응하기: 아동이 선택할 기회를 자주 주기/아동의 방식대로 행동하기
- 확장하기: 아동의 의도를 확장하기

중심축 행동 목표

- 사회적 놀이, 협력, 자신감

중심축 행동 의미 찾기

- 유아는 스스로 우연히 발견하는 경험 속에서 배운다

  유아는 놀이 상황에서 현재 유아가 이해하는 세계를 나타낸다. 교사는 유아가 하는 놀이에 관심을 가지고 지켜봄으로써 유아가 우연히 발견한 놀이를 이해할 수 있다. 유아는 우연히 스스로 발견한 흥미 있는 놀이를 반복하면서 새로운 이해와 인지 능력을 발달시켜 간다. 교사가 유아가 흥미 있어 하는 이러한 놀이를 함께하며 상호작용할 때, 유아의 이해와 사고를 증진시키는 기회를 더 늘려 줄 수 있다.

놀이 지원 및 다음 놀이 계획

- 오늘 사용한 에어캡을 이용해 물감 혹은 만들기 등 미술놀이 재료로 활용할 수 있게 하거나 에어캡을 유아의 신체를 이용해 터뜨려 보는 놀이를 할 수 있도록 다시 제공한다.
- 더 많은 유아가 에어캡을 가지고 놀이에 흥미를 보일 경우를 대비해서 새로운 에어캡을 별도로 준비해 둔다.
- 가정에서 택배 포장으로 사용되는 에어캡에 대해 유아들이 소개해 보는 것도 안내한다.

놀이활동 흐름 도표

놀이환경

각종 종이류, 문구류, 가위, 풀, 테이프 등 여러 가지 미술 재료가 준비되어 있다.

관찰

에어캡 뭉치를 발견하여 교실 바닥으로 가서 앉아 손으로 터뜨린다. 에어캡을 바닥에 펼쳐 깔더니 그 위에 올라가 밟으며 터뜨린다. 다른 유아들도 함께 에어캡 위에 올라서서 같이 터뜨리며 까르르 웃는다.

반응

남은 에어캡을 가지고 놀다가 머리에 두건처럼 둘렀다. 그러자 그걸 본 유아가 뒤에 서서 에어캡을 같이 둘러쓴 채로 교식 책상 주변을 돈다.

교사의 발견

평소 관심 없던 영역에서 발견한 일상 자원을 이용해 유아는 단순한 놀이에서 점차 응용놀이로 발전시켜 실행했으며, 끊임없이 다양한 설정을 통해 놀이를 이어 가는 모습을 보여 주었다. 교사가 놀이를 계획하여 제안하는 것보다 흥미를 갖는 자원 하나로도 놀이가 풍성하게 진행될 수 있었다.

확장

에어캡의 뚫린 부분에 ○○이가 머리를 넣으며 "이건 너무 낡았어."라고 한다. ♣♣이가 "나는 유령이고, 언니는 사람이야."라고 말하며 술래잡기놀이를 한다.

반응

에어캡을 둘러쓰고 다니며 다른 유아들과 비닐기차놀이를 한다.

■ **활동 13의 일일 놀이활동일지**

놀이활동일지(만 4, 5세)

날짜	4월 16일 목요일		날씨	맑음
통합보육	등원(: ~ :) ※ 각 원의 일정에 맞춰 기록하세요.		하원(: ~ :) ※ 각 원의 일정에 맞춰 기록하세요.	
일과(시간)	계획 및 실행			

일상 생활	간식 (: ~ :)	※ 각 원의 일정에 맞춰 기록하세요.
	점심 식사 (: ~ :)	※ 각 원의 일정에 맞춰 기록하세요.
	낮잠 및 휴식 (: ~ :)	※ 각 원의 일정에 맞춰 기록하세요.
활동(: ~ :)		※ 각 원의 일정에 맞춰 기록하세요.

놀이	실내놀이 (: ~ :)	이전 놀이	• 봄과 관련해서 나비 꾸미기 미술활동을 하였다.	
		놀이준비	• 교사는 유아들과 나비 날개 만들기 미술 재료(포장 비닐, 각종 미술 재료-폼폼이, 스팽글, 단추, 비스 등, 모루, 스티커, 네임펜)를 준비하여 미술 영역 장에 제공한다.	
		놀이주제	• 에어캡 비닐기차로 어디든 갈 수 있어요	
		관찰	• ○○이는 미술 영역 구석에 있던 에어캡 뭉치를 발견하여 교사에게 허락을 구하고, 에어캡을 가지고 교실 넓은 바닥으로 가서 앉아 손으로 터뜨린다. 에어캡을 바닥에 펼쳐 깔더니 그 위에 올라서서 밟으며 터뜨린다. 교사가 ○○이와 같이 에어캡을 터뜨리자 소리를 듣던 유아들이 모두 찾아와 에어캡 위에 올라서서 같이 터뜨리며 까르르 웃는다. 에어캡이 다 터지자 흥미를 잃은 유아들은 원래 놀던 놀이로 돌아가고 ○○이만 남았다. 남은 에어캡을 가지고 놀다가 머리에 두건처럼 둘렀다. 그러자 그걸 본 ❤❤이가 관심을 보이며 ○○이 뒤에 서서 에어캡을 같이 둘러쓴 채로 교실 책상 주변을 돈다.	• 아동의 행동 관찰하기
		반응	• 에어캡을 둘러쓰고 다니는 유아들에게 교사가 "너희는 뭐 하고 있는 거야?"라고 묻자 "이건 비닐기차예요."라고 말한다. 교사가 "비닐기차? 비닐기차는 앞이 유리처럼 보여서 좋다!"라고 하자 ○○이와 ❤❤이가 서로 마주 보며 웃는다. 그렇게 둘이 돌아다니는 모습을 본 ♣♣이가 ❤❤이 뒤에 서서 "나도 같이 하자."라고 하며 셋이서 기차놀이를 시작한다.	• 아동이 선택할 기회를 자주 주기 • 아동의 방식대로 행동하기

놀이		확장	• 에어캡의 뚫린 부분에 ○○이가 머리를 넣으며 "이 건 너무 낡았어."라고 한다. 점점 속도가 붙자 순식 간에 술래잡기로 변하여 비닐을 뒤집어 쓴 ♣♣이가 ●●이를 잡으러 다닌다. 이내 "나는 유령이고, 언니 는 사람이야."라고 말하며 에어캡을 쓴 ♣♣이가 술 래를 자청하며 술래잡기놀이를 시작한다.	• 아동의 의도를 확장하기
	바깥놀이 (: ~ :)		• 나비를 찾아보고 주변에 핀 꽃이나 나뭇잎을 관찰하였다.	
	발견 목표		• 놀이를 스스로 계획하고 친구들과 함께 놀이활동을 즐길 수 있다. • 에어캡을 다양한 방법으로 탐색할 수 있다.	
	교육과정 관련 요소		• 사회관계 > 더불어 생활하기 • 신체활동 > 신체활동 즐기기	
	중심축 행동		• 사회적 놀이, 협력, 자신감	
	중심축 행동 의미 찾기		• 유아는 스스로 우연히 발견하는 경험 속에서 배운다 유아는 놀이 상황에서 현재 유아가 이해하는 세계를 나타낸다. 교사는 유아가 하는 놀이에 관심을 가지고 지켜봄으로써 유아가 우연히 발견한 놀이를 이해할 수 있다. 유아는 우연히 스스로 발견한 흥미 있는 놀이를 반복하면서 새로운 이해와 인지 능 력을 발달시켜 간다. 교사가 유아가 흥미 있어 하는 이러한 놀이를 함께하며 상호작 용할 때, 유아의 이해와 사고를 증진시키는 기회를 더 늘려 줄 수 있다.	
	교사의 발견		• 평소 관심 없던 영역에서 발견한 일상 자원을 이용해 유아는 단순한 놀이에서 점차 응용놀이로 발전시켜 실행했으며, 끊임없이 다양한 설정을 통해 놀이를 이어 가는 모습을 보여 주었다. 교사가 놀이를 계획하여 제안하는 것보다 흥미를 갖는 자원 하 나로도 놀이가 풍성하게 진행될 수 있었다. 교사가 계획한 놀이를 통해 주변 환경에 관심을 가지게 되었고, 그곳에서 발견한 재료를 이용해 놀이를 이용했다는 점이 의 미 있었다.	
다음날 지원 계획			• 오늘 사용한 에어캡을 이용해 물감 혹은 만들기 등 미술놀이 재료로 활용할 수 있게 하거나 에어캡을 유아의 신체를 이용해 터뜨려 보는 놀이를 할 수 있도록 다시 제공 한다. • 더 많은 유아가 에어캡을 가지고 놀이에 흥미를 보일 경우를 대비해서 새로운 에어 캡을 별도로 준비해 둔다. • 가정에서 택배 포장으로 사용되는 에어캡에 대해 유아들이 소개해 보는 것도 안내 한다.	
반 운영 특이사항			※ 각 원의 학급 운영 시 특이사항을 기록하세요.	

유아
놀이활동
14 **에어캡 비닐기차가 색깔 옷을 입었어요**

놀이활동 계획

날   짜 4월 17일 금요일

참여대상 만 4, 5세

놀이장소 보슬반 교실

놀이시간 10:10~11:00

놀이환경 • 붓, 물감, 종이 등 다양한 미술 재료, 에어캡, 미술가운 등이 준비되어 있다.

안전지도 • 물통에 물을 쏟지 않게 주의하고 물감 묻힌 손으로 다른 놀잇감을 만지지 않
            도록 안내한다.

놀이준비 • 교사는 지난번 유아들과 놀이했던 에어캡 비닐기차놀이에 대한 회상 자료(사
            진)와 물감 재료 등을 준비한다.

교 사 의
기   대 • 기차놀이를 한 에어캡에 물감을 이용하여 칠해 보는 미술활동을 한다.

이전 놀이
요   약 • 에어캡 탐색이 시작되었다가 에어캡 비닐기차놀이로 확장되었다.

놀이활동 기록

관찰하기

• 교사는 지난번 유아들이 놀이한 에어캡 비닐기차놀이를 회
  상하며 에어캡을 이용해 미술놀이를 하기를 기대하였다. 교
  사가 먼저 물감이라는 재료를 제공하여 유아들이 관심을 가
  졌으며, 특히 기차놀이를 했던 유아들이 놀이에 활발히 참
  여하고자 하였다.

• 지난번 놀이했던 에어캡과 물감놀이 재료들을 꺼내자 관심을 보이는 ○○이와 ◆◆이가 다
  가와 "어, 이거 저번에 우리가 비닐기차놀이 했던 건데?"라고 말하였다. 교사가 "맞아, 너희
  가 놀이했던 비닐기차야."라고 대답해 주자 ○○이가 "근데 이걸로 뭐할 거예요?"라고 묻는

다. 교사가 "저번에 너희가 재미있게 놀아서 이 위에 물감으로 색을 칠해 주면 어떨까 생각했어."라고 말하자 ◆◆이가 "저 할래요."라고 말하며 자리에 앉는다. 자리에 앉는 ◆◆이를 보고 ○○이도 자리에 앉아 "저도 할래요."라고 말한다. 교사가 "물감으로 색칠해 보고 싶니? 그러면 미술가운부터 입어 보자."라고 말하자 책상에 있는 미술가운을 찾아 입는다. 미술가운을 입고 자리에 앉은 ○○이와 ◆◆이에게 교사가 에어캡을 펼쳐 주며 "여기에 내가 기차놀이 했을 때의 기분을 색으로 칠해 보는 거야."라고 말하자 ○○이가 "나는 파란색. 하늘 위를 나는 기차 같았어."라고 말한다. 그러자 ◆◆이가 "그럼 나는 초록색 할게."라고 말하며 각자 원하는 색을 고른다. 교사가 붓과 물통을 제공한 후 ◆◆이와 ○○이가 에어캡 위에 자유롭게 물감을 칠한다.

반응성 상호작용 전략: 아동의 행동 관찰하기

반응하기

- 물감놀이를 하는 유아의 놀이에 관심을 보인 유아는 지난 번 기차놀이에 대한 경험이 없었다. 교사에게 물감놀이를 하고 싶다고 했지만 기차놀이에 대한 경험이 없어 에어캡에 물감을 칠하는 것에 흥미나 공감을 갖지 못하는 모습이었다. 교사가 유아가 원하는 것을 물어본 후 유아가 원하는 놀이 방식을 이야기한 다음 그것을 놀이할 수 있도록 반응해 주었다.
- 비닐을 칠하는 ○○이와 ◆◆이를 보던 ■■이가 "나는 비닐기차 놀이 안 했는데……."라고 말한다. 교사가 "■■이는 그날 그 놀이를 안 했구나. 그럼 어떻게 하고 싶어?"라고 묻자 "저 번에 제가 점토로 만든 라푼젤 색칠해 줄래요."라고 말한다. 교사가 "라푼젤 색칠해 볼까?"라고 웃으며 대답해 주자 ■■이가 교실 선반에 있던 점토를 가져와 물감으로 색칠한다.

반응성 상호작용 전략: 아동이 선택할 기회를 자주 주기

확장하기

- 유아들이 충분히 놀이를 한 후 놀이를 그만하고자 할 때 마무리를 어떻게 하면 좋을지 의견

을 물었다. 유아들은 자신이 칠한 에어캡을 전시하길 원했고, 교사가 말린 후 전시하자고 제안하였다.

• 물감을 양껏 칠하던 ○○이와 ◆◆이가 "선생님, 나 이제 그만할래요."라고 말하자 교사는 "그만하고 싶어? 그럼 너희가 물감을 칠한 작품은 어떻게 할까?"라고 물었다. ○○이와 ◆◆이는 "말린 다음에 전시하고 싶어요."라고 말했고, 교사가 그렇게 하자고 한 후 유아들이 가운과 붓, 물통을 씻어 정리할 수 있도록 안내하였다.

반응성 상호작용 전략: 아동의 의도를 확장하기

교사의 발견

• 이번 놀이의 경우 지난번 기차놀이에 사용한 에어캡을 놀이의 주재료로 재활용하여 놀이했는데, 놀이를 경험했던 유아들이 흥미를 보이며 적극적으로 놀이에 참여하는 모습을 볼 수 있었다. 한 가지 재료를 이용해 동적인 활동을 정적인 활동으로 확장해서 놀이해 볼 수 있어 좋았다. 유아들의 경험이 연속적으로 일어나 놀이 참여도가 높아져 놀이 시 더욱 적극적으로 집중하는 모습을 볼 수 있었다.

놀이활동 평가

놀이주제

• 에어캡 비닐기차가 색깔 옷을 입었어요.

발견 목표

• 유아는 자신의 놀이경험을 언어로 표현할 수 있다.
• 여러 가지 색의 아름다움을 느끼며 다양하게 표현할 수 있다.

교육과정 관련 요소

• 의사소통 > 듣기와 말하기
• 예술경험 > 창의적으로 표현하기

반응성 상호작용 전략 적용

• 관찰하기: 아동의 행동 관찰하기

• 반응하기: 아동이 선택할 기회를 자주 주기

• 확장하기: 아동의 의도를 확장하기

중심축 행동 목표

• 주도성, 탐색, 대화

중심축 행동 의미 찾기

• 유아가 현재 주도하는 행동은 모두 발달적으로 의미가 있는 행동이다

유아의 개인차에 따라 발달행동 수준은 다를 수 있으나 교사는 그들이 주도하는 행동에서
의미를 찾을 수 있어야 한다. 발달에 어려움이 있는 유아가 어린 연령단계의 발달행동을 보
일 경우, 발달에 적합한 연령 수준으로 이해하고 그에 적합한 인지적 촉진을 한다.

놀이 지원 및 다음 놀이 계획

• 교사가 유아들에게 놀이를 마무리하면서 물감을 칠한 에어캡을 어떻게 하길 원하는지 질문
하고, 유아들이 전시를 원했던 만큼 유아들이 칠한 에어캡을 교실에 전시해 본다.

• 색깔 옷을 입은 에어캡으로 무엇을 하고 싶은지 브레인스토밍을 하여 그림으로 그리고, 에
어캡과 같이 전시한다.

놀이활동 흐름 도표

놀이환경

지난번 유아들과 놀이했던 에어캡 비닐기차놀이에 대한 회상 자료(사진)와 물감 재료 등이 준비되어 있다.

관찰

에어캡을 보고 관심을 가져 미술영역에서 놀이를 시작한다.

반응

미술가운을 입고 자리에 앉아 지난 비닐기차놀이를 회상하며 펼쳐진 에어캡에 색깔을 칠한다. ○○이는 "나는 파란색. 하늘 위를 나는 기차 같았어."라고 말한다. ◆◆이는 "나는 초록색 할게."라고 말하며 각자 원하는 색을 골라 물감을 칠한다.

교사의 발견

이번 놀이의 경우 지난번 기차놀이에 사용한 에어캡을 놀이의 주재료로 재활용하여 놀이했는데, 놀이를 경험했던 유아들이 흥미를 보이며 적극적으로 놀이에 참여하는 모습을 볼 수 있었다. 한 가지 재료를 이용해 동적인 활동을 정적인 활동으로 확장해서 놀이해 볼 수 있었다. 유아들의 경험이 연속적으로 일어나 놀이 참여가 더욱 적극적으로 나타났으며, 놀이 시 집중하는 모습을 볼 수 있었다.

확장

물감을 다 칠하고 난 후 전시하고 싶다고 하여 말린 다음에 전시하기로 한다.

반응

비닐기차를 하지 않았던 유아가 "저번에 제가 점토로 만든 라푼젤 색칠해 줄래요."라고 말한다.

■ 유아 놀이활동 14의 「일일 놀이활동일지」

놀이활동일지(만 4, 5세)

날짜	4월 17일 금요일		날씨	흐림
통합보육	등원(: ~ :) ※ 각 원의 일정에 맞춰 기록하세요.		하원(: ~ :) ※ 각 원의 일정에 맞춰 기록하세요.	
일과(시간)	계획 및 실행			

일상 생활	간식 (: ~ :)	※ 각 원의 일정에 맞춰 기록하세요.		
	점심 식사 (: ~ :)	※ 각 원의 일정에 맞춰 기록하세요.		
	낮잠 및 휴식 (: ~ :)	※ 각 원의 일정에 맞춰 기록하세요.		

활동(: ~ :)	※ 각 원의 일정에 맞춰 기록하세요.			

놀이	실내놀이 (: ~ :)	이전 놀이	• 에어캡 탐색이 시작되었다가 에어캡 비닐기차놀이로 확장되었다.	
		놀이준비	• 교사는 지난번 유아들과 놀이했던 에어캡 비닐기차놀이에 대한 회상 자료(사진)와 물감 재료 등을 준비한다.	
		놀이주제	• 에어캡 비닐기차가 색깔 옷을 입었어요	
		관찰	• 교사가 "저번에 너희들이 재미있게 놀아서 이 위에 물감으로 색을 칠해 주면 어떨까 생각했어."라고 말하자 ◆◆이가 "저 할래요."라고 말하며 자리에 앉는다. 자리에 앉는 ◆◆이를 보고 ○○이도 자리에 앉아 "저도 할래요."라고 말한다. 교사가 "물감으로 색칠해 보고 싶니? 그러면 미술가운부터 입어 보자."라고 말하자 책상에 있는 미술가운을 찾아 입는다. 미술가운을 입고 자리에 앉은 ○○이와 ◆◆이에게 교사가 에어캡을 펼쳐 주며 "여기에 내가 기차놀이 했을 때의 기분을 색으로 칠해 보는 거야."라고 말하자 ○○이가 "나는 파란색. 하늘 위를 나는 기차 같았어."라고 말한다. 그러자 ◆◆이가 "그럼 나는 초록색 할게."라고 말하며 각자 원하는 색을 고른다. 교사가 붓과 물통을 제공한 후 ◆◆이와 ○○이가 에어캡 위에 자유롭게 물감을 칠한다.	• 아동의 행동 관찰하기
		반응	• 비닐을 칠하는 ○○이와 ◆◆이를 보던 ■■이가 "나는 비닐기차놀이 안 했는데……."라고 말하자 교사가 "■■이는 그날 그 놀이를 안 했구나. 그럼 어떻게 하고 싶어?"라고 묻자 "저번에 제가 점토로 만든 라푼젤 색칠해 줄래요."라고 말한다.	• 아동이 선택할 기회를 자주 주기

놀이		확장	• 물감을 양껏 칠하던 ○○이와 ◆◆이가 "선생님, 나 이제 그만할래요."라고 말하자 교사는 "그만하고 싶어? 그럼 너희들이 물감을 칠한 작품은 어떻게 할까?" 라고 물었다. ○○이와 ◆◆이는 "말린 다음에 전시하고 싶어요."라고 말했다. 교사는 그렇게 하자고 한 후 유아들이 가운과 붓, 물통을 씻어 정리할 수 있도록 안내하였다.	• 아동의 의도를 확장하기
	바깥놀이 (: ~ :)		• 실외놀이터에서 전지에 물감이 들어간 물총과 분무기로 공동작품을 만들었다.	
	발견 목표		• 유아는 자신의 놀이경험을 언어로 표현할 수 있다. • 여러 가지 색의 아름다움을 느끼며 다양하게 표현할 수 있다.	
	교육과정 관련 요소		• 의사소통 > 듣기와 말하기 • 예술경험 > 창의적으로 표현하기	
	중심축 행동		• 주도성, 탐색, 대화	
	중심축 행동 의미 찾기		• 유아가 현재 주도하는 행동은 모두 발달적으로 의미가 있는 행동이다 유아의 개인차에 따라 발달행동 수준은 다를 수 있으나 교사는 그들이 주도하는 행동에서 의미를 찾을 수 있어야 한다. 발달에 어려움이 있는 유아가 어린 연령단계의 발달행동을 보일 경우, 발달에 적합한 연령 수준으로 이해하고 그에 적합한 인지적 촉진을 한다.	
교사의 발견			• 이번 놀이의 경우 지난번 기차놀이에 사용한 에어캡을 놀이의 주재료로 재활용하여 놀이했는데, 놀이를 경험했던 유아들이 흥미를 보이며 적극적으로 놀이에 참여하는 모습을 볼 수 있었다. 한 가지 재료를 이용해 동적인 활동을 정적인 활동으로 확장해서 놀이해 볼 수 있어 좋았다. 유아들의 경험이 연속적으로 일어나 놀이 참여도가 높아져 놀이 시 더욱 적극적으로 집중하는 모습을 볼 수 있었다.	
다음날 지원 계획			• 교사가 유아들에게 놀이를 마무리하면서 물감을 칠한 에어캡을 어떻게 하길 원하는지 질문하고, 유아들이 전시를 원했던 만큼 유아들이 칠한 에어캡을 교실에 전시해 본다. • 색깔 옷을 입은 에어캡으로 무엇을 하고 싶은지 브레인스토밍을 하여 그림으로 그리고, 에어캡과 같이 전시한다.	
반 운영 특이사항			※ 각 원의 학급 운영 시 특이사항을 기록하세요.	

**유아
놀이활동
15**

줄은 전화기도 되고 게임기도 돼요

놀이활동 계획

날　　짜	4월 27일 월요일
참여대상	만 4, 5세
놀이장소	보슬반 교실
놀이시간	10:30~11:30
놀이환경	• 다양한 종이, 문구류, 종이컵, 각종 리본 끈과 실, 테이프, 가위, 풀 등이 준비되어 있다.
안전지도	• 유아용 안전가위를 사용하여 안전하게 가위질을 할 수 있고, 테이프 커터기의 날을 주의하여 테이프를 끊는 법을 알려 준다.
놀이준비	• 교사는 미리 계획한 봄과 관련한 주제로 각 흥미 영역에 교구·교재를 제공하였고, 특히 꽃의 성장 과정에 관심을 갖길 바라며 꽃의 성장 순서 퍼즐을 교실에 비치하여 준비하였다.
교 사 의 기　　대	• 주변에 핀 꽃들에 대해 관심을 가지고 교실에 가져와 관찰한다. • 꽃으로 미술활동을 한다.
이전 놀이 요　　약	• 바깥놀이를 나갔을 때 주변에 핀 꽃들에 대해 흥미를 가지고 적극적으로 관찰하였다.

놀이활동 기록

관찰하기

• 꽃의 성장에 관심을 갖고 놀이하기를 기대하여 준비한 재료 중 종이컵에 관심을 보인다. 유아가 가정에서 종이컵 전화기를 가지고 놀이한 경험을 회상하며 교사에게 털실을 요구했고, 한 유아가 만든 실 전화기로 유아들의 놀이가 시작되었다.

• ○○이가 교사에게 다가와 "선생님, 저 털실이 필요해요."라고 말한다. 교사가 "털실이 필요하니? 어떤 색이 필요해?"라고 물었고, ○○이는 "색깔은 상관없어요."라고 답했다. 교사는 파란색 털실 뭉치를 제공하며 "○○이가 필요한 만큼 잘라서 써 볼래?"라고 말했고, 털실을 받은 ○○이가 털실을 잘라 종이컵 양끝에 테이프로 털실을 붙인다. ○○이가 생각한 것을 완성한 듯 ○○이가 교사에게 다가와 웃으며 "선생님, 이거 제가 발명한 거예요. 소리도 들려요."라고 한다.

  반응성 상호작용 전략: 아동의 행동 관찰하기

반응하기

• 유아가 스스로 만든 종이컵 전화기를 교사에게 소개하며 교사와 함께 놀이하기를 제안했고, 교사가 유아와 함께 놀이에 참여하며 반응하였다. 그러자 다른 유아들도 관심을 가지고 놀이에 참여하였다.

• 교사와 ○○이가 종이컵 전화기로 대화를 하자 놀이를 하던 ◇◇이와 □□이가 다가와 "선생님, 나 이거 할 줄 알아요."라고 말하며 교사의 손에 들려 있던 종이컵을 가져가 ○○이와 대화하려 한다. 그때 테이프가 떨어져 망가지자 ○○이가 바로 테이프를 가지고 와서 보수한다. ◇◇이가 당황하며 가만히 있자 교사가 "◇◇이도 한번 만들어 볼래?"라고 제안했고, ◇◇이가 "네."라고 대답하자 교사는 "그럼 ◇◇이가 어떤 재료가 필요한지 한번 가지고 와 볼래?"라고 말하며 재료를 탐색하고 스스로 만들어 볼 수 있도록 하였다.

  반응성 상호작용 전략: 아동이 선택할 기회 자주 주기

확장하기

• 종이컵 전화기로 서로 대화를 주고받으며 놀이하던 유아들이 실이 줄처럼 늘어선 모습을 보고 림보게임을 생각해 냈고, 즉석에서 림보게임으로 확장되었다.

- ○○이가 ◇◇이와 실을 팽팽하게 한 후 전화놀이를 하자 실을 본 ▲▲이가 림보를 하며 줄을 지나간다.
- ●●이가 그 모습을 보고 ▲▲이 뒤를 따라 림보를 하고, □□이도 마저 따라 한다. 그러자 ○○이랑 ◇◇이가 미소를 지으며 "나도 해 볼래!"라고 말하였다. 교사가 "너희도 해 볼래? 선생님이 줄을 잡아 줄게. 한 명만 도와줘."라고 말했고, ○○이가 "제가 도와줄게요."라고 말하며 종이컵을 잡았다. 그렇게 번갈아 가면서 유아들이 림보게임을 하였다.

  반응성 상호작용 전략: 아동의 의도를 확장하기

교사의 발견

- 유아가 계획하고 실행하는 놀이에 대한 자신감을 볼 수 있었다. 유아가 스스로 놀이에 자신감을 가지자 교사와 함께 놀이하지만 스스로 주도하며 놀이하는 모습이 의미 있었다. 교사는 봄과 관련한 놀이를 계획하고 준비하였으나 유아는 개인의 경험을 회상하며 놀이를 하고자 하는 모습을 보였다. 교사가 유아의 의견을 수용해 놀이 재료와 환경을 제공하자, 유아가 교사에게 자신의 놀이를 소개하며 주도하는 모습을 보였다. 그로 인해 다른 유아들에게도 놀이에 대한 흥미를 가질 수 있도록 하였다. 교사와 함께 놀이하지만 스스로 주도하며 놀이하는 모습이 의미 있었다.

놀이활동 평가

놀이주제

- 줄은 전화기도 되고 게임기도 돼요.

발견 목표

- 놀이를 계획하여 시작할 수 있다.
- 친구와 주고받으며 놀이할 수 있다.

교육과정 관련 요소

- 신체운동 > 신체활동 즐기기
- 의사소통 > 듣기와 말하기
- 사회관계 > 더불어 생활하기

반응성 상호작용 전략 적용

- 관찰하기: 아동의 행동 관찰하기
- 반응하기: 아동이 선택할 기회를 자주 주기
- 확장하기: 아동의 의도를 확장하기

중심축 행동 목표

- 공동주의, 주도성, 대화

중심축 행동 의미 찾기

• 유아는 일상에서 스스로 경험하는 활동을 통하여 배운다

능동적 학습의 개념은 유아가 능동적으로 참여한다면 어떠한 활동이라도 인지학습의 기회를 제공할 수 있다는 견해를 근거로 하고 있다. 그러므로 교사는 일상생활에서 이루어지는 자연스러운 경험에도 관심을 두고 유아가 능동적으로 수행하는 활동이 있을 때마다 놓치지 않고 자주 함께하며 반응해 준다.

놀이 지원 및 다음 놀이 계획

- 림보게임을 진행하며 유아들이 즐거워하는 모습을 보였으나 규칙이 정해져 있지 않아 안전사고의 위험이 있었다.
- 다음에도 동일한 놀이를 진행하게 된다면 유아들과 먼저 규칙을 만든 후 놀이를 해 보는 방법을 설명하고 유아들이 시작할 수 있게 해야겠다.
- 림보게임에 대해 계속 흥미를 보이면 유희실에서 림보게임을 해 보도록 준비한다.

놀이활동 흐름 도표

놀이환경

다양한 종이, 문구류, 종이컵, 각종 리본 끈과 실, 테이프, 가위, 풀 등이 준비되어 있다.

관찰

유아가 가정에서 종이컵 전화기를 가지고 놀이한 경험을 회상하며 교사에게 털실을 요구했고, 한 유아가 만든 실 전화기로 유아들의 놀이가 시작되었다.

관찰

털실을 필요한 만큼 잘라서 종이컵 양끝에 테이프로 붙인다. ○○이가 생각한 것을 완성한 듯 교사에게 다가와 웃으며 "선생님, 이거 제가 발명한 거예요. 소리도 들려요."라고 한다.

교사의 발견

교사가 유아의 의견을 수용해 놀이 재료와 환경을 제공하자 스스로 놀이를 계획하고 주도적으로 놀이하였다. 또한 같은 재료여도 새롭고 다양한 놀이로 확장되었다.

확장

직접 만든 전화기로 놀이를 하자 실을 본 ▲▲이가 림보를 하며 줄을 지나간다. 보고 있던 유아들이 이를 따라 한다. 그렇게 번갈아 가면서 유아들이 림보게임을 한다.

반응

다른 유아도 만들어 보길 원하였고, "그럼 ◇◇이가 어떤 재료가 필요한지 한번 가지고 와 볼래?"라고 말하며 재료를 탐색하고 스스로 만들어 볼 수 있도록 제안하였다. 유아들이 원하는 재료를 가지고 만들기를 한다.

■ 유아 놀이활동 15의 일일 놀이활동일지

놀이활동일지(만 4, 5세)

날짜	4월 27일 월요일		날씨	맑음
통합보육	등원(: ~ :) ※ 각 원의 일정에 맞춰 기록하세요.		하원(: ~ :) ※ 각 원의 일정에 맞춰 기록하세요.	
일과(시간)	계획 및 실행			

일상 생활	간식 (: ~ :)	※ 각 원의 일정에 맞춰 기록하세요.	
	점심 식사 (: ~ :)	※ 각 원의 일정에 맞춰 기록하세요.	
	낮잠 및 휴식 (: ~ :)	※ 각 원의 일정에 맞춰 기록하세요.	
활동(: ~ :)	※ 각 원의 일정에 맞춰 기록하세요.		

놀이	실내놀이 (: ~ :)	이전 놀이	• 바깥놀이를 했을 때 주변에 핀 꽃들에 대해 흥미를 가지고 적극적으로 관찰하였다.	
		놀이준비	• 교사는 미리 계획한 봄과 관련한 주제로 각 흥미 영역에 교구·교재를 제공하였고, 특히 꽃의 성장 과정에 관심을 갖길 바라며 꽃의 성장 순서 퍼즐을 교실에 비치하여 준비하였다.	
		놀이주제	• 줄은 전화기도 되고 게임기도 돼요	
		관찰	• 유아가 가정에서 종이컵 전화기를 가지고 놀이한 경험을 회상하며 교사에게 털실을 요구했고, 한 유아가 만든 실 전화기로 유아들의 놀이가 시작되었다. 교사가 파란색 털실 뭉치를 제공하며 "○○이가 필요한 만큼 잘라서 써 볼래?"라고 했고, 털실을 받은 ○○이가 털실을 잘라 종이컵 양끝에 테이프로 털실을 붙인다. ○○이가 생각한 것을 완성한 듯 ○○이가 교사에게 다가와 웃으며 "선생님, 이거 제가 발명한 거예요. 소리도 들려요."라고 한다.	• 아동의 행동 관찰하기
		반응	• ◇◇이가 당황하며 가만히 있자 교사가 "◇◇이도 한번 만들어 볼래?"라고 제안했고, ◇◇이가 "네."라고 대답하자 교사는 "그럼 ◇◇이가 어떤 재료가 필요한지 한번 가지고 와 볼래?"라고 말하며 재료를 탐색하고 스스로 만들어 볼 수 있도록 하였다.	• 아동이 선택할 기회를 자주 주기

놀이		확장	○○이가 ◇◇이와 실을 팽팽하게 한 후 전화놀이를 하자 실을 본 ▲▲이가 림보를 하며 줄을 지나간다. 보고 있던 유아들이 따라 한다. 그러자 ○○이랑 ◇◇이가 미소를 지으며 "나도 해 볼래!"라고 말하였다. 교사가 "너희도 해 볼래? 선생님이 줄을 잡아 줄게. 한 명만 도와줘."라고 말했고, ○○이가 "제가 도와줄게요."라고 말하며 종이컵을 잡았다. 그렇게 번갈아 가면서 유아들이 림보게임을 하였다.	• 아동의 의도를 확장하기
	바깥놀이 (　:　~　:　)		• 실외놀이터에서 고무줄놀이를 하거나 술래잡기놀이를 하였다.	
	발견 목표		• 놀이를 계획하여 시작할 수 있다. • 친구와 주고받으며 놀이할 수 있다.	
	교육과정 관련 요소		• 신체운동 > 신체활동 즐기기 • 의사소통 > 듣기와 말하기 • 사회관계 > 더불어 생활하기	
	중심축 행동		• 공동주의, 주도성, 대화	
	중심축 행동 의미 찾기		• 유아는 일상에서 스스로 경험하는 활동을 통하여 배운다 능동적 학습의 개념은 유아가 능동적으로 참여한다면 어떠한 활동이라도 인지학습의 기회를 제공할 수 있다는 견해를 근거로 하고 있다. 그러므로 교사는 일상생활에서 이루어지는 자연스러운 경험에도 관심을 두고 유아가 능동적으로 수행하는 활동이 있을 때마다 놓치지 않고 자주 함께하며 반응해 준다.	
	교사의 발견		• 유아가 계획하고 실행하는 놀이에 대한 자신감을 볼 수 있었다. 유아가 스스로 놀이에 자신감을 가지자 교사와 함께 놀이하지만 스스로 주도하며 놀이하는 모습이 의미 있었다. 교사는 봄과 관련한 놀이를 계획하고 준비하였으나 유아는 개인의 경험을 회상하며 놀이하고자 하는 모습을 보였다. 교사가 유아의 의견을 수용해 놀이 재료와 환경을 제공하자 교사에게 자신의 놀이를 소개하며 주도하는 모습을 보였다. 그로 인해 다른 유아들에게도 놀이에 대한 흥미를 가질 수 있도록 하였다. 교사와 함께 놀이하지만 스스로 주도하며 놀이하는 모습이 의미 있었다.	
다음날 지원 계획			• 림보게임을 진행하며 유아들이 즐거워하는 모습을 보였으나 규칙이 정해져 있지 않아 안전사고의 위험이 있었다. • 다음에도 동일한 놀이를 진행하게 된다면 유아들과 먼저 규칙을 만든 후 놀이를 해 보는 방법을 설명하고 유아들이 시작할 수 있게 해야겠다. • 림보게임에 대해 계속 흥미를 보이면 유희실에서 림보게임을 해 보도록 준비한다.	
반 운영 특이사항			※ 각 원의 학급 운영 시 특이사항을 기록하세요.	

유아
놀이활동
16 경사로를 만들어 미션 성공!

놀이활동 계획

날   짜   5월 11일 월요일

참여대상   만 5세

놀이장소   나무1반 교실(쌓기 영역)

놀이시간   10:30~11:30

놀이환경   • 교실의 쌓기 영역에는 할로우 블록, 유니트 블록이 배치되어 있다.

　　　　　 • 유아들이 할로우 블록과 유니트 블록을 활용하여 다양한 구성을 할 수 있는
　　　　　 공간이 있다.

안전지도   • 블록을 안전하게 사용하도록 놀이 전 규칙을 정한다.

놀이준비   • '나와 가족'이라는 주제로 '우리 집 구성하기' 놀이에 참고할 다양한 집 사진과
　　　　　 그림책을 준비한다.

**교 사 의
기   대**   • 할로우 블록, 유니트 블록으로 '우리 집 구성하기'를 한다.

**이전 놀이
요   약**   • 블록으로 집의 구조에 대해 이해하고 집의 다양한 공간을 구성하였다.

놀이활동 기록

관찰하기

• ○○, ◇◇, ▲▲이는 할로우 블록으로 계단 형태의 모양을 구성하고 계단의 제일 높은 곳
  에서 원형 블록을 아래로 굴리며 놀이한다. 교사가 다가가 "얘들아, 이건 미션이 있는 굴리

기야? 미션이 있어?"라고 묻자 ▲▲이는 원형 블록을 가장 높은 할로우 블록 위에 올려놓고 "이게 여기서 떨어져서 아래 있는 곳으로 떨어지면 돼요."라고 말하며 원형 블록을 굴려 떨어지는 모습을 보여 준다. 교사가 "그래? 어디까지 가야 되는 거야?"라고 묻자 ▲▲이는 왼손 검지손가락으로 "저기까지 가야 해요."라고 말한다.

• ◇◇이는 유니트 블록을 들고 교사를 향해 미소를 지으며 "엄청 멀리까지 가야 해요."라고 말한다. 교사가 "저 끝까지? 장애물이 엄청 많은데?"라고 놀라듯 말하자 ▲▲이는 "선생님, 이거 다 쓰러뜨리고 여기서 굴러가지고……."라고 하며 장애물의 가장 마지막 부분에서 원형 블록을 굴린다. ▲▲이의 이야기를 듣고 교사가 "그럼 이걸 다 무너뜨려서 가야 하는 거야?"라고 묻자 ◇◇이는 출발점에서 유니트 블록을 구성하다 미소를 지으며 "네."라고 말한다.

반응성 상호작용 전략: 아동의 행동 관찰하기

반응하기

• ◇◇이는 유니트 블록을 모두 완성하고 난 후 "빠라바밤 곤충천국이야. 다리가 있다고 걱정하지 않아도 돼. 여기만 안 떨어지면 돼!"라고 큰 소리로 말한다. ▲▲이는 ◇◇이가 있는 출발점으로 다가가 원형 블록을 올려놓고 굴린다. 원형 블록이 아래로 떨어지며 블록 속에 들어가자 ◇◇이는 "야아, 여기로 떨어지는 거 아니야."라고 말하며 웃는다. ▲▲이는 떨어진 원형 블록을 다시 출발점에서 굴린다. 원형 블록이 튕기며 바닥으로 떨어지자 ◇◇이는 블록이 있는 곳에서 멀리 떨어진다. ▲▲이는 떨어진 원형 블록을 주워 다시 출발점에서 힘을 주어 굴린다. ◇◇이는 다리 모양의 유니트 블록 3개를 떨어지는 구간에 쌓아 올린다. ◇◇이가 블록을 모두 쌓아 올린 것을 확인한 후 원형 블록을 굴린다. 원형 블록이 떨어지면서 다리 모양의 유니트 블록을 치며 무너지자 ◇◇이는 "예스!"라고 하며 미소를 짓는다. ◇◇이는 가장 긴 유니트 블록을 세우고, ▲▲이는 다시 원형 블록을 굴린다. 원형 블록이 떨어지며 길이가 긴 유니트 블록이 쓰러지려 하자 ◇◇이는 긴 유니트 블록을 가로로 눕

혀 원형 블록을 다시 굴린다. 원형 블록이 다리 모양의 유니트 블록과 부딪히며 2개의 유니트 블록이 쓰러지자 "성공!"이라고 외친다.

반응성 상호작용 전략: 아동이 선택할 기회를 자주 주기

확장하기

- 교사가 "◇◇아, 이건 뭐야?"라고 묻는 순간 ▲▲이가 출발점에서 유니트 블록을 굴렸고, 블록이 떨어져 ◇◇이의 손에 부딪힌다. ◇◇이는 "아오!" 하며 교사를 바라본다. 교사가 "◇◇아, 괜찮아? ◇◇이 손이 블록에 부딪힐 뻔했어. 얘들아, 우리 뭐라고 물어보고 하기로 했지?"라고 물어보자 ▲▲이는 원형 블록을 들고 출발점에 서서 "비켜 줄래?"라고 말한다.
- ◇◇이는 다리 모양의 블록을 하나 빼고 길이가 긴 유니트 블록을 1개 더 추가하여 눕혀 쌓는다. ▲▲이는 ◇◇이의 모습을 계속해서 바라본다. ◇◇이가 블록을 모두 완성하고 위로 나오자 ▲▲이는 원형 블록을 굴린다. 원형 블록이 구성한 길을 따라 굴러가자 ◇◇이는 미소를 지으며 "임파코스! 임파코스!"라고 말한다. ▲▲이도 ◇◇이의 말을 듣고 "임파코스 성공."이라고 말한다. 교사가 "임파코스? 임파코스가 뭐야?"라고 물었지만 답을 하지 않고 무너진 블록을 다시 쌓아 올린다.

반응성 상호작용 전략: 아동이 즐거워하는 행동 반복하기

교사의 발견

- 유아들은 블록으로 경사로를 만들어 원형 블록을 굴려 미션을 성공하는 게임 형태의 블록놀이에 많은 흥미를 보였다. 유아들은 유니트 블록과 할로우 블록을 사용하여 이전보다 더욱 구체적이고 입체적인 구성물을 만들었으며, 원형 블록이 굴러가는 길을 머릿속으로 상상하고 친구들과 서로의 생각을 공유하며 블록을 구성하였다. 교사가 유아들의 놀이에서 한 발짝 뒤로 물러나 유아들의 모습을 관찰하며 유아들만의 상상력이 놀이 속에서 어떻게 펼쳐지고 있는지 생각해 보고 유아들의 생각을 공감해 준다면 유아들은 스스로 가지고 있

는 무궁무진한 상상력을 놀이 속에서 자유롭게 펼칠 수 있을 것 같다.

• 유아들은 함께 정한 안전약속에 대해 인지하고 있었으며, 잠시 놀이에 몰두하다 잊어버릴 수는 있지만 위험한 상황을 경험하고 난 후에는 안전에 대해 스스로 인지하고 놀이하는 모습을 볼 수 있었다. 교사는 유아들이 놀이 속에서 원형 블록이 정해진 길을 따라 굴러가기 위한 방법을 생각하고 시행착오를 통해 다양한 구성물을 구성하는 모습을 보면서 위험에 대한 걱정을 잠시 내려두고 끊임없는 시도를 통해 실패와 성공의 과정을 몸소 경험하며 자연스럽게 성취감을 느끼고 자신감을 향상시킬 수 있을 것이라 생각된다.

놀이활동 평가

놀이주제

• 경사로를 만들어 미션 성공!

발견 목표

• 유아들은 블록을 자신만의 방법으로 구성하여 놀이한다.
• 블록을 안전하게 사용할 수 있는 방법을 안다.
• 놀이 속에서 발생하는 문제 상황을 대화를 통해 해결할 수 있다.

교육과정 관련 요소

• 자연탐구 > 탐구 과정 즐기기
• 사회관계 > 더불어 생활하기
• 신체운동 > 신체활동 즐기기

반응성 상호작용 전략 적용

• 관찰하기: 아동의 행동 관찰하기
• 반응하기: 아동이 선택할 기회를 자주 주기
• 확장하기: 아동이 즐거워하는 행동 반복하기

중심축 행동 목표

• 탐색, 공동주의, 협력, 실행

중심축 행동 의미 찾기

• 교사가 유아가 현재 흥미로워하는 것을 하도록 허용할 때 교사의 요구에 보다 쉽게 순응할 수 있다

교사가 유아가 흥미로워하는 활동에서 벗어난 무엇인가를 하도록 요청한다면, 유아는 요청 받은 것에 협력하기가 힘들 것이다. 현재 하던 것을 전환하도록 요구할 때, 유아는 쉽게 순 응할 수 없다. 이러한 상황에서 유아가 협력하지 못하는 것은 너무 어려운 것을 요청받았기 때문이 아니라 그 순간에 흥미로워하는 것을 포기하도록 요청받았기 때문이다. 교사가 유 아의 현재 흥미와 관련된 것을 하도록 허용할 때 유아는 교사의 요구에 보다 쉽게 순응한다.

놀이 지원 및 다음 놀이 계획

• 유아들은 미션이 있는 경사로를 만들어 놀이하는 것에 많은 흥미를 보이고 있으므로 유아 들이 다양한 방향의 길을 구성할 수 있도록 충분한 공간을 마련해 주고, 다양한 모양과 넉 넉한 양의 블록을 제공해 주어 놀이가 어떻게 확장되어 가는지 관찰해 보도록 한다.

• 원형 블록의 위험성이 계속해서 관찰된다면 유아들이 안전하게 놀이할 수 있도록 굴러갈 수 있는 놀잇감(바퀴 달린 놀잇감, 탁구공 등)을 제공해 주어 안전한 환경 속에서 다양한 경사 로를 구성하고 다양한 미션의 놀이 방법을 고안할 수 있도록 준비한다.

놀이활동 흐름 도표

놀이환경

교실의 쌓기 영역에는 할로우 블록, 유니트 블록이 배치되어 있다.

관찰

여러 블록이 있지만 할로우 블록에 관심을 가진다.
할로우 블록으로 계단 형태의 모양을 구성하고, 계단의 제일 높은 곳에서 원형 블록을 아래로 굴리며 놀이한다.

반응

규칙을 만들고 유아들이 함께 놀이한다.

교사의 발견

유아들은 유니트 블록과 할로우 블록을 사용하여 입체적인 구성물을 만들었으며, 원형 블록이 굴러가는 길을 머릿속으로 상상하고 친구들과 서로의 생각을 공유하며 블록을 구성하였다. 교사는 유아들의 모습을 관찰하며 유아들만의 상상력을 놀이 속에서 어떻게 펼치고 있는지 생각해 보고 유아들의 생각을 함께 공감해 주었더니 놀이 속에서 상상력을 자유롭게 펼칠 수 있었다.

확장

블록을 모두 완성하고 위로 나오자 ▲▲이는 원형 블록을 굴린다. 원형 블록이 구성한 길을 따라 굴러가자 ◇◇이는 미소를 지으며 "임파코스! 임파코스!"라고 말한다.

반응

유아들은 각자의 방법으로 블록을 가지고 놀이한다. 곤충천국의 다리라고 상상하고 다리에서 떨어지거나 원형 블록을 굴리는 등 상호작용하며 놀이한다.

■ 유아 놀이활동 16의 일일 놀이활동일지

놀이활동일지(만 5세)

날짜	5월 11일 월요일		날씨	흐림
통합보육	등원(: ~ :) ※ 각 원의 일정에 맞춰 기록하세요.		하원(: ~ :) ※ 각 원의 일정에 맞춰 기록하세요.	
일과(시간)	계획 및 실행			

일상 생활	간식 (: ~ :)	※ 각 원의 일정에 맞춰 기록하세요.	
	점심 식사 (: ~ :)	※ 각 원의 일정에 맞춰 기록하세요.	
	낮잠 및 휴식 (: ~ :)	※ 각 원의 일정에 맞춰 기록하세요.	
활동(: ~ :)		※ 각 원의 일정에 맞춰 기록하세요.	
놀이	실내놀이 (: ~ :)	이전 놀이	• 블록으로 집의 구조에 대해 이해하고 집의 다양한 공간을 구성하였다.	
		놀이준비	• '나와 가족'이라는 주제로 '우리 집 구성하기' 놀이에 참고할 다양한 집 사진과 그림책을 준비한다.	
		놀이주제	• 경사로를 만들어 미션 성공!	
		관찰	• ○○, ◇◇, ▲▲이는 할로우 블록으로 계단 형태의 모양을 구성하고, 계단의 제일 높은 곳에서 원형 블록을 아래로 굴리며 놀이한다. 교사가 다가가 묻자 ▲▲이는 원형 블록을 가장 높은 할로우 블록 위에 올려놓고 원형 블록을 굴려 떨어지는 모습을 보여 준다.	• 아동의 행동 관찰하기
		반응	• 교사가 "그래? 어디까지 가야 되는 거야?"라고 묻자 ▲▲이는 왼손 검지손가락으로 "저기까지 가야 해요."라고 말한다. ▲▲이는 장애물의 가장 마지막 부분에서 원형 블록을 굴린다. ▲▲이는 ◇◇이가 있는 출발점으로 다가가 원형 블록을 올려놓고 굴린다. ▲▲이는 떨어진 원형 블록을 다시 출발점에서 굴린다. ◇◇이는 다리 모양의 유니트 블록 3개를 떨어지는 구간에 쌓아 올린다. ▲▲이가 블록을 모두 쌓아 올린 것을 확인한 후 원형 블록을 굴린다.	• 아동이 선택할 기회를 자주 주기
		확장	• ◇◇이는 다리 모양의 블록을 하나 빼고 길이가 긴 유니트 블록을 1개 더 추가하여 눕혀 쌓는다. ◇◇이가 블록을 모두 완성하고 위로 나오자 ▲▲이는 원형 블록을 굴린다. 원형 블록이 구성한 길을 따라 굴러가자 ◇◇이는 미소를 지으며 "임파코스! 임파코스!"라고 말한다.	• 아동이 즐거워하는 행동 반복하기

놀이	바깥놀이 (: ~ :)	• 어린이집 주변 놀이터에서 미끄럼틀을 타거나, 주변을 뛰어다니거나, 잣방울을 관찰하는 놀이가 진행되었다.
	발견 목표	• 유아들은 블록을 자신만의 방법으로 구성하여 놀이한다. • 블록을 안전하게 사용할 수 있는 방법을 안다. • 놀이 속에서 발생하는 문제 상황을 대화를 통해 해결할 수 있다.
	교육과정 관련 요소	• 자연탐구 > 탐구 과정 즐기기 • 사회관계 > 더불어 생활하기 • 신체운동 > 신체활동 즐기기
	중심축 행동	• 탐색, 공동주의, 협력, 실행
	중심축 행동 의미 찾기	• 교사가 유아가 현재 흥미로워하는 것을 하도록 허용할 때 교사의 요구에 보다 쉽게 순응할 수 있다 교사가 유아가 흥미로워하는 활동에서 벗어난 무엇인가를 하도록 요청한다면, 유아는 요청받은 것에 협력하기가 힘들 것이다. 현재 하던 것을 전환하도록 요구할 때, 유아는 쉽게 순응할 수 없다. 이러한 상황에서 유아가 협력하지 못하는 것은 너무 어려운 것을 요청받았기 때문이 아니라 그 순간에 흥미로워하는 것을 포기하도록 요청받았기 때문이다. 교사가 유아의 현재 흥미와 관련된 것을 하도록 허용할 때 유아는 교사의 요구에 보다 쉽게 순응한다.
	교사의 발견	• 유아들은 블록으로 경사로를 만들어 원형 블록을 굴려 미션을 성공하는 게임 형태의 블록놀이에 많은 흥미를 보였다. 유아들은 유니트 블록과 할로우 블록을 사용하여 이전보다 더욱 구체적이고 입체적인 구성물을 만들었으며, 원형 블록이 굴러가는 길을 머릿속으로 상상하고 친구들과 서로의 생각을 공유하며 블록을 구성하였다. 교사가 유아들의 놀이에서 한 발짝 뒤로 물러나 유아들의 모습을 관찰하며 유아들만의 상상력이 놀이 속에서 어떻게 펼쳐지고 있는지 생각해 보고 유아들의 생각을 공감해 준다면 유아들은 스스로 가지고 있는 무궁무진한 상상력을 놀이 속에서 자유롭게 펼칠 수 있을 것 같다. • 유아들은 함께 정한 안전약속에 대해 인지하고 있었으며, 잠시 놀이에 몰두하다 잊어버릴 수는 있지만 위험한 상황을 경험하고 난 후에는 안전에 대해 스스로 인지하고 놀이하는 모습을 볼 수 있었다. 교사는 유아들이 놀이 속에서 원형 블록이 정해진 길을 따라 굴러가기 위한 방법을 생각하고 시행착오를 통해 다양한 구성물을 구성하는 모습을 보면서 위험에 대한 걱정을 잠시 내려두고 끊임없는 시도를 통해 실패와 성공의 과정을 몸소 경험하며 자연스럽게 성취감을 느끼고 자신감을 향상시킬 수 있을 것이라 생각된다.
	다음날 지원 계획	• 유아들은 미션이 있는 경사로를 만들어 놀이하는 것에 많은 흥미를 보이고 있으므로 유아들이 다양한 방향의 길을 구성할 수 있도록 충분한 공간을 마련해 주고, 다양한 모양과 넉넉한 양의 블록을 제공해 주어 놀이가 어떻게 확장되어 가는지 관찰해 보도록 한다. • 원형 블록의 위험성이 계속해서 관찰된다면 유아들이 안전하게 놀이할 수 있도록 굴러갈 수 있는 놀잇감(바퀴 달린 놀잇감, 탁구공 등)을 제공해 주어 안전한 환경 속에서 다양한 경사로를 구성하고 다양한 미션의 놀이 방법을 고안할 수 있도록 준비한다.
반 운영 특이사항		※ 각 원의 학급 운영 시 특이사항을 기록하세요.

유아
놀이활동
17 같은 신체기관을 찾아라

놀이활동 계획

날   짜   5월 12일 화요일

참여대상   만 5세

놀이장소   나무1반 교실(수조작 영역)

놀이시간   10:30~11:30

놀이환경   • 교실의 수조작 영역에 신체 관련 그림카드가 배치되어 있다.

　　　　　　　• 유아들이 그림카드를 활용한 기억게임을 하며 신체기관과 관련된 명칭을 익
　　　　　　　　히고 수 개념을 경험하기를 기대하였다.

안전지도   • 서로의 의견 충돌로 인해 갈등 상황이 고조되지 않도록 유의한다.

놀이준비   • 유아들이 기억게임을 할 수 있도록 신체기관과 관련된 그림카드를 준비한다.

　　　　　　　• 유아들이 그림카드를 활용하여 놀이 방법을 다양하게 시도해 볼 수 있도록 활
　　　　　　　　동 방법을 안내하지 않는다.

교 사 의   • 신체기관과 관련된 그림카드로 기억게임을 한다.

기   대   • 창의적인 놀이를 계획한다.

이전 놀이   • 유아들이 자신의 신체를 이용하여 표현하고 맞히는 놀이를 하였다.

요   약

놀이활동 기록

관찰하기

• ○○, ◇◇, ▲▲이는 수조작 영역에 비치된 신체 관련 그림
카드를 꺼낸다. ◇◇이는 ▲▲이와 ○○이에게 "우리 이걸
로 게임하자."라고 말한다. ○○이와 ▲▲이는 "그래."라고
하며 책상 앞에 앉는다. ◇◇이는 바구니에서 카드를 모두
꺼내 그림이 보이지 않도록 뒤집는다.

- ○○이와 ▲▲이도 카드를 뒤집는다. 모든 카드가 뒤집어지자 ○○이는 "자, 우리 가위바위보 하자."라고 하며 오른손을 내민다. ○○, ◇◇, ▲▲이는 "가위바위보"를 외치며 ○○이는 가위, ◇◇이와 ▲▲이는 바위를 낸다. 서로 확인을 하고 난 후 ◇◇이와 ▲▲이는 "가위바위보"를 외치며 ◇◇이는 주먹, ▲▲이는 보를 낸다. ▲▲이는 카드 2개를 뒤집어 ◇◇이와 ○○이에게 보여 준다.

반응성 상호작용 전략: 아동의 행동 관찰하기

반응하기

- ▲▲이가 ◇◇이에게 "2개 뒤집는 거 아니야."라고 말한다. ◇◇이도 "아니야. 2개 하는 거야."라고 말하자 ○○이는 교사를 바라보며 "선생님, 이거 2개 뒤집는 거죠?"라고 묻는다. 교사가 "어떻게 할래? 너희들이 정해 봐."라고 말하자 ▲▲이는 "1개씩 뒤집자."라고 말한다. ◇◇이는 "아닌데, 난 2개 뒤집었는데."라고 말한다. ○○이는 작게 한숨을 쉬며 책상에 기대어 누웠다가 앉는다. ▲▲이가 "알았어. 그럼 내 차례."라고 말하자 ○○이는 미소를 지으며 ▲▲이의 모습을 바라본다.
- ◇◇이는 카드 2개를 뒤집어 확인한다. 카드 속 그림이 다르자 다시 그림이 보이지 않도록 뒤집어 놓는다. 다음으로 ○○이가 카드 2개를 뒤집어 확인한 후 다시 보이지 않게 뒤집어 놓는다. ◇◇이는 ▲▲이를 가리키며 "어, ▲▲이가 2등인데?"라고 말한다. ▲▲이는 카드 2개를 뒤집어 확인하고 난 후 그림이 다르자 다시 뒤집어 놓는다. ◇◇이가 ○○이에게 "너야."라고 말해 주자 ○○이는 카드를 뒤집으려 한다. 옆에 있던 ▲▲이가 "아니야, ◇◇이지."라고 말하며 ◇◇이를 손가락으로 가리킨다. ◇◇이는 "그래? 그럼."이라고 말하며 카드 2개를 뒤집는다. 카드의 그림이 다르자 그림이 보이지 않도록 뒤집어 놓은 후 두 팔로 턱을 괸다. 다음 차례인 ▲▲이가 카드를 뒤집는다. 같은 그림인 걸 확인하고 난 후 미소를 지으며 "아싸."라고 작게 외친다. ○○이도 카드 2개를 뒤집어 확인한 후 다시 그림이 보이지 않도록 뒤집어 놓는다. 다음 차례인 ◇◇이가 카드를 뒤집어 확인한다.

반응성 상호작용 전략: 아동이 더 많이 의사소통하도록 기다려 주기

확장하기

- 교사가 "아~ 너희는 다시 뒤집어 놓고 다시 고르는 거야?"라고 묻자 ○○, ▲▲, ◇◇이는 고개를 끄덕인다. 교사가 놀라며 "방법을 바꾼 거야?"라고 묻자 ◇◇이가 "네."라고 대답한다. ○○, ◇◇, ▲▲이는 계속해서 카드를 뒤집는다.
- 게임이 모두 끝난 후 ○○, ◇◇, ▲▲이는 카드를 세어 본다. ▲▲이는 카드를 책상에 펼쳐 놓고 숫자를 세고, ◇◇이는 손에 잡고 있는 카드를 책상에 올리며 하나씩 숫자를 읊으며 센다. ▲▲이가 숫자를 모두 세고 난 후 ◇◇이는 "내가 이겼다!"라고 외친다. ○○이는 교사를 향해 "나는 4개밖에 없어요."라고 말한다. 교사가 "○○아, 괜찮아~ 다음 게임에는 잘 찾아보면 되지! 친구들한테 물어보자~ 잘 찾을 수 있는 방법이 있는지."라고 제안하자 ◇◇이는 "있어요! 잘 찾을 수 있는 방법 있어요! 색깔이 같은 걸 뒤집으면 돼요."라고 말한다. 교사가 "같은 색깔을 뒤집어야 해?"라고 묻자 ▲▲이가 뒤집어진 카드 중 같은 색깔의 카드를 뒤집으며 "네! 이렇게 같은 색을 뒤집고 기억해야 해요."라고 말한다.
- ○○이가 ▲▲이와 ◇◇이의 이야기를 듣고 "우리 다시 하자."라고 말하자 ◇◇이와 ▲▲, ○○이는 가위바위보를 하기 위해 손을 앞으로 내민다.

  반응성 상호작용 전략: 발달에 적합한 규칙과 기대 가지기

교사의 발견

- 유아들은 이전에 경험했던 기억게임 방법을 기억하여 놀이를 시작하였으나 서로가 놀이했던 방법이 달라 의견이 충돌하는 상황이 발생하였다. 유아들은 의견 차이가 있자 당황하는 모습이었지만 서로의 생각을 적극적으로 표현하고 교사에게 놀이 방법에 대해 물으며 문제 상황을 해결하려고 노력하였다. 교사가 이전에 이루어졌던 놀이 방법에 대해 알고 있지만 답을 주지 않았을 때 유아들은 자신의 생각을 강하게 내세우기보다는 대화를 통해 하나의 의견을 수용하여 놀이를 진행하였다. 비록 갈등 상황이 해결되는 데까지 시간이 걸리더라도 교사가 해결책을 찾아 주기보다는 유아들이 스스로 찾을 수 있도록 시간을 제공해 준

다면 유아들이 서로의 의견을 맞춰 가며 자연스럽게 상대방의 관점에서 생각하고 양보할 수 있는 태도를 기를 수 있을 것 같다.

- 교사가 유아들에게 놀이 방법을 안내하지 않아도 유아들은 여러 가지 방법을 시도하여 서로가 즐거움을 느끼는 놀이를 구성하여 진행하였다. 게임이 끝나지 않는 방법일지라도 유아들의 생각을 존중하고 유아들이 시행착오를 통해 게임을 구성해 나갈 수 있도록 기다려 준다면 교사가 생각하지 못한 창의적인 게임 방법을 고안하거나 그 속에서 성취감도 느낄 수 있을 것 같다.

- 교사는 게임활동 속에서 유아들이 스스로 놀이 방법과 규칙을 고안하여 놀이하는 모습을 볼 수 있었으며, '가위바위보'의 결과가 틀렸거나 서로의 순서가 달라졌을 때 교사의 개입이 없어도 긍정적인 방법으로 문제 상황을 해결하고 있음을 알 수 있었다. 갈등 상황이 고조되지 않도록 교사가 관찰하는 것은 필요하나 유아들이 갈등 상황 속에서 서로의 생각을 이해하고 함께 더불어 살아가기 위한 방법을 스스로 터득할 수 있도록 기다려 주는 태도가 필요할 것 같다.

놀이활동 평가

놀이주제

- 같은 신체기관을 찾아라

발견 목표

- 유아들은 그림카드를 활용하여 유아들만의 방법으로 놀이한다.
- 유아는 또래와 함께 놀이 방법과 규칙을 정하여 놀이할 수 있다.
- 놀이 속에서 발생하는 문제 상황을 대화를 통해 해결할 수 있다.

교육과정 관련 요소

- 자연탐구 > 생활 속에서 탐구하기
- 사회관계 > 더불어 생활하기
- 의사소통 > 듣기와 말하기

반응성 상호작용 전략 적용

• 관찰하기: 아동의 행동 관찰하기

• 반응하기: 아동이 더 많이 의사소통하도록 기다려 주기

• 확장하기: 발달에 적합한 규칙과 기대 가지기

중심축 행동 목표

• 주도성, 공동활동, 자기조절

중심축 행동 의미 찾기

• 교사는 유아가 자신의 행동 유형이나 기질에 맞추어 스스로 자기조절을 학습하도록 지지해 주어야
한다

정서를 조절하는 데 어려움이 있는 유아는 기질적 성향대로 반응하기 때문에, 순하거나 느
린 기질의 유아보다 정서적으로 안정을 가질 때까지 소요되는 시간이 오래 걸린다. 이러한
유아에 대해 기질적으로 이해할 필요가 있다. 교사는 유아가 부정적 감정을 표현하는 동안
빠른 해결책을 찾으려 하기보다는 함께 있어 주고 안정될 때까지 기다려 줌으로써 유아 스
스로 서툴지만 감정을 조절해 보는 경험을 하도록 지원해 준다.

놀이 지원 및 다음 놀이 계획

• 유아들이 기억게임뿐만 아니라 새로운 방법의 놀이를 찾아 어떻게 확장해 나가는지 지속적
으로 관찰해 보도록 한다.

• 유아들이 몸에 대해 이야기를 나누기 시작하면서 내장기관에 대한 관심이 많아졌다. 내
장기관과 관련된 그림카드를 준비해 주어 다양한 내장기관의 명칭을 익힐 수 있도록 준
비한다.

• 기억게임을 하는 것에 더 흥미를 보인다면 내장기관이 하는 역할과 관련하여 그림과 글이
있는 그림카드를 2개씩 만들어 기억게임을 할 수 있도록 제공하고자 한다.

놀이활동 흐름 도표

놀이환경

교실의 수조작 영역에 신체 관련 그림카드가 배치되어 있다.

관찰

신체 그림카드를 모두 꺼내 그림이 보이지 않도록 뒤집는다. 가위바위보를 하고 이긴 ▲▲이는 카드 2개를 뒤집어 ㅇㅇ이와 ◇◇이에게 보여 준다.

반응

놀이 규칙을 정하기 위해 이야기를 나눈다.

교사의 발견

갈등 상황이 해결되는 데까지 시간이 걸리더라도 교사가 해결책을 찾아 주기보다는 유아들이 스스로 찾을 수 있도록 시간을 제공해 준다면 유아들이 서로의 의견을 맞춰 가며 자연스럽게 상대방의 관점에서 생각하고 양보할 수 있는 태도를 기를 수 있을 것 같다.

확장

게임을 마치고 ▲▲이가 4개밖에 없어 속상해하니 서로 이야기를 나눠 방법을 찾는다. 색깔이 같은 걸 뒤집는 방법을 제안한다. ▲▲이가 뒤집어진 카드 중 같은 색깔의 카드를 뒤집으며 기뻐한다.

반응

◇◇이는 카드 2개를 뒤집어 확인한다. 카드 속 그림이 다르면 다시 그림이 보이지 않도록 뒤집어 놓는다. 다음으로 ㅇㅇ이가 카드 2개를 뒤집어 확인한 후 다시 보이지 않게 뒤집어 놓는다. 유아들이 게임하는 순서가 다른 경우 교사의 도움 없이 서로 알려 주면서 게임을 진행한다.

■ 유아 놀이활동 17의 일일 놀이활동일지

<table>
<tr><td colspan="5" align="center">놀이활동일지(만 5세)</td></tr>
<tr><td colspan="2" align="center">날짜</td><td colspan="2">5월 12일 화요일</td><td>날씨</td><td></td></tr>
<tr><td colspan="5"></td></tr>
</table>

<table>
<tr><td colspan="2" align="center">날짜</td><td colspan="2">5월 12일 화요일</td><td align="center">날씨</td><td>흐림</td></tr>
<tr><td colspan="2" rowspan="2" align="center">통합보육</td><td colspan="2">등원(:   ~ :   )</td><td colspan="2">하원(:   ~ :   )</td></tr>
<tr><td colspan="2">※ 각 원의 일정에 맞춰 기록하세요.</td><td colspan="2">※ 각 원의 일정에 맞춰 기록하세요.</td></tr>
<tr><td colspan="2" align="center">일과(시간)</td><td colspan="4" align="center">계획 및 실행</td></tr>
<tr><td rowspan="3" align="center">일상
생활</td><td align="center">간식
(:   ~ :   )</td><td colspan="4">※ 각 원의 일정에 맞춰 기록하세요.</td></tr>
<tr><td align="center">점심 식사
(:   ~ :   )</td><td colspan="4">※ 각 원의 일정에 맞춰 기록하세요.</td></tr>
<tr><td align="center">낮잠 및 휴식
(:   ~ :   )</td><td colspan="4">※ 각 원의 일정에 맞춰 기록하세요.</td></tr>
<tr><td colspan="2" align="center">활동(:   ~ :   )</td><td colspan="4">※ 각 원의 일정에 맞춰 기록하세요.</td></tr>
<tr><td rowspan="6" align="center">놀이</td><td rowspan="6" align="center">실내놀이
(:   ~ :   )</td><td align="center">이전 놀이</td><td colspan="3">• 유아들이 자신의 신체를 이용하여 표현하고 맞히는 놀이를 하였다.</td></tr>
<tr><td align="center">놀이준비</td><td colspan="3">• 유아들이 기억게임을 할 수 있도록 신체기관과 관련된 그림카드를 준비한다.
• 유아들이 그림카드를 활용하여 놀이 방법을 다양하게 시도해 볼 수 있도록 활동 방법을 안내하지 않는다.</td></tr>
<tr><td align="center">놀이주제</td><td colspan="3">• 같은 신체기관을 찾아라</td></tr>
<tr><td rowspan="1" align="center">관찰</td><td colspan="2">• ○○, ◇◇, ▲▲이는 수조작 영역에 비치된 신체 관련 그림카드를 꺼내고, ◇◇이는 바구니에서 카드를 모두 꺼내 그림이 보이지 않도록 뒤집는다. ○○이와 ▲▲이도 카드를 뒤집는다. 모든 카드가 뒤집어지자 가위바위보를 하고 이긴 ▲▲이는 카드 2개를 뒤집어 ○○이와 ◇◇이에게 보여 준다.</td><td>• 아동의 행동
관찰하기</td></tr>
<tr><td rowspan="1" align="center">반응</td><td colspan="2">• ▲▲이가 카드를 2개 뒤집는 것인지에 대해 이야기를 나누다가 교사에게 방법을 물어본다. 교사는 유아들이 정해 보라고 한다. ▲▲이는 "1개씩 뒤집자."라고 말한다. ◇◇이는 "아닌데, 난 2개 뒤집었는데."라고 말하다가 2개씩 뒤집는 것으로 정한다. ◇◇이는 카드 2개를 뒤집어 확인한다. 카드 속 그림이 다르자 다시 그림이 보이지 않도록 뒤집어 놓는다. 다음으로 ○○이가 카드 2개를 뒤집어 확인한 후 다시 보이지 않게 뒤집어 놓는다. 유아들이 게임하는 순서가 다른 경우 교사의 도움 없이 서로 알려 주면서 게임을 진행한다.</td><td>• 아동이 더 많이 의사소통하도록 기다려 주기</td></tr>
</table>

놀이		확장	• 게임을 마치고 ▲▲이가 4개밖에 없어 속상해하니 교사는 다른 유아들과 함께 방법을 찾아보자고 한다. ◇◇이가 색깔이 같은 걸 뒤집는 방법을 제안한다. ▲▲이가 뒤집어진 카드 중 같은 색깔의 카드를 뒤집으며 기뻐한다.	• 발달에 적합한 규칙과 기대 가지기
	바깥놀이 (: ~ :)		• 실외놀이터에서 사방치기놀이와 비석치기놀이를 하였다.	
	발견 목표		• 유아들은 그림카드를 활용하여 유아들만의 방법으로 놀이한다. • 유아는 또래와 함께 놀이방법과 규칙을 정하여 놀이할 수 있다. • 놀이 속에서 발생하는 문제 상황을 대화를 통해 해결할 수 있다.	
	교육과정 관련 요소		• 자연탐구 > 생활 속에서 탐구하기 • 사회관계 > 더불어 생활하기 • 의사소통 > 듣기와 말하기	
	중심축 행동		• 주도성, 공동활동, 자기조절	
	중심축 행동 의미 찾기		• 교사는 유아가 자신의 행동 유형이나 기질에 맞추어 스스로 자기조절을 학습하도록 지지해 주어야 한다 정서를 조절하는 데 어려움이 있는 유아는 기질적 성향대로 반응하기 때문에, 순하거나 느린 기질의 유아보다 정서적으로 안정을 가질 때까지 소요되는 시간이 오래 걸린다. 이러한 유아에 대해 기질적으로 이해할 필요가 있다. 교사는 유아가 부정적 감정을 표현하는 동안 빠른 해결책을 찾으려 하기보다는 함께 있어 주고 안정될 때까지 기다려 줌으로써 유아 스스로 서툴지만 감정을 조절해 보는 경험을 하도록 지원해 준다.	
	교사의 발견		• 유아들은 서로가 놀이했던 방법이 달라 의견이 충돌하는 상황이 발생하였다. 교사에게 놀이 방법에 대해 물어올 때 방법을 알려 주지 않고 스스로 정해 보도록 하자 유아들은 대화를 통해 하나의 의견을 수용하여 놀이를 진행하였다. 비록 갈등 상황이 해결되는 데까지 시간이 걸리더라도 교사가 해결책을 찾아 주기보다는 유아들이 스스로 찾을 수 있도록 시간을 제공해 준다면 유아들이 서로의 의견을 맞춰 가며 자연스럽게 상대방의 관점에서 생각하고 양보할 수 있는 태도를 기를 수 있을 것 같다.	
다음날 지원 계획			• 유아들이 기억게임뿐만 아니라 새로운 방법의 놀이를 찾아 어떻게 확장해 나가는지 지속적으로 관찰해 보도록 한다. • 유아들이 몸에 대해 이야기를 나누기 시작하면서 내장기관에 대한 관심이 많아졌다. 내장기관과 관련된 그림카드를 준비해 주어 다양한 내장기관의 명칭을 익힐 수 있도록 준비한다. • 기억게임을 하는 것에 더 흥미를 보인다면 내장기관이 하는 역할과 관련하여 그림과 글이 있는 그림카드를 2개씩 만들어 기억게임을 할 수 있도록 제공하고자 한다.	
반 운영 특이사항			※ 각 원의 학급 운영 시 특이사항을 기록하세요.	

유아
놀이활동
18
물감을 합치면 새로운 색으로 변신해요

놀이활동 계획

날 짜	5월 13일 수요일
참여대상	만 5세
놀이장소	나무1반 교실(미술 영역)
놀이시간	10:30~11:30
놀이환경	• 미술 영역에 여러 가지 미술 재료(약병에 담긴 물감, 코인티슈, 끈, 재활용품, 점토, 나무 조각, 물감통, 붓 등)가 비치되어 있다.
안전지도	• 유아들이 자유롭게 미술 재료를 선택하여 놀이할 수 있도록 유아들의 의견을 최대한 수용한다.
놀이준비	• 유아들이 자유롭게 재료를 사용하고 다양한 작품을 창작할 수 있도록 다양한 종류의 미술 재료를 준비한다.
교 사 의 기 대	• 유아들이 미술 재료를 사용하여 유아들만의 창의적인 작품을 만든다. • 미술 재료를 자유롭게 탐색한다.
이전 놀이 요 약	• 알록달록 나비 만들기를 하며 여러 가지 물감을 섞어서 색깔 만들기 놀이를 하였다.

놀이활동 기록

관찰하기

• ○○, ◇◇, ▲▲이는 물감을 사용하여 미술 영역에서 놀이 한다. ○○이는 빨간색 물감을 물통에 넣는다. ◇◇이는 하늘색, 빨간색의 물감을 재활용통에 뿌린다. ▲▲이는 주황색 물감을 코인티슈에 묻히듯 뿌린다. ○○이는 주황색 물감을 통 속에 뿌린다. ◇◇이는 2개의 재활용통을 들고 ○○ 이에게 보여 주며 "이거는 밑에 점토를 채워 놨어. 이거는 그냥 물감이야."라고 말한다.

- ○○이는 ◇◇이를 한 번 바라보고 계속해서 물감을 통에 뿌린다. ◇◇이는 재활용통을 들고 □□이가 있는 쪽으로 다가간다. ▲▲이는 코인티슈 2장에 하늘색, 빨간색, 주황색 물감을 앞면, 뒷면, 옆면에 뿌린다.
- ◇◇이는 재활용통을 한참 바라보며 "이걸 집에 가져갈 수는 없을까?"라고 말한다. 교사가 "응? 뭐라고?"라고 묻자 "이걸 집에 가져갈 수는 없을까요?"라고 말하며 미술 영역 교구장으로 다가가 살펴본다. ○○이는 물감통에 주황색 물감을 뿌린다.

  반응성 상호작용 전략: 아동의 행동 관찰하기

반응하기

- 교사가 "○○이는 물에 섞어 보는 거야?"라고 묻자 "네, 이거 실험이에요, 이거."라고 말한다. 교사가 "실험이야? 무슨 실험이야?"라고 묻자 "이거 뭐 만드는 실험이에요."라고 말한다. ○○이는 계속해서 주황색과 하늘색의 물감을 반복해서 뿌린다.
- ◇◇이는 교구장에서 전기테이프를 조금씩 잘라 재활용통 위에 붙인다.
- 교사가 "◇◇아, ◇◇이가 테이프를 붙이는 이유가 궁금한데 알려 줄 수 있어?"라고 묻자 ◇◇이는 "이거 빠져가지고 물 빠져가지고 이거 껍질로 하려고요."라고 말한다. 교사가 "아 ~ 푸딩 껍질처럼 붙일 거야?"라고 묻자 고개를 끄덕이며 미술 영역으로 걸어가 테이프를 잘라 붙인다.
- ▲▲이는 코인티슈 3장의 앞면, 뒷면, 가운데 부분에 다른 색의 물감을 적시듯 뿌린다. 교사는 ▲▲이에게 "▲▲이는 어떻게 됐어? 물감을 뿌렸더니?"라고 묻자 ▲▲이는 코인티슈를 들고 교사를 바라본다. 만든 코인티슈 3장을 들고 교사 옆으로 다가와 책상에 코인티슈를 올려놓는다. ▲▲이는 교사에게 "빨간색 찾아봐요."라고 하며 한 줄로 나열한 코인티슈를 보여 준다. 교사는 "빨간색? 어떤 게 빨간색일까? ◇◇아, 빨간색 어디 있을까?"라고 말하자 옆에 있던 ◇◇이는 "여기 뒤에 있는 거 아닐까?"라고 하며 ▲▲이가 가지고 있는 코인티슈에 가까이 다가갔고, ▲▲이는 "이거 보면 안 돼."라고 말한다. 교사가 "뭔가 여러 가지 색깔이 보여, ▲▲아."라고 말한다. ◇◇이는 "이거!"라고 하며 파란색이 위로 보이는 코인

티슈를 골랐고, ▲▲이는 "땡!" 하며 자리로 코인티슈를 들고 이동한다.

- ◇◇이는 파란색 전기테이프를 잘라 푸딩통에 붙이며 "무지개색으로 만들 거야."라고 말한다. 교사는 "무지개색으로 만들고 있어?"라고 되묻자 고개를 끄덕이며 테이프를 붙인 재활용통을 보여 준다. 교사가 "우와~ 빨강, 노랑, 초록, 파랑이네~"라고 말하자 ◇◇이는 재활용통을 책상 위에 올려놓고 한 발짝 뒤로 물러나 재활용통을 바라본다. 옆에 있던 ○○이는 교사를 바라보며 "선생님, 저는 코인티슈를 넣고 있어요."라고 하며 교구장에서 코인티슈를 꺼내 물통 안에 넣는다. 교사가 "코인티슈를 넣었더니 어떻게 됐어?"라고 묻자 "계속 길어지는데, 길어져요!"라고 하며 코인티슈를 손가락으로 가리키고 코인티슈를 넣은 물통을 바라본다.

반응성 상호작용 전략: 아동의 방식대로 행동하기

확장하기

- ○○이는 다시 빨강색, 하늘색 물감을 찾아 물통 속에 뿌린다. 교사가 ○○이에게 "○○아, ○○이의 실험은 어떻게 되어 가고 있어?"라고 묻자 "이상하게 되어 가고 있어요."라고 하며 교구장을 살펴본다. ○○이는 교구장에서 하늘색 물감을 찾아와 물통에 뿌린다.

- ◇◇이는 다른 재활용통에도 똑같이 전기테이프를 잘라 붙인다.

- ○○이는 계속해서 교구장을 살펴본다. 교사가 "○○아, 뭐가 필요해?"라고 묻자 "파랑은 왜 이렇게 없지?"라고 말한다. 교사가 "친구들이 하늘색을 많이 썼나 봐. 어떻게 할까?"라고 하자 "이 큰 뚜껑을 열면 나올 것 같아."라고 말한다. 교사가 "열어 봐, ○○아~"라고 하자 뚜껑을 열어 뿌린다. 그래도 나오지 않자 ○○이는 물감이 담긴 통을 들고 화장실로 간다. ○○이는 화장실에서 물통에 물을 담고 교실로 들어온다.

- ◇◇이는 마지막 통의 전기테이프를 모두 붙인 후 교사에게 보여 주며 "이거 다 했어!"라고 말한다. 교사는 "우와~ ◇◇아, 완성했네. 이거 어떻게 할 거야?"라고 묻자 "여기에 전시해서 마르는지 볼 거예요."라고 말한다. 교사가 "그래, 원에 보관하고 어떻게 마르는지 관찰해 보자."라고 하자 ◇◇이는 마지막 테이프를 붙인 후 복도에 전시한다.

- ○○이는 다시 코인티슈를 들고 온다. 교사가 "어떻게 될까, ○○아?"라고 말하자 "이거 실험이에요!"라고 말한다. ○○이는 물에 담았던 코인티슈를 꺼내며 "빨강이 됐네!"라고 하며

코인티슈를 길게 펼쳐 본다.

반응성 상호작용 전략: 아동의 의도를 확장하기

교사의 발견

• 지난주에 진행되었던 '알록달록 나비 만들기' 활동에 사용된 미술 재료와 물감에 많은 관심을 보이며 재료를 활용한 탐구활동이 오랜 시간 지속되었다. 유아들은 미술 재료를 활용하여 그림을 그리거나 작품을 구성하는 것뿐만 아니라 재료 자체를 다양한 방법으로 탐구하며 새로운 변화를 발견하는 것에 많은 흥미를 보였다. 유아들은 미술 재료를 섞어 달라지는 변화를 관찰하는 것을 '실험'이라고 지칭하였으며, 실험을 통해 새롭게 발견한 정보를 서로 공유하며 새로운 지식을 구성하는 모습을 볼 수 있었다. 교사가 흥미 영역의 구분을 두지 않고 자유롭게 공간과 자료를 활용할 수 있도록 지원하였을 때 유아들은 능동적으로 놀이를 선택하여 적극적으로 참여하였으며, 5개 영역의 발달을 고루 경험하고 있음을 알게 되었다.

• 놀이 속에서 교사의 질문이 유아들의 놀이를 확장시킬 수도 있었지만 반대로 유아들의 흥미를 저하시키거나 놀이에 몰두하는 데 방해가 되는 경우도 있었다. 교사는 유아들이 놀이에 몰두할 수 있도록 충분한 시간을 제공하여 질문을 하기보다는 기다려 주는 태도가 필요하며, 유아가 먼저 자신의 생각을 표현했을 때 유아들의 생각을 수용하고 공감해 주며 탐구 과정에 초점을 두고 상호작용을 나누어야겠다는 생각을 하게 되었다.

놀이활동 평가

놀이주제

• 물감을 합치면 새로운 색으로 변신해요

발견 목표

• 유아들은 다양한 미술 재료를 탐색하고 다양한 방법으로 활용한다.
• 유아들은 미술작품 속에 자신의 생각과 느낌을 자유롭게 표현할 수 있다.
• 친구들과 함께 자신의 작품에 대한 대화를 나눌 수 있다.

교육과정 관련 요소

• 자연탐구 > 탐구 과정 즐기기

- 자연탐구 > 생활 속에서 탐구하기
- 사회관계 > 더불어 생활하기
- 의사소통 > 듣기와 말하기

반응성 상호작용 전략 적용

- 관찰하기: 아동의 행동 관찰하기
- 반응하기: 아동의 방식대로 행동하기
- 확장하기: 아동의 의도를 확장하기

중심축 행동 목표

- 탐색, 자신감, 문제해결

중심축 행동 의미 찾기

- 유아가 자신의 의지로 참여할 때 문제해결력을 키울 수 있다

  유아의 문제해결력을 촉진하기 위해 고려해야 할 점은 문제가 유아가 스스로 하고 싶어 하는 것이어야 한다는 점이다. 교사가 강요하는 문제는 유아가 문제를 해결하도록 동기부여를 해 주기보다는 유아에게 더 이상 흥미를 불러일으키지 않거나 유아의 활동을 방해한다. 또한 문제가 유아의 인지 수준보다 높거나 유아의 현재 능력보다 과도하게 주어질 때는 유아가 좌절을 경험할 수 있고, 유아가 상호작용을 짧게 하고 끝내 버리는 원인이 될 수 있다. 유아가 스스로 해결해 보고 싶어 하는 문제에 교사가 함께해 줄 때 문제해결을 촉진할 수 있는 기회를 만들게 된다.

놀이 지원 및 다음 놀이 계획

- 유아들의 탐구 과정이 계속해서 확장해 나갈 수 있도록 다양하고 충분한 양의 미술 재료를 준비하여 제공한다.
- 교사는 유아들의 놀이에 대한 질문의 수를 줄이고 유아의 탐구 과정을 관찰할 수 있도록 한다.
- 유아들이 많은 관심을 보였던 물감을 활용하여 다른 표현을 할 수 있도록 여러 가지 종이, 분무기, 다양한 붓, 자연물 등을 추가로 제공한다.

놀이활동 흐름 도표

놀이환경

미술 영역에 여러 가지 미술 재료 (약병에 담긴 물감, 코인티슈, 끈, 재활용품, 점토, 나무 조각, 물감 통, 붓 등)가 비치되어 있다.

관찰

○○, ◇◇, ▲▲이는 물감을 사용하여 미술 영역에서 놀이한다. ○○이는 빨간색 물감을 물통에 넣는다. ◇◇이는 하늘색, 빨간색의 물감을 재활용통에 뿌린다. ▲▲이는 주황색 물감을 코인티슈에 묻히듯 뿌린다. ○○이는 주황색 물감을 통 속에 뿌린다.

반응

○○이는 교사가 "실험이야? 무슨 실험이야?"라고 묻자 "이거 뭐 만드는 실험이에요."라고 말한다. 계속해서 주황색과 하늘색의 물감을 반복해서 뿌린다. ◇◇이는 전기테이프를 잘라 재활용에 붙인다. 왜 붙이는지 교사가 묻자 "이거 빠져가지고 물 빠져가지고 이거 껍질로 하려고요."라고 말한다. ▲▲이는 코인티슈 3장의 앞면, 뒷면, 가운데 부분에 다른 색의 물감을 적시듯 뿌린다.

교사의 발견

유아들은 미술 재료를 활용하여 그림을 그리거나 작품을 구성하는 것뿐만 아니라 재료 자체를 다양한 방법으로 탐구하며 새로운 변화를 발견하는 것에 많은 흥미를 보였다. 유아들은 미술 재료를 섞어 달라지는 변화를 관찰하는 것을 '실험'이라고 지칭하였으며, 실험을 통해 새롭게 발견한 정보를 서로 공유하며 새로운 지식을 구성하는 모습을 볼 수 있었다. 교사가 자유롭게 공간과 자료를 활용할 수 있도록 지원하였을 때 유아들은 능동적으로 참여하였으며, 5개 영역의 발달을 고루 경험하고 있음을 알게 되었다.

확장

◇◇이는 파란색 전기테이프를 잘라 푸딩통에 붙이며 "무지개색으로 만들 거야."라고 말한다. 교사가 "무지개색으로 만들고 있어?"라고 되묻자 고개를 끄덕이며 테이프를 붙인 재활용통을 보여 준다. ○○이는 교사를 바라보며 "선생님, 저는 코인티슈를 넣고 있어요."라고 하며 교구장에서 코인티슈를 꺼내 물통 안에 넣는다.

반응

▲▲이는 만든 코인티슈 3장을 들고 교사 옆으로 다가와 책상에 코인티슈를 올려놓고, 교사에게 "빨간색 찾아봐요."라고 하며 한 줄로 나열한 코인티슈를 보여 준다. 교사가 ◇◇이에게 맞혀 보라고 하니 ◇◇이가 "이거!"라고 하며 파란색이 위로 보이는 코인티슈를 골랐고, ▲▲이는 "땡!" 하며 코인티슈를 들고 자리로 이동한다.

■ 유아 놀이활동 18의 「일일 놀이활동일지」

놀이활동일지(만 5세)

날짜	5월 13일 수요일	날씨	맑음
통합보육	등원(: ~ :) ※ 각 원의 일정에 맞춰 기록하세요.	하원(: ~ :) ※ 각 원의 일정에 맞춰 기록하세요.	

일과(시간)		계획 및 실행	
일상 생활	간식 (: ~ :)	※ 각 원의 일정에 맞춰 기록하세요.	
	점심 식사 (: ~ :)	※ 각 원의 일정에 맞춰 기록하세요.	
	낮잠 및 휴식 (: ~ :)	※ 각 원의 일정에 맞춰 기록하세요.	
활동(: ~ :)		※ 각 원의 일정에 맞춰 기록하세요.	
놀이	실내놀이 (: ~ :)	이전 놀이	• 알록달록 나비 만들기를 하며 여러 가지 물감을 섞어서 색깔 만들기 놀이를 하였다.	
		놀이준비	• 유아들이 자유롭게 재료를 사용하고 다양한 작품을 창작할 수 있도록 다양한 종류의 미술 재료를 준비한다.	
		놀이주제	• 물감을 합치면 새로운 색으로 변신해요.	
		관찰	• ○○, ◇◇, ▲▲이는 물감을 사용하여 미술 영역에서 놀이한다. ○○이는 빨간색 물감을 물통에 넣는다. ◇◇이는 하늘색, 빨간색의 물감을 재활용통에 뿌린다. ▲▲이는 주황색 물감을 코인티슈에 묻히듯 뿌린다. ○○이는 주황색 물감을 통 속에 뿌린다.	• 아동의 행동 관찰하기
		반응	• ○○○이는 교사가 "실험이야? 무슨 실험이야?"라고 묻자 "이거 뭐 만드는 실험이에요."라고 말한다. 계속해서 주황색과 하늘색의 물감을 반복해서 뿌린다. ◇◇이는 전기테이프를 잘라 재활용통에 붙인다. 왜 붙이는지 교사가 묻자 "이거 빠져가지고 물 빠져가지고 이거 껍질로 하려고요."라고 말한다. ▲▲이는 코인티슈 3장의 앞면, 뒷면, 가운데 부분에 다른 색의 물감을 적시듯 뿌린다. ▲▲이는 만든 코인티슈 3장을 들고 교사 옆으로 다가와 책상에 코인티슈를 올려놓고 교사에게 "빨간색 찾아봐요."라고 하며 한 줄로 나열한 코인티슈를 보여 준다. 교사가 ◇◇에게 맞혀 보라고 하니 ◇◇이가 "이거!"라고 하며 파란색이 위로 보이는 코인티슈를 골랐고, ▲▲이는 "땡!" 하며 코인티슈를 들고 자리로 이동한다.	• 아동의 방식대로 행동하기

놀이		확장	• ◇◇이는 파란색 전기테이프를 잘라 푸딩통에 붙이며 "무지개색으로 만들 거야."라고 말한다. 교사가 "무지개색으로 만들고 있어?"라고 되묻자 고개를 끄덕이며 테이프를 붙인 재활용통을 보여 준다. ○○이는 교사를 바라보며 "선생님, 저는 코인티슈를 넣고 있어요."라고 하며 교구장에서 코인티슈를 꺼내 물통 안에 넣는다.	• 아동의 의도를 확장하기
	바깥놀이 (: ~ :)		• 실외놀이터에서 벽에 물로 그리는 벽화 그리기를 하였다.	
	발견 목표		• 유아들은 다양한 미술 재료를 탐색하고 다양한 방법으로 활용한다. • 유아들은 미술작품 속에서 자신의 생각과 느낌을 자유롭게 표현할 수 있다. • 친구들과 함께 자신의 작품에 대해 대화를 나눌 수 있다.	
	교육과정 관련 요소		• 자연탐구 ＞ 탐구 과정 즐기기 • 자연탐구 ＞ 생활 속에서 탐구하기 • 사회관계 ＞ 더불어 생활하기 • 의사소통 ＞ 듣기와 말하기	
	중심축 행동		• 탐색, 자신감, 문제해결	
	중심축 행동 의미 찾기		• 유아가 자신의 의지로 참여할 때 문제해결력을 키울 수 있다 　유아의 문제해결력을 촉진하기 위해 고려해야 할 점은 문제가 유아가 스스로 하고 싶어 하는 것이어야 한다는 점이다. 교사가 강요하는 문제는 유아가 문제를 해결하도록 동기부여를 해 주기보다는 유아에게 더 이상 흥미를 불러일으키지 않거나 유아의 활동을 방해한다. 또한 문제가 유아의 인지 수준보다 높거나 유아의 현재 능력보다 과도하게 주어질 때는 유아가 좌절을 경험할 수 있고, 유아가 상호작용을 짧게 하고 끝내 버리는 원인이 될 수 있다. 유아가 스스로 해결해 보고 싶어 하는 문제에 교사가 함께해 줄 때 문제해결을 촉진할 수 있는 기회를 만들게 된다.	
	교사의 발견		• 유아들은 미술 재료를 활용하여 그림을 그리거나 작품을 구성하는 것뿐만 아니라 재료 자체를 다양한 방법으로 탐구하며 새로운 변화를 발견하는 것에 많은 흥미를 보였다. 유아들은 미술 재료를 섞어 달라지는 변화를 관찰하는 것을 '실험'이라고 지칭하였으며, 실험을 통해 새롭게 발견한 정보를 서로 공유하며 새로운 지식을 구성하는 모습을 볼 수 있었다. 교사가 자유롭게 공간과 자료를 활용할 수 있도록 지원하였을 때 유아들은 능동적으로 참여하였으며, 5개 영역의 발달을 고루 경험하고 있음을 알게 되었다.	
다음날 지원 계획			• 유아들의 탐구 과정이 계속해서 확장해 나갈 수 있도록 다양하고 충분한 양의 미술 재료를 준비하여 제공한다. • 교사는 유아들의 놀이에 대한 질문의 수를 줄이고 유아의 탐구 과정을 관찰할 수 있도록 한다. • 유아들이 많은 관심을 보였던 물감을 활용하여 다른 표현을 할 수 있도록 여러 가지 종이, 분무기, 다양한 붓, 자연물 등을 추가로 제공한다.	
반 운영 특이사항			※ 각 원의 학급 운영 시 특이사항을 기록하세요.	

참고문헌

보건복지부(2020). 제4차 어린이집 표준보육과정.

보건복지부, 한국보육진흥원(2020). 2020 어린이집 평가 매뉴얼.

보건복지부, 교육과학기술부(2019). 2019년 누리과정 개정안.

길현주, 김수영(2014). 교사의 수용적, 반응적 태도 및 언어적 상호작용이 유아의 사회적 유능감에 미치는 영향. 아동교육, 23(2), 39-52.

김정미(2015a). 영유아교사 효능감 검사 도구 개발 및 타당화. 유아교육연구, 35(4), 55-72.

김정미(2015b). 영유아 대상 아동 상호작용 검사(CIBT)도구 개발 및 타당화 연구. 한국특수유아교육연구, 19(1), 1-20.

김정미(2019). CIBT 아동상호작용 검사. 서울: 인싸이트.

김정미(2021). 놀이중심 반응성 상호작용 교수법 1_이해편(2판). 서울: 학지사.

김정미, 이현숙(2016). 영유아교사 상호작용 행동검사(IBST)의 타당화 연구. 유아특수교육연구, 16(2), 201-220.

김정미, 임미선(2017). 반응성 교수(RT) 교사교육 프로그램이 교사 효능감과 교사−장애유아 상호작용에 미치는 영향. 유아특수교육연구, 17(4), 245-275.

김정미, 정빛나(2016). 영유아교사의 반응성 상호작용 증진교육 프로그램 개발 및 적용효과. 유아교육연구, 36(3), 151-170.

김정미, 정은주(2015). 어머니의 반응성 상호작용이 아동의 중심축 행동과 지능 및 다중지능 발달에 미치는 영향. 발달심리학회지: 발달, 28(1), 1-19.

김정미, 제럴드 마호니(2013). 부모-아동 상호작용 행동평가 K-MBRS & K-CBRS. 서울: 인싸이트.

김정미, 제럴드 마호니(2020). 놀이 상호작용 관찰 평가를 위한 K-MBRS & K-CBRS 부모-아동 상호작용 행동평가. 서울: 인싸이트.

보건복지부, 한국보육진흥원(2019). 어린이집 평가매뉴얼(어린이집용).

송영선(2015). 교사의 반응성 상호작용에 따른 영아의 사회ㆍ인지 놀이 행동. 중앙대학교 대학원 박사학위논문.

엄미리(2013). 반응성 교수 전략에 대한 교사 훈련이 교사 주도행동과 발달지체 유아의 중심축 행동에 미치는 영향. 한국성서대학교 대학원 석사학위논문.

이경진, 이유진(2017). 보육교사의 반응성 상호작용 전략 적용을 통한 영의 중심축 행동 발달. 한국보육학회, 17(1), 1-28.

Bowlby, J. (1969). *Attachment and loss*. New York: Basic Books.

Bruner, J. (1974). From communication to language: A psychological perspective. *Cognition, 3*, 255-277.

Bruner, J. (1983). *Child talk*. NewYork: Norton.

De Kruif, R. E., McWilliam, R. A., Ridley, S. M., & Wakely, M. B. (2000). Classification of teachers' interaction behaviors in early childhood classrooms. *Early Childhood Research Quarterly, 15*(2), 247-268.

Hamre, B., Hatfield, B., Pianta, R., & Jamil, F. (2014). Evidence for general and domain specific elements of teacher-child interactions: Associations with preschool children's development. *Child Development, 85*(3), 1257-1274.

Kuhl, P. K., Tsao, F. M., & Liu, H. M. (2003). Foreign-language experience in infancy: Effects of short-term exposure and social interaction on phonetic learning. *Proceedings of the National Academy of Sciences, 100*(15), 9096-9101.

Landry, S. H., Smith, K. E., Swank, P. R., & Miller-Loncar, C. L. (2000). Early maternal and child influences on children's later independent cognitive and social functioning. *Child Development, 71*(2), 358-375.

Luby, J. L., Barch, D. M., Belden, A., Gaffrey, M. S., Tillman, R., Babb, C., & Botteron, K. N. (2012). Maternal support in early childhood predicts larger hippocampal volumes at school age. *Proceedings of the National Academy of Sciences, 109*(8), 2854-2859.

Mahoney, G., & MacDonald, J. (2021). 부모-아동 상호작용 증진을 위한 RT 반응성 교수 교육 과정 (*Autism and developmental delays in young children: The responsive teaching* curriculum for parents and professionals). (김정미 역). 서울: 학지사. (원저는 2007년에 출판).

Mahoney, G., & Perales, F. (2021, 출판중). RT 반응성 상호작용 교수 (Responsive teaching: Relationship-based developmental intervention). (김정미 역). 서울: 학지사. (원저는 2019년에 출판).

Mahoney, G., & Wheeden, C. A. (1999). The effect of teacher style on interactive engagement of preschool-aged children with special learning needs. *Early Childhood Research Quarterly, 14*, 51-68.

Piaget, J. (1963). *The psychology of intelligence.* Totowa, NJ: Little field, Adams.

Vygotsky, L. (1978). *Mind in society.* Cambridge, MA: Harvard University Press.

Weiner, B. (1980). *Human motivation.* New York: Holt, Rinehart & Winston.

Wilcox-Herzog, A., & Waed, S. L. (2004). Measuring teachers' perceived interactions with children: A tool for assessing beliefs and intentions. *Early Childhood Research and Practice, 6*(2), 1-13.

인명

내용

저자 소개

대표 저자 김정미(Kim Jeong Mee)

현 한국RT센터 대표

한양대학교대학원 아동심리치료학과 겸임교수

집필진 임미선(Lim Mi Seun)

현 한국RT센터 책임연구원

두원공과대학교 유아교육과 겸임교수

김선미(Kim Sun Mi)

현 한국RT센터 연구원

조운숙(Cho Wun Sook)

현 범박주공어린이집 원장

김유미(Kim You Mi)

현 도토리소풍넥슨어린이집 제주원 원장

윤광미(Yun Kwang Mi)

현 사랑의어린이집 원장

연구개발 한국RT센터 반응성 상호작용 연구소

2020년 어린이집 평가지표와 2019년 개정 누리과정 반영

놀이중심 반응성 상호작용 교수법 2_실제편

Play-Based Responsive Interaction Teaching for
Early Childhood Teachers-Application

2021년 1월 30일 1판 1쇄 발행
2022년 2월 25일 1판 3쇄 발행

지은이 • 김 정 미

펴낸이 • 김 진 환

펴낸곳 • (주) 학지사

04031 서울특별시 마포구 양화로 15길 20 마인드월드빌딩 5층

대표전화 • 02) 330-5114   팩스 • 02) 324-2345

등록번호 • 제313-2006-000265호

홈페이지 • http://www.hakjisa.co.kr
페이스북 • https://www.facebook.com/hakjisabook

ISBN 978-89-997-2270-7   93370

정가 25,000원

출판 · 교육 · 미디어기업 학지사

간호보건의학출판 학지사메디컬 www.hakjisamd.co.kr
심리검사연구소 인싸이트 www.inpsyt.co.kr
학술논문서비스 뉴논문 www.newnonmun.com
원격교육연수원 카운피아 www.counpia.com